경제인류학 특강

경제인류학 특강

지은이 크리스 한 · 키스 하트

옮긴이 홍기빈

디자인 김미영

펴낸이 송병섭

펴낸곳 삼천리

등 록 제312-2008-121호

주 소 08255 서울시 구로구 부일로 17길 74(2층)

전 화 02) 711-1197

팩 스 02) 6008-0436

이메일 bssong45@hanmail.net

1판 1쇄 2016년 3월 25일

값 17,000원

ISBN 978-89-94898-37-7 93300

한국어판 ⓒ 홍기빈 2016

경제인류학 특강

Economic Anthropology

크리스 한 · 키스 하트 지음

홍기빈 옮김

삼천리

머리말

이 책은 2006년 6월에 열린 학술대회에서 경제인류학의 현황에 대해 제출한 포지션 페이퍼였다. 그 학술대회는 특히 칼 폴라니 사상이 오늘날 어떤 의미를 갖고 있는가에 초점을 두고 있었다. 발표한 글들을 다듬어 출간하고자 했을 때(Hann and Hart 2009), 우리 글이 그 논문집에 들어가기에는 너무 길다는 것을 깨달았다. 게다가 준비 기간 동안 우리 글의 분량이 계속 늘어났다. 글의 완성이 지체되었던 것은 우리 두 사람이 여러 다른 일로 바빴기 때문이기도 하지만, 최근에 벌어진 대단히 심각한 세계 경제의 위기 때문이기도 하다. 이 사건이 우리의 관심과 에너지를 다른 방향으로 빼앗아 가기도 했지만, 다른 원인도 있다. 이미 우리는 화폐라는 주제를 중요하게 다루었지만, 이번 경제 위기를 계기로 이 주제를 더욱 더 크게 부각시켜야 한다고 생각하게 된 것이다. 이번 금융 위기가 불러온 결과가 온 세계와 특히 경제학자들을 경악시켰을지 모르지만, 경제사학자나 경제인류학자들에게는 그다지 놀라운 일이 아니었다. '창조적 파괴'나 '불균등 발전' 같은 개념들을 오랫동안 친근하게 여겨 왔기 때문이다. 이 책은 경제인류학의 역사를 세계사의 관점과 결합시키는 책이므로 굳이 이번 위기 때문에 그러한 구조를 바꿀 필요는 없었다. 어쩌면 최근에 벌어진 위기는 이러한 이 책의 성격과 구조가 타당한 것이었음을 확신하게 해주었는지도 모른다. 하지만 이 책이 다루고 있는 이야기가 결코 학자들만의 관심사나 케케묵은 옛날이야기가 아님을 이번 위기를 통해서 찾을 수 있음은 분명하다.

이 책은 또한 무슨 당파적 입장을 옹호하기 위해 논쟁을 걸려고 하는 책도 아니다. 이 책에서 우리는 경제인류학의 역사와 현황을 설명하고 있지만, 그저 경제생활을 이해하기 위한 노력의 하나로 제시되고 있을 뿐이다. 그리고 경제학자나 인류학자뿐 아니라 역사학자와 사회학자들까지 (나아가 관련된 수많은 다른 분야의 학자들까지) 함께 힘을 합쳐야 한다는 이야기를 하고 있을 뿐이다. 일부 경제학자들은 자신의 학문에 특별한 지위를 부여해야 한다고 생각하면서 인문학 같은 '연성' 학문들보다는 '경성' 과학에 가까운 것으로 자리매김하려고 든다. 우리는 이러한 주장에 대해 역사적이고 비판적인 관점을 취하고 있지만, 그렇다고 경제학을 대체할 만한 낭만적이고 유토피아적인 대안을 제시하려는 생각은 없다. 우리는 경제학이 다루는 내용이 어떤 면에서는 인류학만큼이나 다양하다는 사실을 잘 알고 있다. 우리의 목적은 그저 이 두 학문 분야를 더욱 가깝게 만들고자 함이며, 이 때문에 경제학이나 인류학, 나아가 주류의 관점에 대해 비판적인 입장에 설 수밖에 없다.

경제인류학에 대한 종래의 설명에서는 현대 사회 이론의 아버지들, 특히 마르크스, 베버, 뒤르켐 같은 이들이 경제학과 연관되어 있음을 강조했다. 이따금 그 역사를 계몽주의 시대의 정치경제학자들까지 거슬러 올라가기도 했다. 그런데 우리는 경제인류학의 핵심 질문들이 그보다 훨씬 더 오래되었다고 본다. 궁극적으로 경제인류학이 던지는 질문은 인간 본성과 행복에 관계된 것들로서, 아득한 옛날부터 모든 사회의 철학자들에게 중심적인 질문이었다. 우리는 시간과 공간을 뛰어넘어 모든 인류가 만들어 낸 창조물인 경제인류학이 이러한 '인간의 경제'(human economy)가 어떤 것인지를 밝혀 낼 수 있는 학문이라고 옹호하고자 한다. 하지만 지난 반세기 동안, 특히 냉전이 종식된 이후 세계 경제에는 엄청난 변화가 나타났으므로, 우리는 이러한 현재진행형의 변화를 다루는 데 가장 큰 중점을 둘 것이다.

독자들이 좀 더 읽기 편하도록 우리는 본문 가운데 각주를 달거나 지나치게 많은 참고문헌을 표기하지 않으려고 애썼다. 각 장마다 뒷부분에 나오는 '더 읽어 볼 자료'는 관심 있는 독자들에게 세부 서지 사항을 알리고 이를 보충할 수 있는 다른 문헌들도 담고 있다.

문헌을 인용할 수 있도록 허락해 준 소피 슈발리에, 오라시오 오르티스, 비슈누 파다야치에게 감사한다. 초고를 읽고 논평해 준 개러스 데일, 스티븐 구드먼, 샌디 로버트슨, 돈 로보섬에게도 감사의 뜻을 전한다.

차 례

1장

경제인류학이란 무엇인가

인류학자들은 가장 특수한 것에서 가장 보편적인 것에 이르기까지, 모든 수준에서 사회가 조직되는 원리를 발견하는 것을 목적으로 삼는다. 경제인류학은 '원시인의 경제학'이라는 모습을 갖기 오래전인 19세기부터 이미, 서양의 산업사회를 떠받치는 원리가 모든 경제 질서의 기초가 되어야 한다는 주장을 검증해 보는 것을 스스로의 목표로 삼았다. 서양의 산업사회는 스스로를 모든 인류 경제생활의 보편적 형태로 내세우려고 몸부림치고 있었다. 그 무렵은 자유주의, 사회주의, 아나키즘, 공산주의 같은 좀 더 정의로운 경제를 지지해 줄 여러 대안을 놓고 탐색이 진행되고 있던 시대였다. 경제의 여러 기원과 진화 과정에 관심이 생겨난 것은 그 때문이었다. 사회는 여전히 변화와 운동을 계속하고 있어서 아직 그 최종적 형태에 도달하지 못한 것으로 이해되고 있었으니까.

그런데 20세기에 들어오면 학문들 사이의 구분이 전대미문의 수준으로 심해졌고, 이 때문에 자연과학을 모델로 삼는 여러 사회과학 분과가 출현할 여지가 생겨났다. 인류학은 인간의 본성 가운데 다른 사회과학 분과가 도달할 수 없는 부분을 연구하는 학문으로서 가까스로 발판을 마련했다. 대학이 많이 생겨나 팽창하고 있던 이 시대의 인류학자들은 '여러 다른 문화'에 대한 객관화된 데이터를 축적하는 것을 임무로 삼았다. 이 데이터를 소비하는 것은 물론 일반 대중들이 아니라 인류학계의 내부와 다른 학문 분야의 몇몇 전문가들뿐이었다. 인류학이라는 업종은 문화 상대주의라는 패러다임(모든 사회는 고유한 문화를 가지게 되어 있다)에 고착되어 있었는데, 이러한 패러다임은 경제학에서 내세우는 보편적으로 유효한 진리 같은 것과는 본질적으로 상반되는 것이었다. 그래서 인류학자들은 자신들의 지적 권위를 멀고 먼 지역으로 떠나는 장기간의 여행과 탐험에서 찾기 시작했으며, 이 때문에 세계경제의 변화 궤적에 대해 발언할 수 있는 능력은 크게 손상되었다.

하나의 연구 분야로서 경제인류학이 발달해 온 과정을 세 단계로 나눌 수 있다. 첫 단계는 1870년대부터 1940년대까지이다. 대부분의 인류학자들이 관심을 둔 질문은 과연 '야만인들'의 경제적 행태를 지탱하는 것 또한 서양인들의 경제적 행동에 동기를 부여하는 것과 똑같은 종류의 효율성과 '합리성'이라는 개념인가였다. 이들은 처음에는 세계사를 단일한 진화 과정으로 파악하고 그 과정을 총망라하는 여러 다양한 설명을 모아 내는 작업에 몰두했다. 하지만 제1차 세계대전 이후가 되면 그보다는 현지조사가 지배적인 관행으로 자리 잡게 되고, 민족지 저술가들은 '원시' 사회들에 대해 발견해 낸 특수한 사항들을 보여 주며 주류(신고전파) 경제학의 일반적 명제들과 상대하고자 했다. 하지만 이런 노력은 실패로 돌아갔다. 그들이 경제학자들의 인식론적 전제들을 잘못

이해한 것이 주된 요인이었다.

1950~1960년대에 냉전은 절정에 이르게 된다. 세계경제는 호황이었고 어느 나라에서건 정부는 공공 서비스를 확장하는 동시에 금융시장을 엄격하게 통제하는 것을 자신의 임무로 내세웠다. 경제인류학자들은 이러한 상황에서 자신들의 특화된 보호구역을 연구하는 데 필요한 이론과 방법을 놓고 서로 논쟁을 벌였다. 이들이 본래 연구하던 부족사회 미개인들은 그 수가 줄어들고 있었지만 그 대신 연구 대상을 이제 전 세계의 농민들로까지 확장한 상태였다. '형식론자들'(formalists)은 이러한 과제 놓고 주류 경제학의 개념과 도구들이면 충분하다고 주장했던 반면, '실체론자들'(substantivists)은 제도적 접근법이 더 적절하다고 주장했다. 그들이 말하는 '제도적'이라는 의미는 여러 사회 가운데 그 경제생활이 몰인격적 시장에 지배되지 않는 경우라면 항상 여러 다른 사회제도(가족에서 정부와 종교에 이르기까지)에 경제생활이 '스며들어 있다'는 것이었다.

지금 돌이켜 보면 이 '형식론-실체론 논쟁'은 경제인류학의 황금시대를 이끌고 있었다. 이 논쟁은 일종의 교착상태로 끝이 났으며 그 와중에 마르크스주의자들과 페미니스트들이 짧은 기간이나마 지배력을 행사할 수 있는 가능성을 열었다. 하지만 이들도 주로 이국적인 민족지라는 전통적인 주제에 근거를 두었다는 점에서는 마찬가지였다. 세 번째 단계는 분수령이 된 1970년대부터 30년에 걸친 신자유주의 지구화의 시대이다. 이 시기에 경제인류학에서도 여러 새로운 비판적 관점이 검토되었고, '문화로의 전환'이 나타났다. 특히 '신제도학파 경제학'이라는 옷을 입고서 정밀과학의 모양새를 갖추자는 열망이 새롭게 나타나기도 했다. 이 기간에 인류학자들은 인류의 모든 경제조직으로 탐구의 범위를 확장하면서 다양한 관점에서 연구를 진행해 나갔다. 지금까지도 이들은 주로 전통적인 민족지적 관찰과 기록 방법을 고수하는 쪽을 선호하고 있다. 하지만 우리는 인류학자들이 이제 한걸음 더 나아가 세계경제 전체를 연구 대상으로 삼아야 할 때가 되었다고 본다. 이 새로운 네 번째 단계에 경제인류학이 마침내 독자적인 학문 분과로 자리 잡게 될 수도 있다.

가장 기본적인 질문은 오늘날에도 변함이 없다. 지난 두 세기 동안 세계경제를 지배할 수 있었던 북대서양 사회의 시장경제라는 형태가 여전히 보편타당성을 갖고 있는가 하는 점이다. 경제인류학의 역사는 같음과 차이를 둘러싼 논쟁으로 점철되어 있다. 인류학자들은 사람들이 생각하고 행동하는 바를 찾아내기 위해 그들이 살아가는 현장을 쫓아다닌다는 사명감을 가지고 있으며, 이 점에서는 자부심을 가져도 좋다. 이제 우리는 알고 있다. 수렵채집 생활을 하는 조그만 공동체의 세계관에 바탕을 두고 월스트리트에서 벌어진 최근의 금융 공황을 분석할 수가 없는 것처럼, 이런저런 시장 모델의 렌즈를 통해 '비시장' 사회의 경제 행위를 분석하는 일을 결코 옹호할 수 없다는 사실을. 이렇게 서구 사회와 비서구 사회를 대비시키는 것은 그 유효성과는 별도로 특히 주의를 기울여야 한다. 역사 속에 나타난 인간 경제의 다양성을 서구와 그 나머지라는 단 하나의 이분법으로 환원할 수 있다고 생각할 까닭이 전혀 없다. 어찌 되었건 인류학자들은 이제 현장조사에 바탕을 둔 민족지를 넘어 20세기 내내 별로 관심을 두지 않은 '세계사'에 대한 관점을 좀 더 포괄할 필요가 있다.

몇 가지 쟁점

스스로를 감히 보편적인 것이라고 내세우는 개념들도 잘 살펴보면 항상 특수한 역사를 갖고 있는 법이다. '경제'라는 말은 고대 그리스에서 가정경제의 관리 및 경영(대개는 장원과 같은 토지)을 가리키는 '오이코노미아'(oikonomia)에서 비롯되었다. 화폐와 시장에 기초를 둔 복잡한 노동 분업의 기원은 그보다 훨씬 더 옛날인 기원전 3000년 무렵의 메소포타미아로 거슬러 올라간다. 하지만 이 '오이코노미아'는 시장 원리의 대립물로 여겨졌다. 물론 인간은 태초부터 저마다 생활환경 속에서 다른 집단들과 재화를 교환하면서 스스로를 재생산해 왔다. 이런 의미에서 인간의 경제는 인류 자체만큼이나 오래되었다고 말할 수 있다.

근대 이후에 작성된 민족지가 이러한 역사를 제대로 해명할 수 없기에 우리는 다른 학문들, 특히 경제 고고학을 바라볼 수밖에 없다. 화석 기록을 포함한 물질생활의 흔적에 대한 고고학 연구는 태고 적 사람들이 생계를 꾸리고 교환을 이어 오던 양식들에 관해 풍부한 실마리를 제공하지만, 그 성원들이 물질생활의 여러 임무를 스스로 어떻게 개념화하고 운영했는지는 여전히 문제로 남아 있다. 근대의 인류학자들은 초창기 인류의 경제를 끊임없는 생존 투쟁이라고 보는 관념이 크게 빗나간 생각일 수 있다는 견해를 내놓은 바 있다. 농업이 발견되면서 생산에 더 많은 노동이 투입되었을 테고, 이 때문에 단조롭고 고된 작업이 일상의 노동으로 자리 잡게 되었을 것이다. 하지만 구석기시대의 수렵채집 생활자들은 말할 것도 없고, 초창기 농경 생활을 하던 이들도 오늘날의 우리들과 비슷하게 노동을 이해했을 것 같지는 않다.

비록 '경제'라는 말이 유럽의 사회사상사에서 독특한 계보를 가지고 있는 것은 사실이지만, 이 때문에 인류학자들이 물질적 부존자원이 서로 다르고 그것을 이해하는 사고방식 또한 다양한 여러 집단의 인간 경제를 연구하지 않을 이유는 없다. 최근 수십 년 동안 경제인류학에서 가능성과 영양분을 가장 많이 머금고 있는 흐름은 경제의 '지역 모델'을 탐구하는 일이다. 예를 들자면 자신들이 살고 있는 삼림을 자신들에게 안정을 가져다주는 고마운 원천으로 보는 식량 채집자들의 모델 같은 것들이다(5장을 보라). 노동, 희소성, 불확실성 같은 서구의 개념이 이들에게는 결코 익숙한 것이 아니다. 문제를 더욱 복잡하게 만드는 것은, 이 '경제'라는 말이 정치, 도덕, 문화, 표상, 심지어 정신에 이르기까지 온갖 다른 용어들과 결합되어 쓰인다는 점이다. 다음 장에서 우리는 고대에서 오늘날에 이르기까지 경제라는 말의 의미가 어떻게 변해 왔는지 역사적으로 개괄해 볼 것이다. 경제는 근대 문명을 이해하는 키워드 가운데 하나이다. 이 말이 역사적으로 어떠한 궤적을 그려 왔는지 이해하게 되면 그 말을 보편적으로 사용하는 것도 좀 더 조심스러워질 것이다.

우리는 이렇게 경제인류학을 서구 지성사라는 맥락은 물론 세계사의 특정한 관점 속에서 살펴보고자 한다. 그런데 이 때문에 생겨나는 좀 더 심각한 한계가 있다. 우리의 설명은 북대서양 사람들의 관점으로 심하게 편향되어 있으며, 유럽과 미국의 세계 지배라는 현실을 반영할 뿐 아니라 그러한 지배를 근대의 학문이 표상해 왔던 바를 반영할 수밖에 없다. 경제인류학자들은 100년이 넘도록 온 지구에 걸쳐 연구 조사를 펼쳐 왔지만, 자기의식을 가진 지적 공동체가 처음 형성된 것은 식민지를 보유한 유럽의 제국들에서였다. 그러한 공동체가 결국 하나로 공고하게 합쳐진 것은 훗날 미국에서 벌어진 일이다. 그리고 몇 십 년 동안 이러한 경제인류학자들은 인류학 안에서 높은 위상을 차지해 왔다(인류학

바깥에서는 전혀 그러지 못했지만).

이 책이 목표로 삼는 바는 경제인류학이라는 지적 공동체를 이렇듯 스스로를 의식할 줄 아는 학문으로 다시 한 번 일으켜 세우자고 호소하는 것이다. 그러는 가운데 우리는 경제인류학을 이전보다 더 조심스럽게 종합적으로 또 탄력적으로 규정하고자 한다. 우리의 목적이 다른 여러 학문 분야와 다리를 놓아 전 지구적 기초 위에서 앞으로 나아갈 길을 모색할 폭넓은 틀을 제공하는 것이기 때문이다. 이러한 의미의 경제인류학은 이제 막 생겨나려는 맹아 상태에 있다. 이 책에서 그러한 경제인류학의 틀을 마련하고 그 기초가 되는 저작을 쓴 여러 서양 학자들을 열거하게 되겠지만, 이들 가운데 다수는 20세기 후반 경제인류학이라는 이름이 확실히 자리를 잡을 때까지도 스스로를 경제인류학자로 분류하지 않았다는 사실을 기억해야 한다. 이 책의 목적을 이루어진다면, 독자들은 다른 비서구의 지적 전통에서 비슷한 위치에 있는 선구자들을 스스로 찾아낼 수 있게 될 것이다.

인간의 경제

19세기 이래 '경제'라는 용어는 한 나라의 국경선 안에서 매매되는 재화와 서비스의 총합을 가리키는 것이 일반적이었다. 그래서 '영국 경제' 같은 표현이 나올 수 있었다. 이 용어는 또 '사람들'을 지칭하는 용어와 결합되기도 한다. 독일어의 '국민경제'(Volkswirtschaft)나 헝가리어의 '인민경제'(négazdaság) 같은 말이 그런 예이다. 이러한 경제는 수량으로 측정이 가능하며, '일인당국민총생산' 같은 핵심 지표에서 볼 수 있듯이 무엇보다 생산에 초점을 맞추고 있다. 하지만 이러한 근대의 여러 경제는 소비자의 수요에 전적으로 의존한다. 수백만 명이 넘는 사람들이 돈이 없어서 자신들의 생필품 수요를 유효수요로 만들지 못하고 있는 반면, 다른 많은 이들은 더 이상 생존의 문제 때문에 걱정하지 않아도 된다. 그렇다면 이 후자에 해당하는 이들은 생활에 필수적이지도 않은 재화를 구매하기 위해 힘든 노동을 감수한다는 말이 되는데, 그 이유를 어떻게 설명할 것인가 하는 과제는 만만치 않은 도전일 수밖에 없다. 그 대답은 이런 재화들이 여러 사회적·개인적 목적에 비추어 '가치'를 부여받는다는 것이다. 희소성은 그 자체로 높게 가치가 매겨지기도 하지만, 그러한 희소성 또한 본디부터 주어져 있는 것이 아니라 사회적으로 구성되는 것이다.

생산과 소비를 연결해 주는 것은 분배 과정인데 이 과정은 지극히 불평등한 경우가 많다. 간혹 '교환'이라는 말과 '분배'라는 말을 섞어 쓸 때가 있지만, 이 둘은 반드시 구별되어야 한다. 교환은 경제생활에서 하나의 보편적 원리이지만, 무척 다양한 형태이기에 모든 자원의 흐름을 교환이라는 범주에 넣어서도 안 된다. 지배자에게 공물을 바치는 것을 두고서 그 대가로 지배자의 보호를 얻어 내는 것이니 교환 행위라고 말한다면 일종의 불평등 관계를 그릇되게 표상하는 일이 될 것이다. 반면 오늘날의 국가가 개인들에게 지불하는 사회복지는 조세로 자금을 마련한 소득 이전, 곧 교환이 아니라 새로운 형태의 나눔이라고 보는 편이 낫다. 경제학자들은 교통, 에너지 시장, 외환, 보건, 주택에 이르기까지 경제생활을 구성하는 갖가지 특수한 하위 분야를 전공으로 삼는 경향이 있다. 근대에 들어와서 서양 사회의 경제는 공공 부문과 민간 부문으로 나뉘어 각각 시장과 국가가 지배력을 갖는 것이 관행이었으며, 판매를 통한 이윤이라는 원리와 조세 및 정부의 재분배라는 원리가 서로 대척점에 놓이게 되었다. 지난날 냉전 시절에는 경제의 조직에서 어떤 모델이 우월한지가 동서 진영의 전선을 규정하는 핵심이었고, 그 대결의 핵심에는 소유권에 대한 문제가 놓여 있었다. 하지만 이 익숙한 내립 구도는 최근 들어 애매해졌으며 이제는 공공 부문과 민간 부문을 구분하는 것조차 모호할 때가 많다.

유럽 대륙에서는 정치 질서와 규제의 중요성을 변함없이 강조하는 경제학 전통이 여전히 존재한다. 중앙계획의 개념에 기초를 두는 전통이 있었고 한때 영향력도 강했지만, 이 전통은 베를린 장벽이 무너지면서 자취를 감추고 말았다. 지배적인 경제학의 전통은 19세기 이래로 영국 공리주의에서 자라 나왔다. 이 전통에서는 자유시장의 개념과 예산 제약선 안에서 '가치'를 극대화하는 개인이라는 개념을 중심에 놓는다. 가치는 보통 화폐 단위로 표현된 비용과 편익이라고 이해된다. 가족에게 선물을 준다든가 자선단체에 기부하는 것처럼 시장적인 의미에서 가치를 극대화하는 쪽으로 행동하지 않는 개인도 있지만, 공리주의 전통에서는 이들 또한 희소성이라는 조건 아래에서 효용 극대화를 위해 선택하는 것은 똑같다고 주장한다. 하지만 그 효용이라는 신비롭고 알쏭달쏭한 녀석의 실체가 도대체 무엇인지에 대해서는 경제학자들도 더 이상 해명해 주는 바가 없다. 어떤 경제학자들은 가족 같은 가장 내밀한 사적 영역에까지 '합리적 선택'이라는 개념을 밀어붙이기도 한다. 그러면서 자신들의 이론으로 모든 종류의 교환을 만족스럽게 설명할 수 있으며, 따라서 세대 간 또 세대 내의 여러 소득 이전도 자신들의 이론으로 설명할 수 있다고 주장한다.

만약 경제학을 사람들이 내리는 선택에 대한 연구라고 정의하고 인간의 모든 행동은 그러한 합리적 선택에서 나온다고 주장한다면, 경제학은 당연히 인간의 생활과 그 진화까지 (아마도 동물 세계 대부분의 진화까지도) 모든 영역을 포괄하게 될 것이다. 또한 경제학이 시스템 수준에서의 합리성을 활용하게 되면 우리가 친족과 상호작용을 맺는 특정 행동 패턴뿐 아니라 아예 우리가 왜 그러한 친족 시스템을 만들었는지, 나아가 우리가 왜 우리의 지배자들에게 순종하고 신을 숭배하는지까지 설명하게 될 것이다. 경제학은 모든 학문을 아우르는 '지배 학문'(master discipline)이 될 것이며, 그에 견줄 만한 학문이라고는 오로지 생물학 정도밖에 없을지도 모른다. 실제로 오늘날 경제학과 생물학 사이의 교류는 크게 확대되고 있으며, 예를 들어 진화 경제학이라고 알려져 있는 분야에서는 사회문화적 선택과 자연선택이 상호작용하면서 다원적인 '공진화'(co-evolution)가 이루어지는 과정을 분석하기도 한다.

이렇게 정의된 경제학의 접근법은 연구 대상을 세련된 수준에서 형식적이고 수학적인 방법으로 다루는 데에는 도움이 될 수도 있다. 하지만 이러한 합리적 선택이라는 접근법으로는 행위자들이 어째서 그러한 선호를 갖게 되었는지 또 그 근저에 있는 도덕적 가치들이 무엇인지를 설명할 수가 없기에 결국은 하나의 순환논리로 전락하고 만다. 경제에서 인간을 제거함으로써 '국민경제'(Volkswirtschaft)에서 '국민'(Volk)*을 없애 버리는 꼴이 된다. 우리도 경제학자들 못지않게 폭넓은 의미에서 경제를 이해하지만, 이해 방식은 상당히 다르다. '인간의 경제'란 인간의 안녕과 모든 인간적 필요 욕구의 충족을 포괄하는 개념이다(Hart,

---

* 독일어의 'Volk'를 관례상 '국민'으로 번역해 놓기는 했으나, 이 말이 본래 '역사와 문화를 공유하는 사람들'이라는 구체적 인간 집단을 의미하는 어감이 강하다는 점을 기억할 필요가 있다.

Laville and Cattani 2010). 사적인 시장 거래를 통해 충족될 수 있는 필요 욕구들만이 아니라 교육과 안전, 건강한 환경 같은 공공재들에 대한 필요 욕구, 나아가 일인당 소득 같은 것으로 환원될 수 없는 존엄과 같은 무형적 성질의 필요 욕구까지 포함하는 것이다. 우리가 살고 있는 이 시대에는 '경제적 효율성'을 높이겠다는 목적 아래 온갖 시장 메커니즘이 (이는 결코 '자유시장'의 산물이 아니라 사회적으로 구성된 결과물들이다) 여러 새로운 부문으로까지 확장되어 있다. 하지만 '교육'처럼 가치를 담고 있는 재화에다가 시장을 만드는 것은 결코 도덕적으로 중립적인 것이 아니라는 사실을 비로소 사람들이 깨달아 가고 있다. 교수나 교사를 다른 상업적 서비스 공급자들과 똑같이 다루게 되면 여러 측면에서 교육의 질적 저하가 벌어지게 된다. 하지만 통계 숫자는 이러한 사실을 은폐하고 잘못된 방향으로 사람들의 생각을 이끌게 될 때가 많다. 친족 관계와 종교 제도 또한 장기적으로 보면 그 모습을 경제가 만들어 나간다는 생각에 우리도 동의할 수 있다. 하지만 우리는 효율성이니 추상적 개인의 합리성이니 하는 개념에 근거를 둔 진화론 모델에 대해서는 회의적이며, 경제생활의 조직을 이해하는 데 물질적 기록과 역사적·민속 문화적 기록들을 제대로 평가하고 참작하는 좀 더 다양한 접근법이 필요하다고 생각한다.

그렇다면 인간 경제에 대한 인류학적 연구에서는 생활수준이라는 문제도 더 폭넓게 바라보아야만 하며, 인간의 필요 욕구와 행동 동기의 문제를 넓은 범위에서 다루어야만 한다. 현대사회에서 대부분의 재화 배분에 시장은 필수불가결한 것인데, 20세기 유라시아에서 펼쳐지던 '사회주의' 경제 계획의 최후는 이 점을 분명하게 보여 주었다(7장을 보라). '자본주의' 시장의 확장으로 전 세계 대부분 지역에서 생활수준이 실질적으로 개선되었다. 물론 이러한 팽창 과정과 함께 착취와 고통이 뒤따른 것은 사실이며, 또 그 과정이 아주 불평등한 것이었을 뿐 아니라 무제한의 시장이라는 것이 민주주의 자체마저 위협하게 된 것도 사실이다. 하지만 더 많은 규제를 외치며 시장을 거부하거나 고삐를 씌우려 하기 전에 던져 보아야 할 질문이 있다. 어째서 그토록 많은 가난한 사람들이 시장에서 빠져나오기는커녕 오히려 기를 쓰고 더 깊이 들어가려고 하는가이다. 어쨌든 우리가 말하는 의미에서 경제에 대한 연구는 시장에서 나타나는 익명적 존재들의 매매 활동에만 국한되어서는 안 된다. 시장이 존재하기 위한 여러 전제 조건이라는 게 갖가지 정치제도, 사회 관습, 도덕 규칙 등을 통해 확립되는 것들이기 때문이다. '합리적 선택' 이론가들은 로빈슨 크루소의 전통에 서서 개인을 강조하며, 심지어 남들과 협력하겠다는 결심마저도 궁극적으로는 이러한 개개인들의 이익 계산의 결과물로 설명할 수 있다고 믿는다. 이들이 '인간의 경제'를 이야기할 때 강조점은 개인들에게 있다. 그런데 이 개인들의 선호와 선택이 혼자의 계산으로 생겨날 때도 있지만, 한편으로는 그들이 얽혀 있고 속해 있는 가족, 사회, 정치의 맥락 속에서 그 모습이 형성되는 게 보통이다.

경제학계 내부에도 이런 문제를 인정하는 목소리가 있지만, 주류 신고전파의 전통에 견주어 주변적인 것에 지나지 않는다. 경제학자들도 다른 이들처럼 이러한 시장 원리를 마구 확장하는 것이 얼마나 타당한 일인지를 놓고 서로 의견이 다르다. 물론 경제학을, 효용 극대화라는 개인의 논리를 모든 사회생활의 영역에 적용하는 것이라고만 정의하는 이들과는 대화가 이루어질 희망이 별로 없다. 하지만 우리가 알고 있는 경제학자들 가운데 이러한 입장을 견지하는 이들이 많지는 않다. 우리는 현실 세계에 관심을 가진 경제학자들에게 인류학자들이 인간의 경제에 관해 발견한 것들에도 관심을 가져 보라고, 나아가 인간의 경제를 이해하기 위해 우리가 제시하는 이론들에 대해서도 한 번 관심을 가져 보라고 설득하고 싶다.

비판 인류학

'경제'라는 말과 마찬가지로 '인류학'도 고대 그리스어에서 파생된 말이다. 그리스어 '인간'(anthropos)이라는 말에서 나온 '인류학'(anthropology)은 인류 전체에 관한 체계적 연구를 총칭하는 학문이다. 하지만 오늘날 보통 이 말이 쓰이는 용법은 영국에서는 사회인류학, 미국에서는 문화인류학을 가리킨다. 일부 미국 대학에서는 인류학을 문화인류학을 비롯하여 네 가지로 나누고 있다. 다른 세 가지는 생리적 (또는 생물학적) 인류학, 고고학, 언어 인류학이다. 하지만 이 책에서는 이 다른 세 분야는 직접 다루지 않을 것이다. 또 임마누엘 칸트 이래 '인간학'(Anthropologie)이라는 이름으로 내려온, 인간 본성에 대한 철학적·신학적 탐구 역시 직접 다루지는 않을 것이다.

사회인류학이나 문화인류학의 역사와 정의에 대해서는 여러 다른 시도가 있어 왔다. 문화적 다양성을 연구하는 학문임을 강조하는 이들은 그 역사를 헤로도토스의 저작에 기록된 고대 그리스인들이 야만족 유목민들을 어떻게 이해했는지까지 거슬러 올라간다. 그런가 하면 에스파냐 식민주의자들이 아메리카 대륙에서 처음으로 원주민들과 만나 그 이야기를 전했을 때 가톨릭 지식인들이 어떤 반응을 보였는지까지 거슬러 올라가기도 한다. 우리는 이 책에서 비판 인류학의 뿌리가 18세기의 민주주의 혁명과 합리주의 철학에 있다고 본다. 당시에 제기되었던 문제는, 멋대로의 불평등으로 점철된 '구체제'를 어떻게 하면 모든 인간들이 공통으로 가진 본성에 기초한 평등한 사회로 대체할 수 있을까 하는 점이었다. 계몽주의 철학자들은 불평등을 떠받치는 전제들에 대한 혁명적인 비판과 함께 더욱 평등한 미래를 위한 건설적인 제안들도 내놓았다. 그러한 미래는 국가와 계급 분열에 기초한 사회가 나타나기 전에 존재하던 친족 조직과 비슷한 것이 될 거라고 여겨졌다. 그 무렵에 알려져 있던 야만인들은 역사 발전의 단계 이론에 비추어 해석되었다. 여러 가지 이론이 있었지만 특히 영향력이 컸던 것은 몽테스키외의 이론이었다(Montesquieu 1748).

그렇다면 '비판'이란 무엇인가? 말하자면 판단에 의지하여 당대의 문명을 이루는 기초들을 검토해 보는 작업이다. 그리고 그 판단이란 조심스런 고찰을 바탕으로 특정한 견해를 형성할 수 있는 능력이었고, 좀 더 나아가 개별적인 것들을 좀 더 일반적인 원칙과 연결시키는 관계들을 분별해 내는 능력이었다. 비판 인류학이 출현하는 과정에 특출한 위치를 차지하는 장 자크 루소(1712~1778)는 타락해 버린 문명에 대한 비판과 도처에 만연한 불평등을 해결할 전망을 결합시킨 인물이다. 사물을 현존하는 모습대로 살펴보는 것을 거부하고 현재를 변화의 과정에 있는 것으로 본다면, 그러한 현재를 연구하고 서술하기 위해 새로운 방법이 필요할 수밖에 없다는 것을 보여 준 이가 루소였다.《인간 불평등 기원론》(1754)은 19세기의 루이스 헨리 모건에서 20세기 클로드 레비스트로스에 이르는 여러 인류학자들에게 영감의 원천이 되었다. 나아가 경제인류학에도 기초를 닦은 저작이다.

루소는 개개인들이 타고난 자질이 저마다 다 다르다는 점에는 관심을 두지 않았다. 그의 관심사는 사회적 관습에 따라 주어지는 부와, 명예, 복종시키는 능력 따위에서 인위적으로 생겨난 온갖 불평등이었다. 인간 평등의 상태를 보여 주는 무종의 모델을 구축하기 위해 루소는 사회가 존재하기 이전의 자연 상태라는 것을 상상하였다. 이는 인간 진화의 한 단계로서, 이때에는 사람들이 모두 혼자서 고독하게 살았지만 건강하고 행복했을 뿐 아니라 무엇보다도 모두 자유로웠다고 한다. 이 '고귀한 야만인'의 자유는 형이상학적·무정부적·개인적 자유였다. 최초의 인간들은 자유의지라는 것을 가지고 있어서 그 어떤 종류의 규칙도 따르지 않았으며 또 그들 중 누구도 남들보다 윗자리에 있는 상급자가 아니었다. 그런데 일정한 시점이 되자 인류는 루소가 '초창기 사회'라고 부른 단계로 이행하게 된다. 이 사회의 경제적 기초는 오두막에 거주하는 수렵채집 생활이라고 정리할 수 있는데, 상당히 오랜 기간 지속되었다. 그렇다면 인류는 어째서 자연 상태를 버리게 된 것일까? 루소는 그 원인을 각종 재난과 경제적 궁핍 탓이라고 보았다.

그러다가 농업의 발명, 곧 루소가 '밀과 철'의 발명이라고 부른 사건이 일어나게 되면서 인류의 역사는 일정한 경로를 따라가게 된다. 토지를 경작하게 되자 초기 형태의 소유권 제도가 나타나게 되었고, 이런 제도가 발달하게 되면서 정치적 사회의 발전이 필연적으로 요청되었다. 시민적 질서(국가)가 형성되기 이전에는 일종의 '홉스적 상태,' 말하자면 무법천지에서 만인에 대한 만인의 전쟁이 벌어지는 상태였다. 여기에서 모두가 법을 준수하기로 하는 새로운 사회계약이 나타나게 되었다. 루소는 이러한 결과가 사람들 사이에 합의를 통해 도출되었을 가능성이 높다고 믿었지만, 기만적인 계약이었다고 보았다. 이 합의를 통해 부자들이 불평등한 자신들의 소유권을 영구히 물려줄 법적인 승인을 얻어 냈다는 것이다. 정치적 사회는 이렇듯 시작부터 불길한 모습을 안고 있었으며, 이후 여러 혁명을 거치면서 세 단계를 밟아 나가는 것이 전형적인 모습이었다고 한다.

> 법률과 소유권의 확립이 첫 번째 단계이며, 치안관의 제도화가 두 번째 단계이며, 합법적 권력이 자의적 권력으로 변형되는 것이 마지막 세 번째 단계이다. 이리하여 첫 번째 시대에 부자와 가난한 자라는 신분이, 두 번째 시대에는 강자와 약자라는 신분이, 세 번째 시대에는 주인과 노예라는 신분이 법적 권위를 통해 승인되었다. 이 세 번째 단계는 불평등이 최고조에 이른 단계이며 다른 모든 단계들도 궁극적으로 여기에 이르게 되지만, 마침내 새로운 혁명들을 통해 정부를 완전히 해체하여 다시 합법성을 부여하는 일이 벌어진다(Rousseau 1984: 131).

1인 지배 상태가 되면 이러한 순환 과정이 원점으로 되돌아오게 된다. 모든 개인은 이제 그 어떤 법이 아니라 지배자의 의지에만 종속되는 신민이 되어 다시금 서로 평등해지기 때문이다. 루소는 불평등의 증대가 시민사회에 나타나는 인간 소외의 한 측면일 뿐이라고 보았다. 따라서 우리 모두는 노동 분업은 물론 다른 이들의 견해에 의존하는 상태에서 벗어나 주체적인 자급자족의 상태로 되돌아가야 한다는 것이다. 그의 이러한 전복적인 우화는 경제적 불평등에 대한 호소력 있는 고발로 끝을 맺고 있다. 이는 오늘날 우리 세계에 대해서도 경고장이 될 수 있다.

자연의 법을 어떻게 정의하든, 한 줌도 안 되는 자들이 온갖 사치품에 둘러싸여 게걸스럽게 먹고 있는 가운데 배고픈 다중은 생필품조차 없어서 쩔쩔 매는 상황이란 명백하게 자연법에 반대되는 것이다(*ibid*.: 137).

마르크스와 엥겔스는 국가와 자본주의를 비판하면서 자신들의 선배인 루소를 폭넓게 활용했고, 루소의 으뜸가는 후계자였던 루이스 모건의 유산은 20세기에 들어와서도 상당히 오랫동안 유지되었다. 하지만 이는 인류학에서 더 이상 지도적 패러다임이 아니다. 그 대신 여러 국민국가로 조각조각 나뉜 단일한 세계 사회라는 상과 좀 더 잘 어울리는 상대주의적 민족지 연구가 지배적 패러다임으로 들어서게 된다.

이러한 상대주의 또한 그 원천은 18세기로 거슬러 올라갈 수 있다. 우리가 오늘날 쓰고 있는 사회인류학과 문화인류학의 어휘들 특히 '민족지'(ethnography)와 '민족학'(ethnology)은 그 무렵 독일어권 학자들한테서 빌려온 것들이다. 그들은 자국의 농민들은 물론 멀리 시베리아까지 시야를 뻗어 '타자성'을 탐구했다. 요한 고트프리트 헤르더(1744~1803)의 저작들은 루소와 칸트의 확신에 찬 보편주의에 맞서는 반대 흐름을 확립했다. 19세기에는 거대한 식민지를 갖춘 제국들이 형성되었으며, 진화론이라는 자유의 옷을 입고서 보편주의가 지배적 지위를 차지했다. 전 세계의 모든 민족과 집단은 문명을 발견함으로써 역사에 등장한 '문화 민족'(Kulturvölker)과 구별되는 의미에서 '자연적 민족'(Naturvölker)으로 분류되었다. 모건과 엥겔스 같은 학자들은 원시 공산주의라는 개념을 지지했고, 이를 계급투쟁 또는 정체된 '동양적 전제주의' 같은 이후의 여러 단계와 대조시키며 긍정적으로 보았다.

20세기가 되어 인류학자들은 이런 어설픈 진화론 모델을 버리게 된다. 대부분은 아예 진화라는 생각 자체를 통째로 거부했다. 브로니슬라프 말리노프스키, 프란츠 보애스와 그 제자들은 개별 공동체에 대한 면밀한 연구에 전념했고, 시간적으로 그 기원을 추적하는 것은 역사 사료를 구할 수 있는 한도로 제한했다. 이러한 민족지들이 새로운 터전을 마련한 것은 분명한 사실이지만 그 과정에서 잃은 것도 있었다. 경제인류학이 이런 연구를 통해 얻은 주요 이득은 생산, 분배, 교환, 소비의 영역에서 벌어지는 인간 행동의 복합적 동기들 그리고 이러한 인간의 경제가 다른 영역에서 나타나는 인간 행동과 어떻게 연결되는가에 대해 훨씬 깊이 이해했다는 데에 있다. 하지만 인류학자들은 시간적으로나 공간적으로나 큰 그림에 대한 시야를 완전히 상실하게 되었다는 문제가 있다. 그 결과 이들의 작업에 대해 다른 사회과학자들은 너무 미시적이고 대표성이 없는 사례 연구에 의존하는 것이라고 간주할 때가 많다. 우리는 민족지적 연구 방법을 계속 강하게 이어 가야 한다고 생각하지만, 이러한 방법을 단순히 여러 현장의 작업으로서뿐 아니라 역사를 거시적 수준과 중규모 수준 모두에서 활용해야 한다는 강한 의무감으로 보완해야 한다. 이 말은 곧 '세계사'를 다시 한 번 진지하게 받아들인다는 뜻이다.

주류 경제학 또한 미시적인 것은 마찬가지이지만 그 방식은 상당히 다르다. 경제학자들의 이론은 심지어 총계 수준에서 인간 행동을 계산하고 예측하려 할 때조차 그 행위자를 개인으로 가정하는 것이 보통이다. 거시적 수준의 조사 연구에서는 비판적 인류학자들이 고고학자나 사회사가, 정치경제학자들과 대화를 트게 되는 반면, 미시적 수준의 작업에서는 인류학자와 경제학자들 모두가 심리학자나 인지과학자들과 상대하게 된다. 이따금 미시 이론은 거시 수준에서 나타나는 여러 변화를 설명하는 열쇠로 사용되기도 한다. 하지만 우리는 그러한 주장에 회의를 품고 있다. 경제인류학자들은 오늘날의 합리적 선택 이론이 나타나기 오래전부터 개인들의 의사 결정 과정을 서술하고 분석해 왔지만, 합리적 선택 이론이 해온 작업이 우리의 관심사와 아주 밀접한 관련이 있는 데다가 또 대단히 큰 영향력을 가지고 있으므로 다시 한 번 다룰 필요가 있다. 이 이론이 서양인들의 독특한 방법론적 개인주의를 근거 없이 서구 바깥 민족 집단들에게 마구 투사하는 것은 아닐까? 그게 아니라면, 몇 가지 인간 행동의 원리는 모든 사회의 경제에서 유효성을 갖는 것인가? 경제인류학이 생겨날 때부터 이러한 보편적인 것(경제학자와 인지심리학자들)과 특별한 것(인류학자와 역사학자들) 사이의 긴장은 경제인류학에서 벌어진 여러 논쟁의 모습을 형성해 왔다. 우리는 경제인류학이 요즘 유행하는 진화심리학이나 게임이론처럼 일반적 설명이라는 지름길로 바로 들어가고픈 유혹을 뿌리치고, 오히려 더 넓은 여러 역사적 틀과 다시 한 번 씨름할 필요가 있다고 생각한다.

비판적 경제인류학의 이론적 구조에 기여한 여러 사람 가운데 특히 우리는 마르셀 모스(3장)와 칼 폴라니(4장)의 업적에 주목하고자 한다. 두 사람 다 유통(단순히 교환만이 아니다)의 여러 메커니즘에 초점을 두면서 경제학자들의 논의를 가져오기는 하지만 그들의 여러 가정과 주요 결론에는 강력하게 반대한다. 모스의 유명한 저작《증여론》(1925)은 지금까지 그저 교환 이론에 기여한 것으로만 너무 협소하게 해석되어 왔다. 그리하여 교환 이론의 외피에 갇히는 바람에 '선물과 상품'이라는 상반되는 두 가지 가운데 한 측면만을 다룬 것으로 여겨져 왔고, 또 그러한 '선물과 상품'은 서구와 나머지 세계를 가르는 대표적인 큰 차이라고 여겨질 때가 많았다.

한편 칼 폴라니는 산업혁명이라는 역사 속의 한 계기를 강조하면서 '큰 차이'(great divide) 이론을 정초했다. 그 때문에 폴라니와 그 추종자들은 현대 경제에 대한 연구를 포기하고 경제학자들에게 넘겨주게 되었는데, 우리가 보기에 이는 잘못된 일이었다. 2000년대가 되어 신자유주의적 자본주의의 위기가 벌어지자 《거대한 전환》(1944)에 전개된바, 시장 원리의 과도한 확장이 안고 있는 여러 위험에 대한 폴라니의 고전적 분석이 새롭게 현실성을 얻게 되었다. 또 같은 시기에 사회학자들은 경제와 사회의 '통합 형태'로서 재분배와 상호성이라는 폴라니의 중심 개념들이 시장 원리가 강화된다고 해서 반드시 시들어 없어지는 게 아니라는 사실을 발견했다.

우리가 모스와 폴라니로부터 가져온 것은, 사회가 어떻게 하여 여러 경제적 원리의 독특한 조합 위에 정초되는가이다. 이러한 경제적 원리들은 역사와 지리에 따라 분포가 광범위하지만, 우리 모두의 공통 문제를 해결하는 데 새로운 동력과 방향을 제시할 수 있도록 다양한 방식으로 조합될 수가 있다. 모스와 폴라니 모두 자기들이 살던 당대에 마르크스주의라는 이름 아래에 수행되던 사회적 실험에 깊은 관심을 가지고 있었으며, 완전히 해방된 인간의 경제라는 마르크스주의 전통의 약속이 왜곡된 모습으로 나타난 것이라고 생각했다. 마르크스와 마찬가지로 두 사람도 사회를 자본주의 시장으로 환원한다는 유토피아적 프로젝트를 거부하였다. 이들은 경제를 동시에 두 가지 다른 방향으로 끌려가는 것으로 생각했다. 하나는 안쪽 방향으로서, 한 공동체의 권리와 이익을 지역적·국지적으로 보장하는 방향으로 나아가는 운동이다. 다른 하나는 바깥 방향으로서, 화폐와 시장이라는 매개체를 통해 타자들과 더욱 포괄적으로 관계를 맺음으로써 지역적·지적 공급의 부족을 메꾸는 방향이다.

　모스와 폴라니 모두 개인적으로 민족지 저술을 업으로 삼았던 이들이 결코 아니었지만, 각각 일상생활의 해명에 도움이 될 대단히 큰 일반성을 가진 원리들을 말살시켰다. 그리고 그렇게 하는 가운데에 역사, 민족지, 비판이라는 세 가지 지적 영역 사이에 가교를 놓았다. 두 사람 모두 자신들의 시대가 당면한 큰 정치적 질문들로도 손을 뻗었다. 이들이 대결했던 이 정치적 질문들은 오늘날에도 사라지지 않았으며, 역사를 살고 있는 우리 스스로의 시점이라는 관점에서 다시 돌아볼 필요가 있는 것들이기도 하다.

이 책의 구성

　우리는 이제 막 출현하고 있는 경제인류학이라는 학문을 더 넓은 역사적·이론적 틀 속에 놓고자 한다. 2장에서는 '경제'라는 아이디어를 그 말이 생겨난 고대 지중해에서 온라인으로 경제 상거래가 벌어지는 오늘날까지 역사를 추적해 나간다. 그 다음의 장들에서는 경제인류학의 역사를 세 단계로 나누어 살펴보게 될 것이다.

　3장에서는 1870년대부터 제2차 세계대전까지의 이야기를 다룬다. 관료제 혁명으로 강력한 국가와 독점 대기업들이 권력을 집중시키던 이 시대에, 정치경제학은 오히려 스스로를 '호모 이코노미쿠스'라는 이름이 붙은 동물들이 경쟁 시장에서 이루어지는 개인적 의사 결정 과정에 대한 연구로 스스로를 다시 창조하였고 이 호모 이코노미쿠스는 20세기로 접어들면서 곧바로 교과서에 등장하기 시작했다. 20세기의 세계는 급속하게 도시화되고 전쟁과 경제적 재난으로 고초를 겪고 있었음에도 불구하고, 인류학자들은 여전히 멀리 떨어진 곳에 사는 사람들을 근대 역사 바깥의 존재로 그리는 민족지들을 출간하고 있었다.

제2차 세계대전 이후가 되면 경제학이 크게 일어나서 오늘날과 같은 대중적인 지위와 영향력을 누리게 된다. 4장에서는 경제인류학자들이 1950~1960년대에 걸쳐서 내부에서 생동감 있는 논쟁 하나를 지속적으로 펼쳐 나가는 과정을 살펴본다. 이 시대는 복지국가가 절정에 달한 시대이기도 하며, 또 냉전이 기승을 부리고 유럽의 여러 제국이 해체되는 시기이기도 하다.

5장에서는 이후 몇 십 년 동안 나타난 주요 흐름들을 돌아본다. 이 무렵 몇 가지 이론적 접근법이 경제인류학 내부에서 영향력을 장악하기 위해 경쟁을 벌였지만, 이는 또한 경제인류학이 더욱 파편화되고 인류학 주류에서 주변으로 밀려나게 되는 시기이기도 했다. 1970년대에 번성했던 네오마르크스주의와 페미니즘 접근법은 그래서 경제인류학의 황금시대가 절정에 달한 모습이라고 볼 수도 있고 그 쇠락의 증거로 볼 수도 있다. 1970년대 이후에도 경제학자들의 지도를 따를 것이냐 아니면 완전히 거부할 것이냐를 둘러싼 논쟁은 희석된 형태로나마 계속되었지만, 제2차 세계대전 이후 시기 같은 응집성은 잃은 상태였다. 그런가하면 신자유주의 시대이기도 한 이 시기는 경제인류학자들에게 새로운 도전과 새로운 기회를 동시에 던져 주었다. 지난 30년 동안 경제인류학에서 이루어진 작업은 이론적으로 다종 다기했는데, 이는 또한 오늘날 인류학 전체에 해당되는 이야기이기도 하다.

이 책 후반부에서 우리는 경제인류학이 우리 시대의 핵심적 사회 문제들을 조명할 수 있다고 주장할 것인데, 그 주장에 핵심이 되는 세 가지 주제를 살펴볼 것이다. 이는 냉전 시대 초기 단계에서 인류를 세 개의 세계로 갈라놓았던 틀과 대체로 일치한다. '제1세계'는 미국과 그 동맹국들, '제2세계'는 소련과 그 동맹국들, '제3세계'는 아프리카, 아시아, 남아메리카의 비동맹 국가들이었다. 그 뒤로, 특히 냉전이 끝난 이후 지구에 대한 인식 지도는 바뀌어 왔다. 오늘날에는 대개 '제3세계'라는 말 대신 '남반구'(Global South)라는 말을 쓰며, 아시아의 대부분은 지속적인 경제성장을 누리고 있어서 세계 패권 자체가 동쪽으로 이동하고 있다는 인식이 나올 지경이다. 그럼에도 불구하고, 우리는 예전의 3분법으로부터 지난 반세기 동안 경제인류학이 주요한 대상으로 삼던 것들을 가져오고자 한다. 자본주의, 사회주의, 발전이 그것이다.

우리는 6장의 앞부분에서 '불평등한 발전'을 살펴볼 것이다. 한때 부유한 지역이 함께 협력하여 가난한 지역을 빈곤에서 끌어내자는 열망이 가득했던 때도 있었지만, 오늘날에는 더 이상 그렇지 않으며 세상은 여전히 부유한 지역과 가난한 지역으로 '불균등 발전'을 보이고 있다. 이 문제를 다루는 하위 분과로서 발전인류학이 생겨나고 있지만, 이는 경제인류학과 중첩되며 경계가 뚜렷하지 않다.

7장에서는 냉전 종식 이전과 이후의 여러 사회주의 사회들 그리고 오늘날의 중국 사회에 대한 비판 인류학의 관점을 제시한다. 지난 두 세기 동안 자본주의와 사회주의라는 경쟁 체제 사이에 어느 쪽이 어떤 장점을 갖는가라는 큰 질문을 놓고 벌어진 논쟁은 아직도 사라지지 않았다. 그 두 가지가 일정한 측면에서 서로 수렴하는 뜻밖의 일이 있었음에도 말이다.

8장에서는 최근 수십 년 동안 경제인류학에서 나타난 가장 중요한 발전에 초점을 둔다. 그것은 경제인류학이 서구의 본고장에 있는 자본주의는 물론 세계 자본주의 또한 기꺼이 연구하려 들게 되었다는 것이다. 이는 온 세계를 자본주의로 통일하는 것을 신자유주의 정책의 명시적 목표로 내건 시대에 (한동안 '워싱턴 컨센서스'라는 이름으로 불리었다) 벌어진 일이었다. 우리는 8장의 결론에서 우리가 이 책을 쓰고 있는 역사적 정황, 즉 2008년의 금융 붕괴 이후에 급작스럽게 나타난 경제 위기를 짧게 언급할 것이다. 마지막으로 9장에서는 경제인류학의 역사에 대한 우리의 논의가 미래를 밝히는 데 어떤 도움을 줄 수 있을지 정리해 볼 것이다.

| 더 읽어 볼 자료 |

'인간의 경제'라는 개념은 Hart, K., Laville, J. and Cattani, A. D. (eds.) *The Human Economy: A Citizen's Guide*(2010)에 수록된 전 세계에 걸친 30명의 전문가들이 기고한 글들에서 논의되고 있다. Carrier, J. (ed.) *A Handbook of Economic Anthropology*(2005)는 이 글을 쓰고 있는 시점에서 개정판을 준비하고 있다. 이 분야에서 최근 이루어지고 있는 작업을 알 수 있는 책으로는 최상이라고 할 수 있다. 학술지 *Research in Economic Anthropology*는 1970년대 이래 경제인류학회(Society for Economic Anthropology)를 대표하여 독창적인 글들을 실어 왔다. 최근에 나온 교과서들로 보자면, 다루고 있는 범위가 네오마르크스주의적 접근법에 초점을 둔 Narotsky, S., *New Directions in Economic Anthropology*(1997)보다는 Wilk, R. and Cliggett, L., *Economies and Cultures: Foundations of Economic Anthropology*(2007) 쪽이 더 넓다. 초창기 사회의 경제에 대한 혁신적인 고고학 접근으로는 Sherratt, A., *Economy and*

Society in Prehistoric Europe: Changing Perspectives(1997)가 있는데, 이 책의 두 저자는 그 이전의 많은 이들 특히 19세기의 학자들이 그러했듯 Rousseau, J.-J., *A Discourse on Inequality*(1754)에서 영감을 얻은 바 있다. 칸트와 헤르더에 대한 가장 좋은 입문서는 Zammito, J., *Kant, Herder and the Birth of Anthropology*(2002)인 것 같다.

2장
경제, 고대 세계에서 인터넷 시대까지

'경제'(economy)라는 낱말을 영어사전에서 찾아보면 여러 가지 뜻이 나온다. 저마다 별개의 뜻이지만 서로 중첩되기도 한다.

1. 질서, 관리
2. 자원의 효율적인 보존
3. 실제적인 일들
4. 돈, 부
5. 시장

경제라는 말과 거기에 담긴 생각이 적용되는 사회적 단위의 범위가 대단히 넓다는 것을 알 수 있다. 위 항목에서 마지막 두 가지 의미는 시장, 그리고 돈벌이에 골몰하면서 시장을 떠도는 개개인을 특별히 부각시키고 있지만, 이는 사회와 자연 모두에서 자원을 보존 관리한다는 의미의 경제와는 상극이 되는 대립물이다. 똑같은 말이 어째서 이렇게 근본적으로 대립되는 뜻을 담고 있는 것일까. 그러면 이제, 경제라는 말이 어떻게 근본적인 의미에서 전환을 겪게 되었는지 역사적 시각에서 살펴보도록 하자.

가정경제

앞에서 말했듯이, '경제'라는 말은 '가정경제의 관리'를 뜻하는 그리스어에서 왔다. 아리스토텔레스(기원전 383~322)는 이 말을 이론적으로 정의한 사람으로 인정받고 있다(Polanyi 1957a). 청동기시대 말 막바지에 농업에 기반을 둔 제국들이 출현했다. 그 내부에 존재하는 기본적인 갈등 구조는 장기적인 내전 상태로 구체화되었으니, '오이코노미아'(oikonomia)라는 개념은 그 내전에서 한쪽 편의 이익을 표현하는 말로서 등장했다. 이러한 내란의 두 진영은 훗날 중세 유럽으로 넘어오면 '봉건주의'와 '자본주의'로 알려지게 된다. 전자는 토지의 통제력에 기초를 둔 소유권과 정치 시스템이었고, 후자는 화폐의 통제력에 바탕을 둔 소유권과 정치 시스템이었다. 농촌에 장원을 소유한 군사 귀족은 농업 노동력을 복속시켜 그들로부터 지대를 뜯어냈으며, 해양 무역으로 연결된 도시들은 상업을 통해 인구를 먹여 살렸다. 그리스의 경우 이 양쪽에서 내건 정치적 슬로건이 각각 '귀족정'과 '민주정'이었다. 귀족정은 가장 뛰어난 이들의 통치를 뜻하는 말이고 민주정은 평민의 통치를 뜻하는 말이었다(모든 평민은 아니었지만 남성 인구의 상당 부분을 포괄했다). 대개 귀족정을 지지하는 분파와 민주정을 지지하는 분파는 권력을 놓고 서로 경쟁을 벌였으며, 지리적으로 멀리 떨어져 있다고 해도 같은 생각을 가진 집단들은 널리 동맹을 형성했다. 초기 인류학의 고전이 된 퓌스텔 드 쿨랑주의 연구를 보면, 동맹의 결과 국지적 전투에서부터 수십 년 동안이나 지속되는 국제적 충돌에 이르기까지 모든 범위에서 전쟁과 혁명이 끊이지 않았다(Coulanges 1864).

이런 악순환의 고리는 로마가 카르타고를 물리치고 동지중해 지역을 제국에 병합시키면서 끊어지게 된다. 기원후로 접어들면서 군사적인 토지 세력이 해상의 상업 세력에게 승리를 거두게 된다. 마침내 고대 세계는 로마의 통치 아래에 통일된 것이다. 상인들이 다시 토지 세력에 우위를 점하는 일이 북서 유럽에서 벌어지게 되지만, 이는 1500년이 지난 뒤의 일이다. 영국은 그러한 승리가 펼쳐진 주요한 장소였다. 하지만 오래지 않아 식민지인 미국이 영국보다 더 큰 영향력을 발휘하여 오늘날 우리가 알고 있는바 글로벌 자본주의의 모습을 형성하게 된다. 마르크스와 엥겔스가 《공산당 선언》(1848)에서 계급투쟁의 역사는 도시와 농촌 사이에 벌어졌다고 지적했을 때, 염두에 두고 있었던 것도 바로 이러한 유럽의 역사였다.

아리스토텔레스는 인간이라는 종은 사회 속에서 삶을 이어 가게 되어 있다고 주장했다. 그래서 인간을 '폴리스 생활을 하는 동물'(zoon politikon)이라고 불렀다. 간혹 '정치적 동물'이라고 번역될 때도 있지만, 본뜻은 우리가 공동체라는 집단적 질서를 필요로 한다는 것이었고 그가 생각한 공동체란 농업 배후지까지를 포함하는 폴리스, 곧 도시를 의미했다. 사회란 인간 본성의 표출일 뿐 아니라 더 넓은 자연 세계의 논리가 표현된 것이라는 게 아리스토텔레스의 생각이었다. 하지만 그가 사회의 핵심이라고 보았던 것은 보통의 가족이나 그 어떤 가정경제가 아니라, 한 가족이 하나의 가정경제를 점유한 상태였다. 그가 염두에 둔 것은 반쯤 요새화된 거대한 저택들로서, 우두머리인 지주가 노예와 가신, 기술자, 밭, 과수원, 가축들을 거느리고 사는 모습이었다. 아리스토텔레스에 따르면, 이러한 저택의 목적은 '자급자족'(autarkia)이며, 이를 위해서는 예산 편성과 검약의 원리를 적용하여 반드시 그 자원들을 알뜰하게 관리해야 한다. 이것이 바로 '오이코노미아'의 본질이었다.

하지만 이러한 대규모 재산은 경제적으로 군사적으로 도시의 상업 세력으로부터 큰 압력을 받고 있었다. 도시의 상업 세력은 자신들의 사치스런 지출은 물론 무엇보다 전쟁을 벌이기 위해 화폐를 필요로 했다. 그리하여 아리스토텔레스는 시장, 특히 '영리활동'(khrematistike)에 대해 비난을 퍼붓는다. 그는 영리활동이란 국경선을 마구 넘나들며 물건을 사고파는 비자연적인 삶을 사는 개개인들이 이윤을 취하는 반사회적 행위라고 묘사하고 있다. 이런 점에서 아리스토텔레스는 자신의 시대보다 2천 년 전의 메소포타미아까지 거슬러 올라가는 오랜 담론의 전통을 계승하고 있다고 볼 수 있다. 이미 옛날의 메소포타미아에서도 재화를 한쪽에서 다른 쪽으로 이전하는 방식으로서 상업보다는 공물과 선물, 심지어 절도 같은 행위가 더 선호되었던 것이다.

시장 거래는 사실 공적인 위치를 갖는 부유한 가정경제의 활동으로서 출현했던 것으로 보인다. 하지만 엘리트들은 항상 이러한 활동에 강력 반대했고, 또 정치체들이 무너지게 되면 이런 반대 또한 수그러들곤 했다. 농업 시대 전체에 걸쳐서 상업은 흥망성쇠를 되풀이했으며, 이런 현상은 마침내 시장이 산업자본주의의 지배 원리로 자리 잡게 될 때까지 이어졌다.

경제 이론의 역사적 뿌리

《니코마코스 윤리학》에서 아리스토텔레스는, 교환이 노동 분업에서 생겨난다는 플라톤의 생각을 받아들인 후 거기에 다시 교환은 비례가 맞을 때, 즉 양쪽의 이득과 손해가 동일할 때에 비로소 '정의롭다'는 생각을 덧붙였다. 이러한 비례성을 측량하는 척도는 필요라는 것이었다. 중세 유럽의 '학자들' 곧 스콜라 철학자들은 이러한 생각을 부활시켰다. 알베르투스 마그누스(1206~1280)는 아리스토텔레스의 생각을 받아들여, 구체적으로 생산자의 '시간과 수고'(labor et expensea)가 바로 생산에 들어간 비용이라고 밝혔다. 그의 제자 토마스 아퀴나스(1225~1274)도 마찬가지로, 도시란 노동 분업에 기초를 두고 있으므로 교환의 비례가 합당하지 못하다면 도시 또한 무너지고 말 것이라고 주장했다. 소규모 상업적 생산은 자유로운 소유자들 사이의 등가교환을 전제조건으로 하는 것이지만, 이러한 조건은 농노와 노예가 강제노동을 하던 당시의 체제에서는 충족되기 힘들었다.

하지만 토마스 아퀴나스의 경제 이론에서는 '교환가치'의 조건인 필요와 '교환가치'의 척도가 명확하게 구별되지 않고 있다. 스콜라 신학자였던 아퀴나스는 당대의 경제적 현실을 가톨릭교회의 교리와 화해시켜야만 했다. 이는 곧 정의로운 것과 정의롭지 못한 것 사이에 선을 긋는 작업을 뜻했다. 그는 고리대를 저주했지만 상인들의 이윤은 정당화해야만 했고, 기성 질서를 옹호하는 동시에 그 한복판에서 끓어오르고 있던 자본주의에도 어느 정도 정당성을 부여했다. 아리스토텔레스와 마찬가지로, 스콜라 신학자들의 접근법에서 핵심은 경제의 목적이 사회를 보존하는 데 있다는 완고한 주장이었다. 사회는 자연의 일부이며, 자연적 생산(즉 농업)이야말로 사회의 중심이자 영혼이라는 것이다. 그리하여 결국에는 자연은 신의 피조물이므로 '경제'란 신이 창조한 섭리의 신학적 원리에 따른다는 결론에 다다르게 된다.

이러한 역사가 기독교의 영향을 받은 서양에서만 나타난 것은 아니다. 유럽과 아시아의 모든 농업 문명은 폭력을 통해 획득하고 보유되던 경작지와 도시의 상업 사이에 긴장이 존재한다는 점을 잘 알고 있었다. 인도의 '바르나'(varna) 시스템은 바로 그런 극단적인 경우이다. 사회는 성직자, 전사, 상인, 하인들로 각각 이루어진 네 계급으로 나뉘었으며, 돈을 수단으로 삼아 영적 권력을 가진 계급으로 진입하는 일이 없도록 여러 장벽을 쳐 놓았다. 중세 유럽에서 유대인들은 돈만 벌 수 있도록 제한되었고, 토지 소유나 정치적 관직 보유하지 못하게 배제되었다. 유교를 신봉하는 중국의 지배계급 또한 상업의 영역을 제한하는 것이 중요한 관심사였다. 맏아들은 문인 관료를 만들고, 둘째 아들은 군인을 만들고, 상인은 셋째 아들이나 하는 것이라는 게 그들의 이상이었다. 나이에 따른 위계 서열이 계속해서 상업을 억압했다. 하지만 그래도 중국의 여러 도시 특히 주요 항구 도시에서는 활기찬 기업가 정신이 싹틀 수 있는 조건이 깊이 뿌리를 내리고 있었다. 애덤 스미스는 중국 국내시장의 규모에 대해 호의적으로 논평했고(Smith 1776), 18세기 유럽 나라들 내부의 조각조각 파편화된 전국 시장에 비해 훨씬 큰 인상을 받고 있다. 아리스토텔레스는 시장과 전혀 엮이지 않은 농업을 '자연적'이라고 보는 이상을 품고 있었지만, 곳곳에서 토지 권력과 도시 상업의 불편한 상호 의존(둘 가운데 토지 권력이 끈질기게 우위를 차지했다)이라는 현실과 모순을 빚고 있었다.

그렇다면 이슬람 경제는 어땠을까? 자체적으로 풍부한 전통을 가지고 있던 이슬람 경제는 훗날 유럽의 르네상스를 일깨우는 원천이 되었을 뿐 아니라 오늘날의 세계경제에서도 여전히 적극적 역할을 담당하고 있다. 11세기 무렵 카이로는 에스파냐 남부와 인도까지 연결하는 문명의 중심지였다. 이슬람 문명의 가장 두드러진 경제 사상가는 이라크와 시리아, 이집트에서 사람들을 가르친 페르시아인 알가잘리(Al-Ghazali, 1058~1111)이다. 그는 '마슬라하'(maslaha, 사회적 효용)의 여러 경제적 측면들에 초점을 두었고 생필품, 안락품, 사치품을 각각 구별했다 (Ghazanfar and Islahi 1997). 인간은 생명을 부지하는 것만으로 삶을 이어 갈 수 없지만, 부 또한 여러 위험을 안고 있다는 것이다. 터무니없는 사치와 구두쇠 짓 모두 사람이 피해야 행동이라고 하면서 중간 경로를 제시하고 있다. 알가잘리는 교환, 생산, 화폐, 국가와 공공 재정의 역할에 이르기까지 여러 혜안을 내놓는다. 그는 또 시장에서 윤리적으로 행동할 것을 강조하면서 생필품의 생산과 공급은 강제적 의무라고까지 주장한다. 화폐를 쌓아 두는 행위는 비난의 대상이며 협동은 칭송의 대상이 된다. 고리대를 거부하고 정의, 평화, 안정성이야말로 경제적 진보의 전제 조건이라고 본다.

위대한 아랍 학자 이븐 할둔(1332~1406)은 토마스 아퀴나스나 알베르투스 마그누스보다 아리스토텔레스의 유산에 충실했다(Khaldun 1987). 그는 애덤 스미스보다도 이미 몇 세기 먼저 한 나라의 부는 기술을 통한 공산품의 생산에 달려 있다고 밝힌다. 만약 북아프리카보다 에스파냐에서 밀 가격이 더 높다면, 그것은 에스파냐에서 밀을 생산하는 데 더 많은 노동이 필요하고 생산 비용이 더 높아서이지 식량이 모자라서 그런 것은 아니라는 얘기이다. 스콜라 철학자들은 '공정 가격'을 확립하는 것에 관심을 두었지만, 이븐 할둔은 현행 가격을 설명하고자 했다. 그는 여러 윤리적 기준에 의존하지 않고서 경험적 데이터와 이론적 분석을 나란히 놓는 방법을 택했다. 그에 따르면, 모든 부는 인간 노동에서 나오는 것이며, 그가 살았던 당대의 거대한 부 또한 그 원천이 노동의 대가를 지불하지 않은 채 선물이라는 형식으로 빼앗아 축적한 데에 있다고 보았다!

하지만 이슬람의 숙련 기술자들은 자기들이 만든 것들을 가지고 직접 장사를 하지 못하게 되어 있었고, 이 때문에 근대 초기 유럽에서 자본주의 발전에 밑거름이 된 통합된 제조업으로 발전하는 길이 막혀 있었다. 사회를 단일한 시장경제로 보는 근대적 사상이 가장 효과적으로 뿌리를 내린 곳은 영어를 사용하는 지역이었다. 17세기의 영국은 혁신이 부글거리며 용솟음치는 마법의 용광로와도 같아 정치, 과학, 상업, 금융에 이르기까지 각 분야에서 동시에 혁명을 겪고 있었다. 이제 경제학 또한 새로운 정치 이론의 틀 안에서 명확하게 근대적인 형태로 떠오르게 된다. 전통적인 왕정에서는 중요한 공식 결정을 내리려면 왕을 설득하면 된다. 하지만 왕의 목을 도끼로 쳐 버린 판이라면 어떻게 해야 할까? 이제는 지적인 논쟁으로서 정책을 정당화하는 수밖에 없다. 자신의 명제가 진리라는 주장은 결국 둘 가운데 하나이다. 심사숙고하여 정신의 논리적 순수성에 호소하든가(수학의 경우처럼), 아니면 현실 세계의 사실들을 제시해야 한다. 첫 번째의 경향을 대표하는 인물로 더들리 노스가 있다면, 《정치 산술》(Political Arithmetick)의 저자인 윌리엄 페티는 (Petty 1690) 두 번째 진영에 속했다. 오늘날에도 경제학의 방법은 여전히 이 합리주의와 경험주의라는 두 축을 고수하고 있으며, 각각 미시경제학 이론과 계량경제학으로 나타나고 있다.

존 로크(1632~1704)는 그때까지 지주들이 지배하는 사회에서 주변으로 밀려나 있던 도시 상업을 '시민사회'의 한가운데로 가져올 수 있는 논리를 철학적으로 종합해 낸다. 그의 《정부론》(Two Treatises of Government, 1690)은 인류 역사를 세 단계로 나누어 그 셋 모두를 노동가치론에 근거하여 설명하고 있다. 첫 번째 단계는 인산이 공유지를 자원으로 삼아 일을 하던 자연 상태였다. 이는 복잡한 정치적 질서와 그것이 내려 주는 혜택이 없는 상태이므로, 저마다 자기가 수행한 노동의 결과물이 자신의 사적 소유가 되는 것이라고 생각했다는 것이다. 여기에서 그다음 단계인 불평등한 토지 소유와 강제를 통한 부의 축적으로 넘어가는 데 촉매 작용을 한 것이 화폐라고 본다. 그전까지는 자기가 사용할 수 있는 양보다 더 많이 생산하는 것이 쓸데없는 짓이었지만(식량은 썩는다), 이제는 잉여생산물을 화폐의 형태로 바꾸어 영구적으로 저장할 수 있게 되었다. 이는 결국 대규모 토지 재산의 획득으로 이어지게 되었다는 얘기이다. 이렇게 되면 왕의 보호를 받는 무장 폭력배들이 여러 상품 생산자들을 맘대로 수탈할 수 있게 된다. 로크는 이 두 번째 단계의 질서를 혁명적으로 뒤집어엎고 나면 세 번째 단계의 시민 정부가 수립될 거라고 상상했다. 여기에서는 노동가치론에 담겨 있는 정치적 원리가 현실에 확립되어 사람들 모두가 스스로가 만들어 낸 것을 자기 것으로 보유할 수 있게 될 것이라고 기대했다. 하지만 기업 소유자들과 그들이 거느린 일꾼(servants, 하인) 사이의 차이에 대해서는 낡은 귀족정의 수탈에서 벗어날 수만 있다면 모두들 혜택을 볼 것이라고 대충 얼버무리고 넘어갔다.

유럽의 가톨릭 왕국들, 특히 프랑스와 에스파냐도 18세기에 중요한 경제학 책자들을 내놓았다. 프랑스의 중농주의자들(Physiocrats)은 모든 가치가 토지에서 나온다고 주장했다. 산업혁명이 벌어지기 직전이던 당시에, 이들은 비록 산업이 경제를 관통하여 유통되는 경로를 추적하기 위해 천재적인 방법들을 고안해 냈지만 여전히 경제를 오로지 농업의 관점으로만 설명했다. 스튜어트 왕조의 후손으로서 영국 왕의 자리에 스튜어트 왕조를 복구하겠다고 나선 이들을 따르다가 추방당한 제임스 스튜어트(1712~1780)는 프랑스 중농주의자들의 저작을 바탕으로 영어권 세계에 '정치경제학'(political economy)이라는 용어를 처음으로 소개한다(Steuart 1767). 그는 이 세상에 농부들이 너무 많은 데다가 사람들이 팔고자 하는 것을 다 사 줄 만큼 사람이 많지 못하다고 전제했다. 도시로 밀려드는 이주민들은 설령 '보잘것없는 천민'(riffraff)이라 할지라도(6장에서 살펴보겠지만 이들은 오늘날 '비공식 경제'에서 생활하고 있다) 상업적 농업 생산물에 대한 수요를 발생시킨다는 점은 분명하다. 그러면 농부들은 여기에서 번 돈을 도시 거주자들이 종사하는 제조업에다가 쓸 수 있게 되며, 농촌-도시 노동 분업에 바탕을 두고 교환이 발전하게 된다는 것이다. 스튜어트는 기업들을 처음에는 세계시장의 모진 풍파에서 보호해 주어야 하지만, 점차 경쟁을 도입하여 강한 기업들은 팽창하고 약한 것들은 제거되도록 해야 한다고 믿었다. 이처럼 자유무역을 단호하게 신봉한 것은 아니었기에 스튜어트는 오늘날까지도 '중상주의자'라는 딱지를 달고 있다. 어찌 되었든 그의 저작은 애덤 스미스의 저작이 나오자 금방 거기에 가려지고 말았다.

정치경제학

애초에 경제는 농업과 동일시되었을 테지만, 심지어 지주들이 지배하던 시절에도 교환 메커니즘은 주된 이론적 관심사였다. 유럽인들이 건설한 여러 제국이 최초의 '세계 체제'를 형성하면서 공고해지게 되자, 경제는 점차 시장들과 동일한 것으로 여겨지게 되었다(Wallerstein 1974). 시상이란 대개 화폐라는 매개물을 통해 벌어지는 구매와 판매 활동으로 구성되는 여러 네트워크이다. 역사 이래 사회 건설의 기초가 되는 주요 제도들에 밀려 늘 주변적인 위치에 머물렀던 시장이 18세기 이후가 되면 사회의 중심으로 받아들여지게 된다. 그리하여 시장과 사회 사이에 적절한 관계가 어떤 것인지는 그 뒤로 언제나 격렬한 논쟁의 대상이었다.

애덤 스미스는 일반적으로 '시장이라는 것'(the market, 이제는 단수로 쓸 때가 많다)이 근대사회의 지배적 제도로서 자리를 차지하게 만든 헌장을 작성한 인물이라고 여겨진다. 그가 《국부론》(1776)에서 제시한 분석은 경제 단위들 내부와 그 사이에서 노동 분업이 발전하게 되면 효율성이 증가한다는 생각에 기초를 두고 있다. 그래서 상업화라고 하는 '자연적' 과정들에 초점을 둔다. 하지만 당시로서는 아직 산업자본주의로의 돌파구도 또 그 뒤를 이어 나타난 영국의 해외 제국 공고화도 전혀 상상할 수 없는 상황이었다.

앞에서 말했듯이 모든 농업 문명은 경제적 거래를 일정하게 억압하려 들었다. 권력을 쥐고 있던 쪽은 토지 재산을 가진 귀족 전사 신분이었는데, 이들은 화폐와 시장 때문에 사회에 대한 자신들의 통제력이 잠식당하지 않을까 두려워했기 때문이다. 국가가 없었던 사회에서도 시장은 보통 주변적인 위치에 머물러 있었고, 지배적인 여러 사회 제도의 대리자들이 행사하는 규제에 종속당했다. 4장에서 살펴보겠지만 칼 폴라니를 따르는 이들이 마련한 한 논문집에 따르면, 아프리카에서는 시장이 열리는 터전을 특정한 시간과 공간으로 제한하는 것이 전통이며 이로서 생산과 소비의 압도적인 대부분은 친족의 유대를 통해 조직되도록 만들었다(Bohannan and Dalton 1962). 식민지에서 수출 작물과 임금노동에 대한 수요가 나타났다는 것은 곧 시장 원리가 사회의 곳곳에 더욱 깊이 파고들어 기존 제도들의 권위를 잠식했음을 뜻한다. 어째서 시장은 전통 사회의 제도와 장치들을 전복하는 위험한 것이라고 여겨진 것일까? 상업에는 경계선이 없게 마련이며(시장은 어떤 의미에서 모두 세계시장이다), 이는 지역적·국지적 통제 시스템을 위협하게 된다. 시장은 농노와 노예, 소수민족, 젊은이, 여성 등 온갖 피지배자들에게 여차하면 도망칠 수 있는 수단을 제공한다. 원거리 무역 상인들의 권력이 지방 권력을 가진 지배자들의 자율성을 제한하는 경우도 많았다.

그래서 애덤 스미스 또한 사회가 시장을 두려워할 까닭이 전혀 없고 오히려 얻을 것이 대단히 많다는 자신의 주장이 모험이라는 점을 잘 알고 있었다. 나아가 그는 시장 교환이 벌어지게 되는 기본적인 동기부여는 이기심이라고까지 주장했다. "푸줏간 주인, 맥주 양조업자, 빵집 주인한테 우리의 저녁 식사를 기대할 수 있게 되는 것은 그들의 자비심 덕분이 아니라 자기 이익에 대한 그들의 관심 때문이다"(Smith 1961: 26-7). 스미스는 도덕 철학자로서 시장 거래에서 나타나는 협소한 자기 이익의 추구를 칭송하려 들지는 않았지만, 아무리 숭고한 정신을 가졌다고 해도 소수 엘리트의 손에 경제 권력을 통째로 넘겨주는 것보다는 모든 개인들이 마음껏 자기 이익을 추구하도록 허용하는 쪽이 훨씬 바람직하다고 생각했다. 그는 '교역과 물물교환 성향'이 인간 본성의 일부이며, 시장은 '한 국가의 부'를 증대시키는 데 최상의 수단이라고 단언함으로써 관습적인 통념을 완전히 전복시켰다. 물론 '동정심' 또는 '동료 의식'이라고 불렀던 것을 무시하면서까지 시장을 완전히 스스로의 발명품에 내맡겨 두는 게 사회 전체를 위한 최상의 이익이라고 주장하지는 않았다. 하지만 이러한 그의 조심성을 사람들은 오늘날까지도 대개 까맣게 잊고 있다. 현대의 경제학자들은 '보이지 않는 손'이라는 말을 신나게 써먹는다. 하지만 스미스의 이 말이 자연의 디자인에 구현된 신의 섭리를 가리키는 것이지 시장의 몰인격적 메커니즘을 말하는 게 아니라는 사실은 전혀 깨닫지 못하고 있다. 스미스가 예상한 것은 하나로 통일된 세계시장이 아니라 다원적인 세계였으며, 여기에서는 중국이 유럽 각국의 파편화된 시장을 능가할 수 있다고 보았다(Arrighi 2007).

19세기 초에도 정치경제학은 팽창하는 시장경제가 발생시키는 가치를 경제성장의 이해에 맞도록 분배하는 방법에 관심을 둔 학문으로서 꾸준히 발전했다. 애덤 스미스에게 자유주의 경제학 최초의 선언문을 작성했다는 공이 있다면, 그 이론적 원리를 더욱 체계적으로 설명해 낸 인물은 데이비드 리카도이다(Ricardo 1817). 리카르도와 추종자들은 '증대의 힘'(power of increase)이 부존되어 있는 세 가지 유형의 자원을 꼽고 있다. 바로 자연환경(토지), 화폐(자본), 인간의 창조력(노동)이 그것이다. 이 자원은 다시 각각의 소유자인 지주, 자본가, 노동자로 대표된다. 또 그 각각의 독특한 소득 원천인 지대, 이윤, 임금이 분배되는 과정이야말로 정치경제학의 여러 법칙을 해명하는 열쇠를 쥐고 있다는 것이다. 리카도는 여기서 발생하는 주된 갈등이 지주와 자본가 사이의 갈등이며, 지대가 너무 높아서 시장에서 판매된 가치가 자본금으로 돌아가지 못하는 일이 없도록 하는 것이 최상의 정책이라고 주장했다.

정치경제학은 경쟁적 시장 때문에 중간 거간꾼들이 얻는 이윤 마진도 낮아질 것이며, 또 자본가들은 효율성을 개선하는 혁신으로 생산 비용을 낮추라고 압박을 받게 될 것이라고 믿었다. 이를 달성하는 경로는 규모의 경제, 노동 분업 그리고 궁극적으로 기계제 공장의 도입이라는 것이다. 노동생산성이 오르게 되면 자본가들은 거기에서 생겨나는 이윤을 다시 생산 활동에 쏟아 부어 생산을 증대시킨다. 이로써 사회의 노동력은 자유롭게 해방되며, 갈수록 정교해지는 여러 형태의 상업적 생산으로 흡수된다. 이러한 상향식 선순환 과정에 유일한 위협은 지주들이 지대를 올리는 방법으로 이 새로 나타난 수익성 좋은 산업들을 이용해 먹고 거기에서 생산된 가치를 자신들의 낭비 심한 소비로 돌려 버릴지 모른다는 점이다. 그리고 더 나쁜 경우도 있다. 자본금은 본질적으로 한계가 있을 수 없지만 토지는 공급이 분명히 제한되어 있다. 경제적 팽창은 곧 인구 증가를 의미하며, 이는 다시 식량 가격의 상승과 임금 상승을 불러와 자본금을 다른 쪽에서 쥐어짜 내게 된다. 이 문제를 해결하는 방책은 영국의 지주들을 해외의 싼 곡물 생산자들과의 경쟁에 노출시키는 것이다. 이러한 논리를 통해 리카도의 이른바 '비교 우위'의 원리에 기초한 자유무역의 논리가 19세기의 큰 정치 이슈 가운데 하나가 된다.

카를 마르크스의 경제인류학

카를 마르크스와 프리드리히 엥겔스는 개인들이 사적으로 소유한 화폐의 권력은 너무나 파편화되어 있어서 기계의 상품 생산으로 나타난 도시 사회를 조직할 수가 없다고 여겼다(Marx and Engels 1848). 그리하여 이들은 진정으로 집단적인 해결책은 오로지 대규모로 집중된 산업 노동자들의 사회적 잠재력 향상에 있다고 보았다. 5장에서 경제인류학에서 최근에 나온 마르크스주의자들의 작업을 따로 다룰 것이지만, 마르크스의 원전들은 그 자체로 자세히 살펴볼 가치가 있다. 마르크스는 가치, 노동, 도지, 자본 같은 정치경제학사들의 기초 범주들을 구사하는 것 이외에도 독일식 철학 훈련을 받았고 또 프랑스 사회사상에도 익숙했다. 그는 이것들 모두에 기초하여, 당시에 새로이 나타난 새로운 질서를 사회적 관계의 상품화로 이루어진 물상화된 시스템이라고 묘사했다. 이러한 경제는 또한 그 안에 포괄된 모든 인간들이 모종의 보편적인 차원을 그 주관 내부에 습득하도록 만든다. 그전에는 상인들에게만 국한되었던 돈 계산 의식이 그것이다.

마르크스가 보기에 경제란 무엇보다도 생산이었다. 그의 초기 저작들은 유토피아적으로 이상화된 노동의 개념을 찬양하면서, 인간이 점차 자신의 도구들, 동료 노동자들, 스스로의 노동으로부터 소외되어 마침내 자신의 '유적 존재'에서까지 소외되고 있다는 당대의 현실을 개탄하고 있다. 그런데 후기 저작으로 가면(Marx 1859, 1867), 자본에게 가치를 생산해 주는 노동은 모두 생산적 노동이라고 본다. 상품이란 사회적인 추상 노동이며 그 최상의 형태는 자본이다. 가치를 추가적으로 낳을 수 있는 상품은 오직 노동이라는 상품 하나뿐이다. 자본의 등장이 생산조직의 역사에서 갖는 의미가 바로 이것이다. 시장이 사회적 재생산의 주된 수단이 되고 또 화폐 자본과 임금노동을 법적 자유의 조건 아래에서 결합하는 일이 가능해지면 생산성과 자본축적에 일대 혁명이 벌어지게 된다는 것이다.

마르크스는 〈자본주의 이전의 경제 구성체들〉이라는 독특한 글에서 인류 역사의 모습 하나를 제시한다. 우리는 아직 동물과 단절하지 못한 진화 과정의 초기 단계에 머물고 있다. 그런데 그렇게 우리를 묶어 놓는 여러 사회 형태들이 마침내 자본주의를 통해 최종적으로 해체된다는 것이다.

생산이 이루어진 최초의 조건들이 애초부터 저절로 생산된 것일 리가 없다. 설명을 요하는 것은, 살아 있고 활동적인 인간들이 자신의 신진대사를 위한 자연적 비유기적 조건들과 자연적으로 통일되는 과정이 아니다. 이는 역사적 과정의 결과물도 아니다. 우리가 설명해야만 하는 것은 이러한 인간 존재의 비유기적 조건들이 활동적 존재로서의 인간 존재와 분리된 과정이다. 이 분리의 과정은 임금노동과 자본 사이의 관계에서 비로소 온전하게 완성된다(Marx 1973: 489).

자본주의는 이러한 단절을 이루는 가운데 원시시대로부터 이어져 온 자연에 대한 의존에서 완전히 해방된 사회의 출현을 가능하게 해 준다. 그래서 자본주의는 새로운 사회를 출현시킨 산파인 셈이다. 자본주의 이전 인간의 진화는 두 단계의 과정을 특징으로 한다. 최초에 동물적 군집 상태에 있었던 인간이 점차 개인을 확립하는 과정이 첫 번째요, 사회적 생활이 그것을 낳은 실험실인 땅으로부터 분리되어 가는 과정이 두 번째이다.

여러 생산양식들이 역사에서 어떤 순서로 나타났는가에 대한 마르크스의 생각은 개략적인 스케치 수준을 넘지 못한다. 자본주의 이전의 사회 형태들이 어떻게 경제에 의해 결정되는지 설명하는 것 또한 늘 간접적인 형태로만 전개된다. 마르크스가 취하는 방법은 몇 가지 이상화된 사례를 활용하여 세계사에 보이는 경향의 논리를 추정하는 것이다.

그의 경제인류학에서는 계급 개념이 중요한 역할을 하지 못한다.《공산당 선언》에서는 자본주의 이전 사회에 여러 계급과 여러 신분이 존재하여 혼란스러운 상태였다는 점을 명시적으로 지적하고 있다. 부르주아와 프롤레타리아트 사이의 계급투쟁이 지배적인 성격을 띠게 된 것은 상업적 논리가 생산을 압도하게 된 이후에야 벌어진 일이라는 것이다. 그리고 심지어 이마저도 역사에서 실제 벌어진 현실이라기보다는 잠재적 경향으로서의 이원론일 뿐이라고 한다. 왜냐하면 그 밖의 다른 계급들 또한 자본주의 사회의 운동에서 중요한 역할을 할 때가 종종 있기 때문이라는 것이다.

마르크스의 인류학은 산업자본주의를 다룬 특수 이론으로서 근대라는 시대를 세계사에서 전환점이라고 본다. 그는 이를 서구 사회라는 특수한 사례 연구로서 내놓는 것이 아니다. 산업자본주의는 일련의 사건들을 줄줄이 낳게 되어 있으며, 이러한 사건들 때문에 비단 서구뿐 아니라 나머지 세계 전체까지도 산업자본주의 고유의 모순적 논리의 지배 아래에 들어가게 된다는 것이다. 이러한 관점에서 보자면, 비서구 사회들의 독자적인 진화 과정이란 게 존재하지 않는다고 주장해도 이는 서구 중심주의가 아니다. 이미 역사가 이루어 놓은 일이기 때문이다. 마르크스에게 경제인류학이란 자본주의 생산양식을 놓고 만든 한 묶음의 분석적 구성물들의 집합이며, 이를 다시 자본주의 이전의 세계와 그 바깥의 세계를 참조하여 수정한 것이다.

어떤 이들은 마르크스의 위대함은 그가 엥겔스와 함께 빅토리아 시대의 자본주의를 연구할 적에 훌륭한 역사적 감각을 동원한 데에 있다고 본다. 또 어떤 이들은《자본론》1권이야말로 마르크스 초기의 경제 저작들에 나타나던 변증법적 역사주의와 주관성을 극복한 과학적 텍스트라고 본다. 어떤 견해를 취하든, 그 이후에 나타난 사상가들 중에서 인간 역사를 하나의 전체로서 보는 마르크스의 비전에 감히 비슷하게라도 견주어 볼 만한 인물은 거의 없다.

국가자본주의와 그 이후

자본가들은 초기에 군사력을 가진 지주들의 지배를 물리치기 위한 투쟁 과정에서 노동자들을 자기편으로 삼았으며, 또 고립된 농촌에서 수백만 명의 농민들을 새로운 공업 도시들로 끌어내는 데에 성공을 거두었다. 하지만 이는 사회적 통제와 관련된 새로운 문제를 발생시켰고 따라서 자본가들의 기본적 계급 동맹 노선을 다시 평가하지 않을 수 없게 만들었다. 그 결과는 국민국가와 산업자본주의의 통합으로서, 우리는 이를 '국가자본주의'(national capitalism)라고 부른다. 공통의 단일한 문화를 공유한다고 여겨지는 시민들로 이루어진 국가 공동체 내에서 중앙의 관료 조직을 통해 화폐, 시장, 자본축적을 제도적으로 관리하는 시도이다. 오늘날 누구나 사용하는 '경제'라는 말이 일상용어가 된 것도 이때 비로소 벌어진 일이다. 이윽고 대규모 주식회사가 자본주의 조직의 지배적 형태로서 발흥하게 된다. 이 국가의 관리라는 해법은 본질적으로 헤겔이 《법철학》(1821)에서 내놓았던 것인데, 이 저작은 마르크스에게도 큰 영향을 주었다. 헤겔은 자본주의의 해악을 억제할 수 있는 것은 국가권력뿐이며, 반대로 시장은 정치권력의 남용을 제한한다고 주장했다. 따라서 교육받은 관료 엘리트들이 국가의 이익에 바탕을 두고 사회를 관리해야 한다는 것이 결론이었다. 한참 뒤에 막스 베버 또한 독일의 역사적 경험 속에서 라인 강 지역 자본주의와 프로이센 관료제의 동맹을 보면서 그러한 통합이 존재한다는 점을 인식했다(Weber 1922b). 이는 농경 시대 전체를 양극화시켰던 두 요소, 곧 해상을 통해 엮인 도시 상업이나 군사적 지주의 지배와 똑같은 구성물들도 이루어진 근대적 파트너십이라는 것이다. 비록 최근 몇 십 년 동안 신자유주의 지구화로 커다란 변화를 겪기는 했지만, 우리가 사는 세계에서도 국가자본주의는 여전히 지배적인 사회 형태로서 위치를 차지하고 있다.

지구화 자체는 전혀 새로운 것이 아니다. 1860년대에는 교통통신 혁명(증기선, 대륙 철도, 전보)이 일어났으며 이것이 세계경제를 결정적으로 열어젖혔다. 동시에 주요 강대국들은 일련의 정치혁명을 통해 산업자본주의를 조직할 이런저런 제도적 수단을 갖추게 된다. 자본주의는 (이 말이 일반인들의 언어에 등장하게 된 것이 바로 이 무렵이다) 항상 큰돈을 가진 이들과 생산물을 만드는 이들 사이의 불평등 계약에 의존해 왔다. 이러한 계약은 만약 노동자들이 노동을 철회하거나 상품을 구매한 이들이 대금 지불에 실패할 경우 처벌이 따를 것이라는 실질적인 위협이 있어야만 효과를 볼 수 있다. 소유자들이 자기들만으로 이러한 위협을 행사할 수는 없으므로, 정부의 지원과 법률, 경찰, 심지어 군대까지 필요하게 된다. 미국의 남북전쟁에서 일본의 메이지유신과 독일 통일에 이르는 1860년대의 여러 정치혁명은 자본가들과 관료 엘리트들 사이에 맺은 새로운 동맹에 기초한 것이었다. 이 동맹을 통해 산업 노동력을 관리하고 또 주요 도시들의 큰 지역을 차지한 범죄 조직을 길들일 힘을 가진 국가가 형성될 수 있었던 것이었다.

오래지 않아 각국 정부는 대규모 주식회사의 작동에 필요한 새로운 법적 조건들을 승인하였고, 관료제 혁명을 통해 대량생산과 대량소비

시대를 맞아들였다. 이러한 국가 시스템은 제1차 세계대전이 끝난 뒤에는 일반화되었지만, 곧 대공황과 세계대전으로 다시 한 번 추락하고 만다. 존 메이너드 케인스를 비롯한 자유주의 경제학자들은 혼란스러운 경기순환을 조절하기 위해 정부의 개입을 요구했다. 사회주의 진영의 중앙계획은 이보다 훨씬 더 멀리 나아갔지만, 동기부여와 리스크 관리 방법은 자본주의 진영에서도 공산주의 진영에서도 크게 변화했다.

우리는 에릭 홉스봄을 따라서(Hobsbawm 1994) 국가자본주의 시대의 정점을 1948~1973년의 기간으로 잡는다. 이는 '발전'이라는 생각(가난한 나라들이 이미 부자 나라들의 도움으로 부유해진다는 생각)이 식민 제국을 대체한 시대이자 강력한 국가와 경제적 팽창의 시대였다. 미국의 리처드 닉슨 대통령이 퇴임을 앞두고 "우리는 이제 모두 케인스주의자들이다"고 공표한 적이 있었거니와, 이는 곧 각국 정부가 모든 시민에게 이익이 되도록 국가자본주의를 운영할 책임이 있다고 하는 보편적 믿음을 반영한 말이었다.

국가자본주의는 지배계급 동맹에서도 새로운 기초 위에 서 있었지만, 또한 경제적 근대화를 추동력으로 삼아 모든 계급의 시민들 특히 새로운 도시 노동계급을 동원한다는 임무까지 떠안고 있었다. 이는 곧 높은 생산성과 높은 임금이라는 경로를 통해 산업자본주의를 건설한다는 것을 뜻했으며, 노동조합과 작업장 민주주의에 대해서도 일정한 정치적 지지를 부여한다는 것을 뜻했다. 또한 이는 갈수록 복잡한 기계에 의존하게 되는 공업 경제에서 노동의 표준적 수준을 올릴 수 있는 전국적 교육 시스템의 발전, 모든 시민들에게 필요한 사회적 안정, 건강, 주거, 교통을 어느 정도 충족시킬 수 있는 복지국가, 시장이 낳는 부의 불평등을 조세를 통해 재분배하는 노력, 실업수당, 모든 지역의 기간 시설

요금 평등화 등으로 억제한다는 약속을 뜻하는 것이었다.

오늘날 글로벌 자본주의라는 단계가 되면서 토지 부족을 비롯하여 모든 종류의 자원 및 공간적 제약으로부터 벗어날 수 있는 수단을 인터넷이 제공하고 있다. 하지만 자연환경, 화폐, 인간의 창조력을 각지 소유한 계급들 사이에 기본적 분열은 여전히 존재한다. 한때 토지 귀족이 행사하던 영토적 통제력은 이제 대부분 국민국가의 정부로 넘어갔다. 국가는 자신의 법적 관할 지역 안에서 그리고 그 경계선을 넘어서 벌어지는 모든 화폐적 거래로부터 세금을 뽑아내려 하며, 광물 자원과 같은 공공 재산으로부터도 상당한 지대를 뽑아내려고 노력한다. 이런 추세는 지난 150년 동안 이루어진 관료제의 발달에 의해 크게 촉진되어 왔다. 하지만 가치의 원천이 이제 자동차 공장과 시내의 쇼핑 중심가로부터 빛의 속도로 국경을 넘나들며 이루어지는 상품 교환으로 이동해 버렸으므로 이러한 국가의 자원 수취는 훨씬 더 어려워지고 말았다. 여전에는 비자발적인 소득 이전 시스템(물질적 자산에 대한 조세와 지대)을 모든 이들에게 경제적 안전보장을 제공한다는 논리로 정당화할 수 있었다. 하지만 이러한 원리는 30년째 신보수주의 자유주의자들에게 공격을 받고 있는 상태이다.

자본가들 또한 큰 변화를 겪었다. 이들은 노동자들이 내놓은 도전을 소화하고, 결국은 패퇴시켜 버렸다. 1980년대 이후의 자유시장 자유주의는 그러한 승리를 보여 주는 빛나는 증거이다. 하지만 자본과 국가의 관계는 이제 점점 논쟁에 휘말리고 있다. 화폐는 언제나 국제적인 차원에서 존재했으며, 오늘날 세계 자본주의를 지배하는 대기업들은 이전만큼 그 출신국과의 유대가 명백하지 않다. 세계경제는, 출신지는 서구이지만 고국에 대한 충성심은 아주 의심스러운 소수의 대기업들에 의해 최근까지 통제되었다. 하지만 아시아 자본주의의 부상은 이 모든 것들을 빠르게 바꾸어 놓고 있다. 오늘날 세계 5대 은행 가운데 네 개가 중국 은행이다.

근대에 나타난 자본과 국민국가의 동맹은 협력 관계이기도 하지만 갈등 관계이기도 했다. 20세기 초 존 록펠러 같은 독점 자본가들의 발흥에 맞서 반트러스트 입법 물결이 함께 나타난 적도 있었지만, 오늘날 구글이나 마이크로소프트 같은 기업의 경제 권력을 억제하려는 정부의 노력은 과거보다 미약하다. 오늘날 대기업들은 상품의 매출에서 나온 이윤 이상으로 각종 지대에서 나오는 소득(법이 보장하는 소유권으로 얻은 소득)에 의존하고 있다. 이는 곧 적어도 부유한 나라에서는 자본축적에 부담을 지는 주체가 노동자가 아니라 소비자로 바뀌었다는 것을 뜻한다. 우리는 8장에서 이 현상이 경제인류학에 어떻게 반영되었는지를 살펴볼 것이다. 정부는 상품 가치의 더 많은 몫을 조세의 형태로 가져가기 위해 대기업과 경쟁을 벌인다. 하지만 매출이나 지대, 조세는 모두 법적 시스템에 의존하는 것들로서, 현실적인 처벌의 가능성으로 사람들을 위협하여 돈을 내도록 만든다. 이러한 법적 시스템을 폭력으로 강제할 수 있는 것은 국가이며, 대기업들도 아직 이러한 존재인 국가를 떨구어 낼 대안을 찾아내지는 못한 상태이다. 하지만 시장의 범위가 갈수록 글로벌화되어 가는 오늘날 이러한 의존 관계도 의문이 제기되고 있다.

그렇다면 국가와 대기업을 제외한 우리들 대다수는 어떠한 상황에 처해 있는 것일까? 마르크스와 엥겔스는 자본가들이 소유한 기계에 속박된 공장 노동자 집단이 갈수록 커져 가는 것에 인류의 보편적 이해가 걸려 있다고 생각했지만, 오늘날 북대서양 지역에 살고 있는 대부분의 사람들이 자본주의 경제와 마주치게 되는 관계는 무엇보다도 소비자로서이다. 경제적 행위자란 무엇보다도 구매력을 가지고 있는 사람을 의미한다. 어떤 이들은 전통적인 여러 산업이 무너졌음에도 불구하고 대규모 자본에 대한 저항을 조직힐 최신의 희망이 여전히 노동조합이라고 주장한다. 국가자본주의는 한때, 사회란 하나의 고정된 지점을 가진 장소라는 믿음을 보편화시키고 강화시킨 바 있었다. 하지만 오늘날의 인터넷은 여러 모바일 네트워크로 이루어진 사회라는 좀 더 다원적인 모습을 보여 주고 있다. 평범한 인터넷 사용자들 대부분은 개인들로서나 압력 집단으로서나 불합리한 규제를 피하면서 등가교환의 경제적 혜택을 유지하려는 공통된 이해를 가지고 있다. 아마도 여러 가상 세계의 네트워크가 각국 정부와 대기업들에 반대하여 맞서는 새로운 단일 민중 계급의 출현을 북돋우고 있는 듯하다. 그러한 단일 계급은 대중으로서가 아니라 무수한 개인들로서 취급받기를 기대할 것이다.

인터넷의 정치경제학에서 주요 행위자들은 각국 정부, 대기업들, 그 나머지인 우리, 곧 보통 사람들이다. 저 옛날 토지 세력들의 권력은 이제 영방 국가가 자국 영토 안에서 법 전문 용어로 '수용권'(eminent domain)이라 불리는 권리를 동원하여 처벌을 위협하며 조세와 지대를 뽑아낼 수 있는 강제적 능력으로 전환되었다. 자본가의 이윤은 한 줌도 안 되는 거대한 초국적 기업들에게 집중되어 있으며, 이들의 이익은 온갖 상품의 가격을 높게 유지하고 지불 거부의 저항 속에서도 자기들이 소유한 재산으로부터 소득의 흐름을 보장하는 것이다. 보통 사람들은 인터넷에서 개성 넘치고 행동력을 갖춘 개인으로 서로 동등하게 갖가지 서비스를 교환하고 있다. 원거리 거래를 하려면 정보가 필요하지만, 디지털 혁명으로 그 정보의 가격은 급격히 낮아졌으며 이 때문에 몇몇 시장에는 이러한 개인들이 주요한 행위자로 등장하게 된다. 주목할 만한 사례인 신용 시장은 과거의 이력이 알려져 있는 개개인들이 참여하는 중요한 시장이다. 정부와 대기업은 물론 서로를 필요로 하지만 이해관계가 똑같은 것은 결코 아니다. 여러 다양한 민주주의 운동이 이 둘이 각각 구축해 놓은 독점을 전복시키는 데에 인터넷의 여러 자원을 의식적으로 활용한다면 이들의 독점 또한 위험해질 수 있다. 우리는 8장에서 이러한 여러 가능성을 논의하게 될 것이다.

결론

앞서 보았듯이, 오이코노미아라는 고대 그리스 말이 가정경제의 실제 문제들에 대해 질서를 부여하는 행위를 뜻한다. 그리고 당시의 경제 이론이란 검약, 수입 지출의 조심스런 조정, 교역을 가능한 한 회피하는 것 등을 통해서 자급자족 달성을 목표로 삼는 것이었다. 이러한 이상은 유럽에서 산업 시대가 동터 올 때까지 이어졌다. 하지만 지난 시절, 특히 지난 두 세기 동안 경제는 끊임없이 움직여 왔다. 애덤 스미스의 지적인 혁명을 통해서 관심은 가정경제의 질서로부터 '나라 전체의 경제'(political economy), 특히 노동 분업과 시장의 문제로 이동했다. 그다음에는 두 가지 사건이 벌어졌다. 첫째, 시장은 곧 대규모 자원을 지배하는 기업들이 지배하게 되었고, 이렇게 돈으로 돈을 버는 시스템은 결국 '자본주의'라는 이름을 얻게 되었다. 둘째, 국가는 국익이라는 명분을 내세워서 화폐, 시장, 자본축적을 관리할 권리를 주장하고 나서게 된다. 이것이 오늘날 '경제'라는 말이 보통 한 국민국가를 주된 준거 틀로 삼게 된 연유이다.

하지만 이러한 용법은 지금도 완전히 굳어진 것이 아니다. 지방정부에서 유럽연합 같은 국가연합에 이르기까지 모든 집합체는 물론이고 기업들과 가정경제들 또한 모두 나름대로의 경제를 지니고 있다고 할 수 있으며, 게다가 최근에는 세계경제라는 차원까지 공공의 의식에서 중요한 자리를 차지하게 되었다. 이 과정에서 비록 생계를 꾸려 간다든가 자원을 효율적으로 보존한다든가 하는 옛날의 의미가 완전히 잊힌 것은 아니지만, '경제'라는 말은 일차적으로 시장 교환의 화폐 결합 관계를 지칭하는 것이 되었다. 이 경제라는 낱말의 속사정을 살펴보면 이러한 역사적 전환이 담겨 있는 것이다.

하지만 여기서 끝이 아니라 여전히 남아 있는 문제들이 있다. 이 경제라는 말이 일차적으로 주관적인 것인지 객관적인 것인지는 결코 분명하지가 않다. 이 말은 사람들의 마음가짐을 지칭하는 것인가 아니면 마음 바깥에 존재하는 무엇인가를 지칭하는 것인가? 또 이 말이 준거로 삼는 단위는 여러 개인인가 아니면 여러 집합체들인가? 아마 이 모두가 정답일 수 있으며, 그렇다면 우리는 주관적인 것과 객관적인 것 또 개인과 집단 사이의 연관을 설명해야만 한다. 과거에 공장 혁명으로 경제의 중심이 농업에서 공업으로 이동했다면, 오늘날에는 사이버 공간을 돌아다니는 전기 신호가 경제의 형성에서 중요한 비중을 차지한다. 물론 전 세계에 아직도 가난한 사람들이 많이 있으며 이들에게는 물질적 생필품 공급을 확보하는 것이 여전히 급박한 선결 과제이다. 하지만 갈수록 더 많은 이들에게 단순히 경제적 생존에 대한 초점이라는 것으로 경제를 이야기할 수가 없으며, 시장으로부터 빠져나온다는 것은 더더욱 말이 되지 않는다. 경제라는 개념의 중심에서 벌어지는 이러한 혼동은 역사가 아직 완성되지 않았음을 반영하는 것이기도 하지만, 오늘날 사람들이 경험하는 경제의 경험이라는 것이 엄청나게 다양하다는 사실 또한 반영하고 있다.

이러한 혼동을 해결하는 한 방법은 경제라는 말 본래의 정의를 유지하면서, 시장에 의해 그 모습이 지워지고 있는 세계에 이 개념을 적용하는 것이다. 그렇다면 '경제'라는 말의 의미는 비유적으로나 실제적으로나 '누군가의 가정에 질서를 부여하는 일'이 될 것이다. 시장은 과연 이러한 개념과 양립될 수 있을까? 이렇게 묻는다면 사회에서 친족이 차지하는 중심적 위치를 떠올리게 될 것이다. 이 험한 세상과 맞서다 보면 한 사람 한 사람이 대단히 자립적인 존재가 될 수밖에 없지만, 그래도 우리가 이 세상에 뛰어들 때에는 한 가정경제의 구성원으로서 뛰어드는 것이며 우리의 가장 개인적이고 장기적인 인생 설계라는 것도 가정경제라는 단위에 기초를 두고 있다는 것이 분명한 사실이다. 온갖 사회적 구조가 보통 사람들이 태어나고 아이를 낳고 죽는 과정을 통해 재생산된다는 것을 생각해 보면 경제 질서에서 '가정경제'의 차원에 더 초점을 두지 않을 수 없게 된다. 아리스토텔레스가 오늘날과 맞지 않는 지점은 여러 가정경제들이 모종의 자급자족 상태를 이룰 수 있다고 상상했던 것이다. 시장은 무수한 가정경제를 계속 안으로 끌어들이고 있으며 이들이 세상 전체와 맺는 상호 의존의 범위는 갈수록 더 커지고 있는데, 이러한 현실을 무시하고 시장으로부터 거리를 유지하는 상태를 꿈꾸는 것은 누가 봐도 현실적이라 할 수 없다. 검약은 분명히 유용한 미덕이겠으나 자급자족은 현실적으로 가능한 일이 아니다.

경제사란 이렇게 가정경제가 더욱 포괄적인 사회적 단위들(왕국, 도시, 국민국가, 세계) 아래로 포섭되어 들어가는 과정이다. 그리고 그렇게 더 큰 단위로 포섭이 벌어질 때마다 경제 질서의 원칙들은 더 큰 규모로 적용되면서 새로운 의미를 띠게 된다. 영주의 장원, 수도원, 신전, 궁전 등은 모두 가정경제의 원리를 더 큰 사회 단위로 확장한 것들이었다. 이 각각의 단계를 시련의 도가니로 삼아 경제사상과 관행의 혁신들이 생겨났으며, 오늘날의 여러 제도는 여전히 이러한 사상과 관행들을 기초로 삼고 있다. 자연의 개념을 중시하는 스콜라 신학자들이 '경제'를 신께서 정한 우주적 질서의 원리로 만들었다면, 봉건사회의 여러 틈새에서 성장해 온 도시들은 나름의 '부르주아적' 경제의 국면을 거치고 있었고 그에 걸맞은 경제의 개념을 후원했다. 나중에는 국민국가가 경제 발전의 주된 장치가 되었다. 그리고 '세계경제'라는 말이 단순한 비유적 표현을 넘어서는 무엇가가 된 것은 최근에 와서야 벌어진 일이다. 사회의 경계선을 계속 확장시킨 역동적 힘은 (비록 전쟁과 종교도 나름의 역할을 했지만) 시장이었다. 따라서 사회의 이름으로 시장을 통제할 것인가 아니면 시장을 사회 발전의 유일한 수단으로 우러러 볼 것인가 하는 이분법으로 문제를 단순화시켜서는 안 된다. 시장에는 분명히 그보다 많은 것들이 담겨 있기 때문이다.

| 더 읽어 볼 자료 |

농경 시대의 세계 경제사에 대한 폭넓은 관점을 보여 주는 Hart, K., "Agrarian civilization and world society." In D. Olson and M. Cole (eds.), *Technology, Literacy and the Evolution of Society: Implications of the Work of Jack Goody.* 29-48(2006) 그리고 Graeber, D., *Debt: The First 5,000 Years*(2011)

가 있다. Polanyi, K., "Aristotle discovers the economy." In K. Polanyi, C. Arensberg and Harry Pearson. (eds.), *Trade and Market in the Early Empires: Economies in History and Theory*. 64-94(1957)는 오늘날에도 여전히 아리스토텔레스와 '오이코노미아' 이론을 소개하는 탁월한 글이다. Mandel, E., *An Introduction to Marxist Economic Theory*(1974)는 경제사상사를 당파적 입장에서 개괄하고 있으며, Schumpeter, J., *History of Economic Analysis*(1954); 《경제분석의 역사》 1·2(김균 외 옮김, 한길사, 2013)는 진지한 독자들이라면 꼭 읽어 봐야 할 지침서이다. Wallerstein, I., *The Modern World System: Capitalist Agriculture and the Origins of the European World Economy in the Sixteenth Century*(1974); 《근대세계체제》 1(김명환 외 옮김, 까치, 2013)는 16세기 이후로 '세계 체제'의 발전을 개괄하고 있다. 애덤 스미스의 '보이지 않는 손'에 관해서는 Lubasz, H., "Adam Smith and the invisible hand—of the market?" In R. Dilley (ed.), *Contesting Markets: Analyses of Ideology, Discourse and Practice*(1992), 카를 마르크스에 관해서는 Bloch, M., *Marxism and Anthropology: The History of a Relationship*(1983) 그리고 Patterson, T. C., *Karl Marx, Anthropologist*(2009)이 좋겠다. Hart, K., *The Memory Bank: Money in an Unequal World*(2000)는 일국적 국가자본주의에 대해 디지털 혁명이 가져온 여러 결과들을 논의하고 있다.

3장
근대경제학과 인류학의 발흥

존 스튜어트 밀은 카를 마르크스와 더불어 마지막 고전파 정치경제학자로 널리 알려져 있다. 마르크스주의가 그 뒤 자신의 길을 간 것과 달리 밀의 공리주의적 자유주의(Mill 1848)는 1870년대 이후 면모를 바꾸어 신고전파 패러다임이라고 알려지는 것으로 변하게 되며, 이는 오늘날에도 경제학의 내용을 규정하고 있다. '한계주의 혁명'이라고도 일컫는 이러한 변화는 1871~1874년 무렵 맨체스터의 윌리엄 제번스, 빈의 카를 멩거, 로잔의 레옹 발라가 저마다 독자적으로 핵심 내용을 개척했다. 이 혁명은 여전히 시장이야말로 경제적 후생을 증대시키는 주된 원천이라고 찬양한다는 점에서 고전파의 연장선에 있었지만, 경제적 가치가 생산된 상품의 객관적 속성이며 이를 놓고 여러 계급이 투쟁을 벌인다고 보았던 고전파의 관점을 폐기했다. 그 대신 개인들이 자기 스스로의 효용을 극대화하기 위해 벌이는 주관적인 계산에 초점을 두었다. 이러한 행태를 보이는 개인이 이후 '경제적 인간'이라는 개념으로 알려지게 되지만, 밀은 물론 최초의 한계주의자들도 이러한 표현을 쓰지는 않았다. 하지만 20세기 초부터 이 개념은 '호모 이코노미쿠스'라는 라틴어로 쓰이면서 사회과학에서 방법론적 개인주의의 발흥을 포착하는 열쇠 말이 되었다. 경제활동에 녹아들어 있는 여러 정치적·사회적 차원은 이제 은폐된다. 가치란 이제 사회적 평균으로서가 아니라, 한 행위자의 총 자산이 주어졌을 때 '그 한계적인' 증가분으로 여겨지게 되었다. 따라서 1달러는 백만장자보다 10달러 밖에 없는 사람에게 훨씬 더 큰 가치를 가지게 된다는 것이다.

앨프리드 마셜은 이러한 새 패러다임을 종합하여 《경제학 원리》(1890)를 저술했다. 이제 정치경제학이라는 이름 대신 경제학이라는 이름을 선명하게 내걸게 되었고, 이에 따라 정치경제학과 가정경제학의 대립 또한 종식된다. 이제부터 기업과 가정경제는 동일한 경제 논리를 공유하는 것으로 가정된다. 경제학자들은 프랜시스 에지워스의 예를 따라서, 비록 오늘날과 같은 정도까지는 아니지만 갈수록 점점 더 수량적 방법에 기대기 시작했다(Edgeworth 1881). 마셜의 신고전파 경제학은 멩거의 가르침으로부터 발전한 오스트리아 신고전파 경제학에게 도전을 받게 되며, 이는 루트비히 폰 미제스와 프리드리히 하이에크를 거치면서 우리 시대에 나타난 신고전파 정책의 지적인 기초를 닦게 된다.

경제학은 이러한 발전을 통해 보편적 원리라고 가정된 것들에 근거를 둔 연역적 과학으로 전환하고 있었다. 그 와중에 에드워드 타일러, 루이스 헨리 모건, 에밀 뒤르켐, 카를 뷔허 같은 이들은 당시에 새롭게 축적되기 시작한 민족지 데이터가 자신들의 다양한 지적 문제를 해결하는 데 도움이 될 것인지 검토하고 있었다. 이들의 발견에 대해 권위 있는 경제학자들은 대부분 무관심했지만 마르크스는 달랐다. 그는 말년에 '민족지적' 저작들을 주의 깊게 읽고 노트를 작성한 바 있다. 그 결과물이 바로 모건의 저작《고대사회》(1877)에 크게 의존한 엥겔스의 저작이었다(Engels 1884). 모건은 소유 문제에 세심한 주의를 기울였지만 생산과 교환 시스템의 문제는 구체적으로 다루지 않았다. 그 무렵 시도적인 인물들이 대개 그러했듯, 모건은 경제학이 아닌 법학 공부를 한 사람이었다. 타일러는 사람들이 생계를 영위하는 주요한 양식들과 기술 발전의 단계들에 대해서 그저 피상적인 서술만을 남겼을 뿐이며, 빅토리아 시대의 '안락의자' 인류학자들의 마지막 세대 또한 그것을 넘어서는 작업을 한 것은 아니었다. 초기 인류학자들은 경제에 대한 명확한 개념이 없었으므로, 이 주제에 대해 새로운 이론적 아이디어를 내놓을 수 있는 처지가 아니었다.

하지만 이 진화론자들 가운데 아무리 경제적 지향성이 약한 이라고 해도 경제생활의 문제에 대한 성찰을 논의에 암묵적으로 깔고 있었으며, 이따금 그런 생각을 명시적으로 내놓기도 했다. 이미《황금 가지》(1890)라는 저작으로 유명한 제임스 프레이저는 소유에 대한 강연에서 모건이나 엥겔스와는 상당히 다른 관점을 제시했다. 모건과 엥겔스에 따르면, 소유에 관한 규칙들이야말로 계급 갈등의 기초였다. 그런데 프레이저는 반대로 주장했다. 특정 사물들에 대한 금기나 초자연적 징벌에 대한 공포처럼 이국적인 관습들로 보이는 것들이 "사적 소유에 대한 존중을 강화하고 …… 이를 통해 그것을 향유할 안정성에 기여"할 때가 많다는 것이다(Frazer 1909: 17). 이 강연이 수록된 책의 부제는 '미신이 여러 제도의 성장에 끼친 영향에 대한 논고'이다. 이렇듯 근대의 진화 이론가들은 '제도'에 대한 자신의 개념을 보여 주기 위해 소유 관련 규칙들을 언급할 때가 많았다.

그렇다면 당시 학술적으로 지도적 위치에 있었던 독일, 영국, 미국, 프랑스의 지적 전통이 저마다 훗날 경제인류학이라고 일컫게 되는 학문에 기여한 내용을 개괄적으로 살펴보도록 하자.

독일의 전통

독일에서는 물질문화를 단순히 기술하는 것만으로는 만족할 수 없었던 다양한 학문적 배경 속에 여러 학자들이 있었다. 이들은 여러 제도의 경제적 기원이나 기술결정론과 관련된 이론적 문제들을 상당히 엄격한 방식으로 해명하고자 했다. 이런 학자들의 다수는 노동 문제에 우선성을 부여했다. 노동은 과연 인간의 자기실현인가? 아니면 인류는 땀흘리는 일에 본디 혐오감을 가지고 있는가? 이 문제에 대한 마르크스의 초기 철학 저작들은 아직 출간되지 않은 상태였다. 하지만 이미 독일에서는 사회주의 운동이 큰 힘을 얻고 있었으므로 심지어 마르크스와 엥겔스의 역사유물론에 반대하던 이들조차도 생산양식에 관한 연구에 특권적인 지위를 부여했다. 독일 학자들은 여러 다른 나라들이 걸어온 특수한 역사적 경로를 강조하는 경향이 있었다. 막스 베버가 학계에서 처음으로 얻은 자리는 독일 특유의 '국민경제학'(Nationalökonomie) 교수직이었다. '국민경제학'은 영국 정치경제학자들의 보편주의를 거부하고 대신 경제의 진화를 설명하기 위한 새로운 유형론을 고안해 내는 종류의 경제학이었다.

그중 영향력이 큰 유형론 가운데 하나가 카를 뷔허가 제시한 3단계 이론이었다. 뷔허는 다재다능한 경제사가로서, 독일 및 유럽의 역사에 대해 백과사전적 지식을 가지고 있었을 뿐 아니라 여기에 새로운 민족지 데이터까지 통합했다(Bücher 1901). 뷔허는 과거에 원시인이 개인 단위로 무작정 식량을 찾아 헤매 다녔다고 상상했다. 경제사에서 첫 번째 단계라고 할 만한 것은 산업혁명 이전에 생산과 소비를 조정하는 핵심 단위로서 가정경제가 출현하면서 비로소 나타났다고 그는 보았다. 이 발상은 현대 러시아 농민을 연구한 농업경제학자 알렉산드르 차야노프도 채택했으며(Chayanov 1925), 훗날에는 칼 폴라니가 '가정경제'(householding)를 논의할 때(Polanyi 1944), 또 더 나중에 마셜 살린스가 제시한 '가내 생산양식'에서도 나타난다(Sahlins 1972). 아리스토텔레스와 마찬가지로 뷔허 또한 가정경제를 생계 지향적 생산 시스템으로 보아 그 '폐쇄된' 자급자족적 성격을 강조했다. 이 점과 관련하여 그는 오늘날까지 많은 비판을 받았다.

하지만 뷔허는 또한 인간 경제가 확립되는 데 교환, 특히 선물 행위가 근본적인 중요성을 띤다는 점을 인식하고 있었다. 그는 교역의 기원이 (애덤 스미스가 가정했듯이) 교역과 물물교환 같은 자연적 성향에 있는 것이 아니라 사회적으로 규제된 관습에 있다고 보았다. 경제적 진화에서 나중 단계, 곧 도시국가(뷔허는 중세 프랑크푸르트에 대한 연구를 예시하고 있다)와 뷔허 당대의 국민경제(Volkswirtschaft)에 와서야 시장이 더 중요해졌다고 보았다. 그리고 이런 단계에 와서도 사회적 맥락에 따라 시장경제가 어떻게 모습이 달라지는지를 이해하는 것이 결정적으로 중요하다고 강조한다. 그런 예로 그는 초기에 발표한 논문에서 자신이 태어난 독일에서 크리스마스의 소비가 친절(Gemütlichkeit)과 환대의 문화적 관념들에 의해 어떻게 촉진되었는지 보여 주었다. 그는 또한 세계적 범위에서 역사적 단계들 모두와 그 이전의 원초적 자연 상태에까지 걸친 여러 자료에 기초하여 노동에 대한 광범위한 저작을 남겼다. 이를 통해 사람들이 함께 일을 하는 여러 방식을 세심하게 구별하였을 뿐 아니라 각각의 방식이 경제적 효율성에 어떻게 영향을 미치는지도 보여 주었다. 그는 한 유명한 연구에서 노동의 지루함과 고통을 완화시키기 위해 노동과정에 리듬, 특히 노래가 활용되었다는 점을 보여 주었다 (Bücher 1896). 그렇게 음악이 노동에 수반되면 일이 좀 더 즐거워지면서 협동의 수준도 높아지고 효율성도 올라간다는 것이다. 하지만 그러한 행태가 나타나게 된 궁극적인 이유가 그러한 공리주의적 효율성 때문이라고 주장한 것은 아니다.

1890년대가 되자 카를 뷔허와 고대사가 에두아르트 마이어 사이에서 30년 전에 출간된 카를 로드베르투스의 이른바 '오이코스'(oikos) 명제를 놓고 논쟁이 벌어진다(Pearson 1957). 뷔허는 고대 그리스에서 경제가 조직된 기초 원리가 현대의 독일 자본주의와는 근본적으로 다르다는 로드베르투스의 생각에 찬성했다. 크세노폰과 아리스토텔레스를 따라서 고대 그리스 경제는 가정경제의 관리에 바탕을 두고 있었다고 본 것이다(2장을 보라). 마이어는 아테네뿐 아니라 그리스 경제 곳곳에 국제시장을 위해 생산 활동을 벌였던 완전히 근대적인 자본주의적 기업들이 존재했다고 지적했다.

이런 사정은 좀 더 큰 맥락에서 살펴볼 필요가 있다. 그 무렵 베를린을 중심으로 한 독일의 역사학파 경제학자들과 빈을 중심으로 한 카를 멩거의 한계주의 추종자들 사이에는 이른바 '방법론 전쟁'(Methodenstreit)이 한창 벌어지고 있었다. 빈 쪽에서 생겨난 새로운 경제학은 스스로가 인간이 후생을 추구하며 벌이는 모든 행동을 이해할 수 있는 보편적인 기초를 제공할 수 있다고 주장했던바, 이 주장이 과연 타당한가 하는 게 핵심 문제였다. 뷔허는 중간적 입장을 취했다. 그는 과학적 엄밀성을 희구하던 멩거에 공감했지만, 하나의 이론을 모든 다른 역사적 단계에 다 적용하는 것은 불가능하다고 주장했다. 대부분의 다른 역사가들처럼 뷔허 또한 경제적 삶을 역사적 맥락에서 보아야 한다고 보았다. 시장의 여러 원리와 새로운 방법론적 개인주의로는 역사상 나타난 인간의 모든 경제적 행태를 설명할 수 없으며, 심지어 신생 통일 독일의 경제조차도 그러하다는 것이었다.

막스 베버는 묵직한 저서 《경제와 사회》(1922)에서 고대 그리스가 우리와 다르지 않다면 우리가 관심을 가질 이유도 없을 것이며, 또 그리스인들을 어느 정도는 우리와 동일한 사람들이라고 보지 않는다면 그들을 이해하는 일도 불가능할 것이라고 말함으로써 이 논쟁에 뚜껑을 덮었다. 이는 차이와 '대립되는' 동일성이라는 개념 대신 차이 속에 있는 동일성이라는 헤겔(그리고 이전의 칸트)의 변증법적 전제를 가져온 것이었다. 베버는 인간이 가진 여러 능력을 분석할 때 정신의 여러 작용에서 생겨나는 '형식'과 여러 감각을 통한 물질세계를 지각하는 '실체'라는 칸트의 이원론 개념을 크게 활용한다. 그는 자본주의의 형식적 합리성과 실체적 합리성이 그저 다르기만 한 것이 아니라 서로 충돌할 때가 많다고 주장했다. 회계의 '결산'(bottom line)에서 이윤이 나타난다고 해도 이는 사람들의 살림살이를 파괴하는 것을 대가로 얻어지는 경제적 실패일 수도 있으며, 또 실제로 그렇게 될 때가 많다(실업을 비롯한 여러 사태를 떠올려 보라).

베버는 자유주의자로서 당시에 새로이 나타난 경제학의 주관적 개인주의에 공감하고 있었지만, 사회학자로서 그런 이름 아래에 저질러지는 온갖 인간적 재난을 결코 그냥 보아 넘길 수가 없었다. 이 논쟁들이 이토록 격렬했던 요인 가운데에는 독일어권 세계의 주도권을 놓고 벌어진 독일 제국과 오스트리아·헝가리제국의 경쟁도 있었다. 그리고 이 논쟁은 제2차 세계대전이 끝난 후 미국의 경제인류학에서 '형식론-실체론 논쟁'으로 다시 나타나게 된다. 이 주제는 4장에서 충분히 살펴볼 것이다.

당시 막 생겨나고 있던 학문인 경제인류학에서 독일어권이 낳은 또 한 명의 걸출한 인물은 오스트리아의 리하르트 투른발트였다. 그는 민족지 현장 연구에 기초한 대단히 훌륭한 저작을 여럿 남겼지만 1945년 이후 독일 학문이 영어권에 밀려나는 바람에 대개 잊힌 인물이 되었다. 그 또한 뷔허와 마찬가지로 원시인들의 경제학은 '사회적 문제'이며, 인간의 경제적 행위를 그 가장 낮은 공통분모인 효율성의 논리로 환원하는 것은 결단코 불가능하다고 보았다(Thurnwald 1932). 또 화폐와 기계가 지배하는 경제와 그것들이 없는 경제 사이의 차이점을 강조하는 조심성을 보였다. 제1차 세계대전 기간에 뉴기니 지역을 탐험하고 온 직후 투른발트는 상호성(reciprocity), 즉 '주고받기'라는 의미의 행위가 사회조직의 근본 원리 가운데 하나임을 처음으로 보여 준 바 있다. 훗날 칼 폴라니는 경제에 대한 자신의 실체적 접근법에서 상호성을 '통합 형태'의 하나로 만들게 된다. 폴라니는 '묻어들어 있음'(embeddedness)이라는 개념 또한 투른발트한테서 빌려왔다. 비록 이 개념은 독일 역사학파 여러 선구자들의 저작에서 강하게 암시되어 있는 생각이기는 하지만, 아마도 처음으로 사용한 이는 투른발트일 가능성이 높다. 투른발트는 나중에 나치가 아프리카에서 계획한 식민지적 유토피아 건설에 참여하는 바람에 명성에 오점을 남기게 된다. 하지만 실상을 보면 그의 참여는 아주 제한적인 것이었으며 1930년대 독일 바깥에서 교수 자리를 확보하지 못한 사정 탓에 피치 못하게 벌어진 일이었다.

영국외 전통

브로니슬라프 말리노프스키(1884~1942)는 투른발트와 동시대인이고 그 또한 오스트리아 시민으로 자라났다. 말리노프스키는 경제인류학의 정초자 가운데 한 사람이라는 지위에 올라 있다. 이런 업적은 대개 제1차 세계대전 기간에 멜라네시아에서 진행한 작업에 근거를 두고 있으며, 특히 그가 초점을 둔 것은 트로브리안드 제도였다. 말리노프스키는 투른발트와는 달리 한 장소에 오래 머물며 철저한 현장조사를 펼쳤으며, '피가 흐르는 육신을 가진' 개별 인간 행위자들을 세밀하게 그려 내는 방법론에 역점을 두었다. 그의 접근법에 뿌리가 되는 지적·정치적 근원은 영국이 아닌 중부 유럽에 있었다.

말리노프스키는 자신이 태어난 폴란드 남부 크라쿠프(당시에는 오스트리아·헝가리제국)에서 빈의 실증주의 철학자 에른스트 마흐의 저작을 연구한 논문으로 박사 학위를 받았다. 또 라이프치히에서 카를 뷔허와 함께 연구하면서 영향을 받기도 했다. 그는 트로브리안드 제도를 다룬 여러 연구 논문을 발표했는데, 그가 경제인류학에 내놓은 가장 주요한 기여는 그중 첫 번째와 마지막 작품이다. 《서태평양의 모험가들》(1922)은 현장조사 방법에 대한 선언문으로 시작하여 교환 행위를 연구하는 데에 집중하고 있다. 《산호초 정원과 그 마법》(1935)은 노동, 기술, 소유제 같은 주제를 다루고 있다. 《미개 사회의 범죄와 관습》(1926)은 경제에 대한 이야기는 덜하지만 투른발트의 새로운 상호성 개념을 대중화하는 데 큰 역할을 했다.

말리노프스키는 당대의 경제학자들에게 도전장을 던졌다. 그 무렵 케인즈가 편집하던 학술지《경제학 저널》에 발표한 논문에서 말리노프스키는, 트로브리안드 사람들은 갖가지 재화를 선물로 주는 성향을 가지고 있는데, 이는 '경제적 인간'을 보편적 인간상으로 보는 생각을 논박하는 증거라고 강력하게 주장한다(Malinowski 1921).《서태평양의 모험가들》은 시장, 화폐, 국가 따위 없이도 탐욕이 아닌 관대함에 바탕을 두고 섬들 사이의 복잡한 교역 시스템을 조직하는 게 가능하다는 생각을 증명하려는 의도를 품고 있었다. 여러 다른 섬에 살고 있는 교환 파트너들은 저마다 서로 의례적 물건인 '쿨라'(kula)를 유통시키는 데, 그런 전통을 따르는 이들에게는 쓸모 있는 물건들을 교환할 기회이기도 했으며 그 과정에서 온갖 '흥정'이 벌어지기도 했다는 것이다. 이러한 기능주의는 경제학자들의 인식론적 전제들과 밀접한 관련이 있었음에도 불구하고 실증주의 철학 연구자로 출발한 그는 이 점을 보지 못했던 듯하다. 대신 그는 호모 이코노미쿠스라는 허수아비를 비판하는 쪽을 선택했던 것이다.

《산호초 정원과 그 마법》1권의 많은 부분은 생산에서 마법 주문이 어떤 역할을 하는지에 주목하면서 원주민들의 얌 재배를 상세하게 설명하고 있다. 트로브리안드 사람들은 자신들이 소비할 수 있는 것보다 훨씬 많은 얌을 생산하며, 자신들의 모계 쪽 친족에게 이를 우리구부(urigubu) 지불*이라는 의례적 형태를 빌려 가져다준다. 그전에 이를 뽐

---

* 결혼한 남자로서 결혼한 누나 혹은 여동생이 있는 이는 자신의 농작물 일부를 매부에게 넘겨주며, 자신은 아내의 남자 형제로부터 같은 원리로 농작물을 넘겨받는다. 많은 아내를 거느린 추장은 이러한 우리구부 지불의 제도 덕분에 큰 풍족을 누리기도 한다.

내기 위해 보내 줄 얌을 높이 쌓아 놓는다. 그들은 자기들 정원의 이러한 모습에 큰 자부심을 느끼는데, 이는 '미개인들'이 땀 흘리는 일을 생존에 필요한 최소한으로 제한한다는 생각과는 완전히 모순된다는 것이나. 말리노프스키는 또 협동의 중요성에 주목한다. 협동은 노동과 성을 위한 협소한 기능만 수행하는 것이 아니라 더욱 보편적인 사회적 목적에 복무할 수 있다는 것이다. 또 동시에 '쿨라' 연구를 통해 이미 보여주었듯이, 사람들이 혼자서 수행하는 일도 대단히 많으며 개인들이 선택을 행할 여지가 존재하는 것이 보통이라고 한다. 마지막으로 말리노프스키는 토지 보유 시스템에 관해 상세하게 설명하면서, 트리브리안드 사람들이 땅뙈기를 보유하고 사용하는 것은 개인 또는 집단 어느 한 가지가 아니라 양쪽 모두로서라고 주장한다. 이러한 재산 소유관계들이야말로 사람들의 사회조직 전체를 이해하는 열쇠라는 것이다. 이러한 결론은 말리노프스키가 사적 소유의 발생이 거스를 수 없는 필연이라고 가정하는 진화주의 이론들과 단절한 한 예이다. 그의 결론은 훗날 다른 곳에서 토지 소유를 연구한 영국의 인류학자들이 받아들여 더욱 세련되게 발전시켰다. 그 주목할 만한 예는 아프리카를 연구한 맥스 글러크먼의 작업이다(Gluckman 1965).

말리노프스키는《산호초 정원》의 부록에서 자기 스스로 민족지 연구의 원칙을 어겼음을 고백한다. 원주민들이 전통적으로 해오던 여러 활동들만 묘사하면서 식민 정부의 공무원, 선교사, 상인들을 통하여 그러한 활동이 새로운 식민지 시스템의 일부로 이미 통합된 부분은 무시해 버렸다는 것이다. 좀 더 나중이 되면 그는 '부족 경제학'을 버리고 식민지에서의 '응용' 인류학 발전을 지지하게 된다. 그는 자신이 성장한 오스트리아·헝가리제국의 '간접 지배'라는 원칙을 이상화한 바 있었고,

대영제국에서도 마찬가지 생각을 품었던 것으로 보인다. 이 새로운 응용 인류학은 아프리카를 현장으로 삼을 때가 많았고, 여기에서 아이작 샤피라는 노동자의 이주가 반투족 공동체들에 끼친 충격을 최초로 탐구하기도 한다(Schapera 1947).

오드리 리처즈는 북로디지아(오늘날의 잠비아)에서 구리 광산의 임금노동 수요 때문에 남성들이 빠져나간 가운데 농촌이 어떠한 압력과 긴장을 받게 되었는지를 밝힌 뛰어난 연구서를 저술하기도 한다(Richards 1939). 잠비아와 자이레 사이의 구리 광산 지대에 대해서 로즈-리빙스턴연구소(Rhodes-Livingstone Institute)의 구성원들이 무수한 연구 작업을 남긴 바 있으며, 이는 식민 시대의 말기에 인류학을 응용하여 원주민들과 식민주의자들이 조우하면서 벌어지는 여러 변화(보통 말리노프스키를 따라 '문화 접촉'이라고 부른다)를 연구할 수 있었다는 점을 잘 보여 준다. 이는 훗날 '발전'이라고 일컫는 현상을 연구하는 데 인류학자들이 참여하게 되는 길을 닦기도 했다. 이 이야기는 6장에서 다시 이어 가도록 하겠다.

말리노프스키가 학자로서 완숙한 단계에 이르러 인류학에 대해 품게 된 전망은, 인류학을 식민지 환경의 미개인들에 대한 연구에 국한되지 않고 '오래된 문명들'의 농업 공동체에 대한 연구까지 포괄하고 있었다. 그는 런던 시절 말기에 페이샤오퉁(費孝通, 1910~2005)의 《중국의 농민 생활》이라는 연구를 지도했다. 여기에서 페이샤오퉁은 양쯔 강 삼각주의 한 촌락을 분석함으로써 빈곤과 불평등에 대한 광범위한 결론을 끌어내고 있다(Fei 1939). 말리노프스키는 죽기 직전 멕시코 농촌의 여러 시장에 관한 집단 연구를 진행했고, 농민들이 가격 협상에 쏟아 붓는 에너지를 몇 십 년 전 자신이 내놓았던 트로브리안드 제도의 '의례적 물물교환' 분석을 상기시키면서 묘사하고 있다(Malinowski and de la Fuente 1982).

리하르트 투른발트와 달리 말리노프스키는 새로운 학파를 확립하는데 성공했고, 이 학파는 20세기 중반 영국 인류학계를 지배하게 된다. 이때가 되어야 비로소 이 새로운 학문의 이름이 '민족학'(ethnology) 대신 '사회인류학'으로 낙착을 보게 된다. 말리노프스키의 기능주의는 결국 앨프리드 래드클리프브라운에 의해 수정된다(Radcliffe-Brown 1952). 래드클리프브라운은 경제학에는 거의 관심이 없었고 현장 연구자로서 거둔 성과도 크게 두드러지지 않았지만, 대신 인류학이 하나의 비교 사회과학으로서 갖고 있는 임무에 대해 강령과도 같은 명제들을 내놓는다. 이는 훗날 구조기능주의라고 알려지게 된다.

말리노프스키가 런던경제대학(LSE)에서 가장 가깝게 지내던 동료 레이먼드 퍼스는 뉴질랜드에서 태어나 그곳에서 경제학을 공부한 이였다. 마오리족을 연구한 퍼스의 첫 번째 연구는 독일 문헌을 광범위하게 활용하고 있다(Firth 1929). 하지만 1930년대 런던경제대학에서는 경제학자 라이오넬 로빈스가 신고전파 경제학을 희소성 조건 하에서의 선택에 대한 연구로 다시 정식화했던 것이 지배적인 지적 패러다임이었다. 퍼스는 투른발트보다는 이 새로운 정통 경제학에 더 많은 영향을 받았으며, 그의 후기 작업은 근대경제학의 여러 개념과 도구가 보편적으로 유효하다는 점을 증명하는 데 바쳐졌다. 그의 저작《원시 폴리네시아 경제》(1939)를 보면 그가 말리노프스키가 제기한바 '사이비 문제'를 해결했다고 생각했음을 알 수 있다. 티코피아의 주민들 사이에 나타나는 '복합적인 사회적 책무'는 '합리적인 경제적 선택'이라는 개념의 기본적인 설명력을 전혀 손상시키는 게 아니라는 게 그의 주장이다. 이 점에서 볼 때 그는 최초의 '형식론자'(이 용어에 대해서는 다음 장에서 설명한다)라고 보아 마땅하다. 그는 자기 저작의 여러 장들을 구성하는 데 경제학의 여러 기본 범주들을 사용했지만, 일정한 행동 패턴의 합리적 이유를 이해하기 위해서는 그 사회적 맥락을 세세하게 묘사할 수밖에 없었다. 그 결과로 그의 저작은 여러 경제 제도에 대한 풍부한 민족지적 묘사가 되며, 합리적 선택의 개념은 그저 이론적 틀로서 가벼운 수사학에 머물고 있다.

미국의 전통

프레이저와 말리노프스키가 널리 사용하던 '제도'라는 개념을 유럽의 경제학자들은 잘 사용하지 않았다. 하지만 이 개념은 당시 북아메리카의 경제학계에서 중심적인 개념이었다. 소스타인 베블런과 존 R. 커먼스가 이끌고 있던 제도학파 경제학자들은 정치적 성격이 좀 더 노골적인 경제 과학을 발전시켰다.

베블런은 일련의 유명한 저서들을 통하여(Veblen 1899; Veblen 1904) 신고전파 경제학은 이데올로기일 뿐 '혁신적인 과학'이 아니라고 주장하였고, 커먼스는 이상적으로 시장이 어떻게 기능해야 마땅한가를 보여 주고자 하는 신고전파 경제학의 시도 대신에 시장을 실제로 작동하게 만들기 위해 필요한 경험적 접근법을 제시하는 데에 누구보다도 크게 기여했다. 이 무렵이 되면 대공황으로 자유시장에 대한 신뢰가 땅에 떨어진 상태였으며, 경제의 현실과 동떨어진 미시경제 이론을 가다듬는 쪽보다는 은행 시스템에 대한 공공의 신뢰를 다시 회복시킬 방법을 찾는 것이 훨씬 더 중요한 과제였다. 이 무렵 급박하게 해답을 요구하던 질문들은 특수한 것들이었지 일반적이거나 보편적인 질문은 아니었다. 예를 들어 자동차 공장에서 새 차를 더 빨리 출하시키기 위해 미시간 수성무가 만들 수 있는 법령은 무엇일까 같은 질문이었다. 이 당시 미국에서는 제도학파 경제학자의 수가 신고전파 경제학자들의 세 배나 되었다(Yonay 1998).

인류학에서 독보적인 지위를 차지하고 있었던 건 뉴욕의 컬럼비아대학에 자리 잡은 프란츠 보애스의 학파였다. 그 구성원들은 문화의 모든 측면을 세세하게 문서화하는 데에도 뛰어났지만, 특히 경제에 대한 데이터를 수집하는 일에 대단히 뛰어났다. 보애스 스스로 미국 북서해안의 콰키우틀 인디언들의 포틀래치에서 특징적으로 나타나는 재산의 파괴를 이해하는 데 중요한 기여를 한 바 있다(비록 훗날 이러한 재산 파괴가 식민주의의 충격 이후에 크게 심해졌다는 점이 밝혀졌지만). 그런데 보애스학파는 19세기의 진화론 패러다임을 싫어했고 경제와 사회의 관계를 이론화할 수도 없었다.

멜빌 허스코비츠의 《원시 부족들의 경제생활》(1940, 2판은 '경제인류학'이라는 제목으로 1952년에 출간)은 기존에 출간된 여러 자료를 묶은 것으로서, 경제학자들에게 과학적 민족지가 그동안 축적한 성과에 관심을 갖게 하려는 목적을 띠고 있었다. 미국의 인류학자들은 유럽 인류학자들만큼 자유주의 경제학에 대해 경외심을 품지 않았는데, 이해할 만한 일이었다. 하지만 허스코비츠는 여러 자료를 경제학자들에게 친숙한 제목으로 분류하여 제시하고 있으며, 심지어 "토지, 노동, 자본은 공업화되지 않은 모든 경제에 항상 나타나는 힘들이므로, 이것들이 일정한 수익을 창출한다는 점은 분명하다"고까지 주장한다(Herskovits 1952: 303).

하지만 그 또한 정통 경제학을 거침없이 비판하였으며, 그 과정에서 '문자 없는 민족들'로부터 추출해 낸 민족지 증거뿐 아니라 케인스, 베블런, 심지어 마르크스까지도 근거로 활용했다.

수많은 부족들이 살아가는 해외 식민지가 없었던 미국 인류학자들에게는 멕시코의 농촌이 편리하면서도 지적으로 흥미로운 현장조사의 대상이었다. 이들은 인디언 원주민 공동체들에 각별한 주의를 기울였고 이들이 전통적 삶을 그대로 보존하고 있음을 강조하는 경향이 있었다. 허스코비츠와 퍼스 아래에서 공부했던 조지 포스터는 '원시'(primitive) 전통과 '민속'(folk) 전통에 관한 두 권의 책으로 경제인류학에서 멕시코 연구의 선구자가 되었다(Foster 1942, 1948). 앞 책은 원주민들의 여러 경제적 결정의 배후에 깔린 사회적·문화적 맥락을 세련되게 다루고 있다. 그런 결정은 자신의 스승들이 옹호했던 의미에서의 합리성을 담은 것이라고 여겨졌다. 포스터는 나중에 농민들이 '좋은 것은 양이 제한되어 있다는 관념'(image of limited good)을 갖는다는 주장으로 유명해진다. 삶에서 좋은 것들은 항상 희소하게 되어 있으므로, 어떤 사람이 무엇인가 얻었다는 것은 곧 다른 누군가가 손해를 보았다는 것을 뜻하기 십상이라는 생각이다. 이는 멕시코는 물론이고 다른 곳에서도 농민들이 새로운 경제적 기회들을 받아들이기를 꺼려하는 이유에 대해 그럴 듯한 문화적 설명으로 보였다(Foster 1965). 이러한 멕시코 농민 공동체들이 멀리 에스파냐의 정복 시대까지 거슬러 올라가는 더 넓은 여러 권력 시스템의 그물망 속에 존재한다는 것은 전제로 깔려 있었다. 페이샤오퉁이 연구한 중국 농민들과 마찬가지로 멕시코의 촌락들 또한 도시, 나아가 궁극적으로는 문명 전체와 복잡한 정치적 경제적 연관고리들을 가지고 있다는 것이다.

보애스의 제자 앨프리드 크로버는 이 공동체들이 "전체 문화의 부분을 문화로 갖는, 전체 사회의 부분인 사회"(part societies with part cultures)임을 천명하여 이 수수께끼를 해결했다. 이 개념은 당시 시카고에 있던 로버트 레드필드가 받아들였고, 그다음 세대의 '농민 연구'가 생겨나는 원동력이 된다. 멕시코 테포즈틀란의 촌락을 연구한 레드필드의 저작은 이미 1930년대에 출간된 바 있었고, 유카탄반도에 대한 연구도 1948년에 나왔다. 하지만 그가 경제인류학에 중요한 영향을 끼친 것은, 농촌 촌락들을 '거대한 전통'과 연결시키고 또 그 촌락들을 부분으로 포함하는 도시들과 연결시키는 '민속-도시 연속체'(folk-urban continuum)라는 개념을 명확하게 제시하게 되는 1950년대의 저작들을 통해서였다(Redfield 1956).

프랑스의 전통

마르셀 모스(1872~1950)의 《증여론》은 영국과 중부 유럽의 개인주의 전통을 융합시킨 말리노프스키에 대한 창의적인 비판으로 서서히 평가를 받게 된다(Mauss 1925). 모스는 미국 북서부 해안의 포틀래치가 멜라네시아에서도 성행한다고 확인한 말리노프스키의 연구에 열광했다. 하지만 말리노프스키가 쿨라 교역을 화폐나 시장과 다른 것으로 대치시킨 것에 반하여 모스는 화폐와 시장이 인간 사회에 보편적으로 나타나는 것들이라고 주장했다. 모스에 따르면, 자본주의 사회에서 발견되는 비인격적 경제 형태들은 최근에야 발명된 것들이라고 한다. 그는 경제적 개인이라는 관념을 공격하면서 서양 사회를 포함한 인류 역사의 모든 사회에서 교환이 인격적·사회적·영성적 차원을 가지고 있다는 점을 강조했다. 모스의 인류학은 상당히 명시적인 정치 프로그램과 결합되어 있었고, 이 점에서 동료인 '안락의자' 학자 카를 뷔허와 마찬가지였지만 투른발트나 말리노프스키와는 달랐다. 하지만 《증여론》은 그 이후 상당히 다양한 여러 해석을 낳게 된다. 이 책이 모스의 주요 저작으로 널리 인정받게 되는 것은 꽤 시간이 흐른 뒤였다. 이 책이 두 가지 언어로 번역되고 또 무엇보다도 클로드 레비스트로스와 마셜 살린스의 영향으로 2차 문헌들이 나온 뒤에야 비로소 영어권의 경제인류학에서 주요 저작으로 받아들여지게 된다. 하지만 그 뒤에도 이 책의 급진적인 메시지는 잊힐 때가 많았다.

현대 세계를 이해하는 데에서 경제라는 개념이 주로 영어권 세계가 내놓은 기여였다면, '사회'라는 열쇠 말과 거기에서 파생된 '사회학' 그리고 '연대' 같은 용어는 먼저 프랑스에서 나온 말이고 루소까지 거슬러 올라가는 전통에 바탕을 두고 있다. 그래서 프랑스에서는 인류학이 사회학이나 경제학과 명확하게 구별되어 있지 않다. 에밀 뒤르켐이 둘레에 있는 사람들을 팀으로 모아 《사회학연보》(Année Sociologique)를 창간하자 여기에 프랑수아 시미앙과 모리스 알박스 같은 이들이 경제 분석을 담은 글을 기고했다. 뒤르켐은 첫 책이자 가장 큰 영향을 끼친 《사회분업론》(1893)에서 여러 근대 경제의 사회적 기초를 확립하고자 했다. 분업화를 통한 경제적 진보라는 생각은 이미 애덤 스미스가 영국 경제학을 정초할 때부터 핵심을 차지하는 것이었다. 한 세기가 지난 후 경제적 개인주의는 진화 이론의 초석이 되었고, 한동안은 허버트 스펜서의 사회적 다윈주의가 승승장구하던 서구 부르주아들의 이데올로기가 되기도 했다.

노동 분업이란 분리와 통합의 변증법적 과정이며 이를 통해 사회가 더욱 강해질 뿐 아니라 개인의 행동 범위 또한 확대된다는 것을 보여 줌으로써 뒤르켐은 경제적 개인주의의 낙관적인 목적론에 수정을 가했 다. 영국인들은 개개인들이 시장에서 계약을 맺는다는 것을 강조하시 만, 이 때문에 '계약 속의 비계약적 요소'가 있어야만 계약 자체가 가능 하다는 사실을 못 보게 될 위험이 있다는 것이다. 이 '비계약적 요소'란 법률, 국가, 여러 관습, 도덕률, 공통의 역사 등 사회를 하나로 묶어 내는 접착제 역할을 하는 것들로서, 이런 것들을 좀 더 선명하게 드러내는 것 이야말로 사회학자의 임무라는 얘기이다. 사회의 기원에 대해 영국인들 은 개인이 원천이 되어 사회가 생겨난다고 말하지만, 뒤르켐은 그런 생 각이 신화일 뿐이며 실제로는 개인이란 사회가 발전하여 나타난 결과물 이라고 강조한다.

마르셀 모스의 《증여론》은 뒤르켐의 저작이 내놓은 주장을 그대로 물려받은 직계 후예라고 할 수 있으며, 계약의 비계약적 요소를 명시적 초점으로 삼고 있다. 모스는 카를 뷔허의 그 어떤 지적인 빚도 인정하지 않았고 그저 각주에서 두 번, 그것도 부정적으로 언급하고 있을 뿐이다 (이름의 철자까지 잘못 쓰고 있다). 그는 계약의 진화를 설명할 수 있다고 주장하는 두 가지 공리주의 이데올로기를 간단하게 제거해 버린다. 우 선 '자연경제,' 곧 개인들의 물물교환이 저절로 생겨난 것이라는 스미스 의 생각이 첫 번째이며, 이타적이던 원시 공동체들이 안타깝게도 결국 은 이기적이지만 더 효율적인 개인주의에 패배하고 말았다는 생각이 그 두 번째이다. 마르셀 모스는 당대에 나타난 공산주의 국가로 시장을 대 체하자는 운동에 반대했다. 개인의 자유와 사회적 책무 사이의 복잡한 상호작용이야말로 감히 거스를 수 없는 인간 조건이며, 또 시장과 화폐는 비록 오늘날처럼 비인격적인 형태가 아니더라도 인간 사회에 보편적인 것이라고 강하게 주장했다.

모스는 고대사회에 존재했던 여러 형태의 계약을 주로 고대 인도유럽어족에 속하는 여러 민족들을 중심으로 폭넓게 검토했다. 그런데 이때 사용한 핵심 개념은 모종의 봉건적 유제를 뜻하는 중세 프랑스어로서 번역이 불가능한 '프레스타시옹'(prestation)이다. 이 말은 의무적으로 수행해야 하는 서비스를 뜻하는 것으로서, 감옥에 가는 대신 행하는 '사회봉사'와 비슷한 것이다. 모스에 따르면 최초의 교환 형태는 전체 사회집단들 사이에서 벌어졌으며 사람들이 서로를 위해 할 수 있는 것들은 모두 그 범위에 포함되어 있었다고 한다. 이 단계를 그는 전체 프레스타시옹의 관념이라고 부른다. 하지만 그의 주된 관심은 여기에서 진화해 나온 것으로 보이는 한 형태로서, 미국 북서부 해안의 경우를 따라 '포틀래치'라고 부르는 것이었다. 이러한 선물-교환의 여러 형태에는 각 집단의 지도자 개인들 사이의 공격적인 경쟁도 내포되어 있다. 모스의 연구를 이끄는 중심 질문은 다음과 같은 것이다. "후진적 또는 고대적 유형의 사회들에서, 일단 받은 뒤에는 의무적으로 답례를 해야 하는 선물 행위는 어떤 법률적 원칙과 자기 이익의 원칙으로 유발되는가? 수취한 물건에는 어떠한 권능이 담겨 있기에 그 수취자로 하여금 답례를 하도록 만드는 것인가?"(Mauss 1990: 4). 모스가 이 선물을 주고 또 답례하는 과정을 '상호성'(reciprocity)이라고 지칭하는 일은 거의 없다. 거칠게 말하자면 그의 대답은 이러하다. 동서고금을 막론하고 인간은 선물이 가지고 있는 인격적 성격에 거스르기 힘든 강제력을 느끼며, 그것이 상기시키는 지극히 다종 다기한 사회적·정서적 유대에 특히 감정적인 영향을 받는다는 것이다.

모스에 따르면, 개개인들의 여러 계약을 위한 자유시장을 창출하려는 시도는 유토피아적인 것이며 그 대립물이라 할 오직 이타주의에만 근거한 집단을 창출하는 것과 마찬가지로 실현 불가능하다. 인간이 만든 동서고금의 모든 제도는 개인과 사회, 자유와 의무, 자기 이익과 타인에 대한 염려라는 여러 가지 이항 대립의 통일에 근거하고 있다는 것이다. 근대 자본주의와 근대의 경제학은 이 두 기둥 가운데 한쪽에만 기초를 두는 것이기에 지속 가능할 수 없으며, 이로부터 인간적인 균형을 회복하기 위해서는 모종의 사회혁명이 필요하다는 것이다. 우리가 맹목적인 이데올로기의 미몽에서 깨어나기만 한다면, 이 '프레스타시옹'이라는 시스템이 우리의 현대사회에도 여전히 살아남아 있음을 인정하지 않을 수 없을 것이다. 이는 결혼식이나 크리스마스, 우호적인 집단에서도 발견할 수 있지만, 보험이라고 하는 좀 더 관료적인 형태나 심지어 임금 계약과 복지국가에서도 발견할 수가 있다는 것이다. 모스는 정치적 논설 활동 펼치며 직능단체, 협동조합, 상호보험 같은 아래로부터의 경제 운동을 강력하게 옹호했다. 이런 운동은 《증여론》에서 묘사한 중심적 현상들뿐 아니라 고대사회의 여러 종교에서도 발견되는 것의 세속적인 형태이다. 이런 것들은 모두 사회 전체에 걸쳐 법적·경제적·종교적·미학적 제도를 작동시킨다는 의미에서 '총체적인 사회적 활동들'(total social facts)*이라고 한다.

---

* 이 용어는 종종 '총체적인 사회적 사실들'이라고 옮겨질 때가 많다. 하지만 이 '사실들'에 해당하는 프랑스어 'fait'는 '행동'이라는 의미가 있으며, 모스나 또 그에게 영감을 준 뒤르켐이나 이 용어를 통해 자신들이 지칭하는 것이 사회적 행동 또는 행동 방식이라는 것을 언명한 바 있다.

사회, 사람들이 정서적으로 스스로를 의식하게 되고 타인들과 관계 속에서 자신의 상황을 의식하게 되는 찰나의 순간에 본질적인 것이 무엇인지, 만물이 어떻게 운행하는지, 살아 있는 측면은 어떤 것인지를 감지할 수 있게 되는 것은 사회라는 실체의 전체를 고려함을 통해서이다. …… 우리의 견해로 볼 때, 이러한 총체적인 사회적 활동들이야말로 가장 시급하고도 가장 큰 결실을 가져다줄 만한 연구 대상이다(Mauss 1990: 102).

말리노프스키는 서태평양의 원주민 모험가들을 숭고한 고대 영웅들의 전통을 이어받은 이들로 설명해 냈고, 많은 이들이 그 이야기를 귀담아들었다. 트로브리안드 제도 사람들과 멜라네시아의 이웃들이 행하던 '쿨라' 고리 무역은 세계경제의 모습을 담은 우화로 받아들여지기도 했다. 이런 이야기에 여러 작은 섬들 사이에 펼쳐진 문명이 있었다. 이 섬들 하나하나는 혼자서는 버젓한 생계를 꾸릴 수가 없어서 국제무역에 의존하게 되며, 이는 귀중한 장식물들의 교환으로 매개된다. 여기에서 '경제적 인간'이란 존재는 찾아볼 수 없다. 그런 인간은 근대의 서구에서 이러한 고상한 세계를 상실해 버림에 따라 나타난 쩨쩨하고 볼품없는 자들임이 폭로되고 만다. 마르셀 모스 또한 이 모든 사실에 크게 흥분했다. 하지만 그는 말리노프스키가 너무 멀리 나아갔다고 생각했다. 말리노프스키는 트로브리안드의 쿨라 귀중품들이 교환의 매개이지만 가치 척도로 기능하지 않는다는 의미에서 화폐가 '아니라고' 완고하게 주장했다(Malinowski 1921). 하지만 모스는 긴 각주를 달아 이보다 더 폭넓은 개념을 제시한다.

이러한 논리에 따르자면 …… 귀중품들이 정말로 통화로 만들어졌을 때에만, 즉 그림이 새겨지고 비인격적인 것이 되며 그것을 주조한 국가 이외의 그 어떤 법적 실체(개인이든 집단이든)와도 아무런 관계를 맺지 않는 것으로 되었을 때에만 …… 화폐가 존재하게 된다는 말이 된다. …… 이런 식의 정의는 두 번째 유형의 화폐, 곧 우리들의 화폐를 정의해 놓은 것일 뿐이다(Mauss 1990: 127).

모스는 원시인들의 귀중품들 또한 "구매력을 갖고 있으며 그 구매력은 물건들마다 정해져 있는 숫자로 나타난다"는 점에서 화폐와 비슷하다는 견해를 표명했다. 또한 말리노프스키가 상업적인 자기 이익과 자유로운 선물 행위를 서로 대립시키는 부르주아적 관념을 재생산해 놓았다고 책망하기도 했다. 그런데 그 이후 많은 인류학자들은 이러한 이분법의 근원을 모스에게 돌리게 된다.

모스의 이 유명한 논고는 1922~1924년의 외환위기 때 자신이 몸담고 있던 프랑스 사회당 기관지 《민중》(le populaire)에 기고한 일련의 글들과 나란히 놓고 볼 필요가 있다(Mauss 1997). 그 무렵 프랑화의 가치 안정성은 프랑스 전체의 큰 근심거리였다. 프랑화의 가치가 곧 프랑스의 국제적 위상을 보여 주는 척도라고 여겼기 때문이다. 그리고 프랑화 가치가 폭락하자 정치적인 공황 상태가 확산되었다. 오늘날 우리가 '외환시장'이라고 부를 만한 것을 논의하면서 모스는 전문 투기꾼의 말투를 구사했다. 그의 결론은 외환 가치 폭락의 원인은 통화 증발로 인한 인플레이션이 아니라 시장에서 나타나는 패닉이라는 것이다. 사방에서 태풍이 몰아칠 준비를 하고 있었다.

"인간이 만들어 낸 여러 현상이 작동하고 있다. 집단 심리, 예측 불가능한 온갖 요소들, 갖가지 믿음, 쉽게 속는 어리석음, 자신감 이 모든 것들이 소용돌이 치고 있다"(Mauss 29 February 1924). 미출간 원고인 〈통화의 조작: 사회 해체의 수단〉에서는 이러한 국가적 정치경제에 대한 성찰과 《증여론》에서 보여 준 성찰 사이의 연관 관계를 보여 준다 (Fournier 2006: 212 and 390 n.105). 모스는 거대한 경제 혁명들은 '화폐적 성격'을 띠며, 통화와 신용을 조작하는 것이 "고통이나 괴로움 없이 …… 사회혁명을 이루는 방법"이 될 수 있다고 주장한다. 그의 목적은 사법적인 사회주의에 경제적 내용을 채우려는 것이었다.

가장 견고하고도 신중한 테두리 안에서 새로운 통화의 방법들을 창출하면 그것으로 족하다. 그다음에는 이 방법들을 가장 조심스러운 경제학의 규칙들로 관리하기만 한다면, 새롭게 자격을 얻게 된 수혜자들 사이에서 그 방법들이 결실을 보게 될 것이다. 이것이 바로 혁명이다. 이러한 방식을 통하여 여러 다른 나라의 일반 민중들은 어떻게 자기들 나라를 통제할 수 있는지를 알게 될 것이다. 여러 말이 필요 없고, 이런저런 공식 따위도 필요 없고, 신화도 필요 없다(Mauss, in Fournier 2006: 3 90 n.105).

모스는 사람들이 일상생활에서 활용할 수 있도록 인간의 경제에 대해 실제적인 이해를 얻어야 한다고 주장했다. 그 뒤로 거의 100년이 지나도록 우리는 수많은 금융 위기를 겪어야 했다. 모스의 주장은 이 책에서 우리가 주장하는 바와 맞닿아 있기도 하다.

결론

경제인류학은 민족지 연구와 역사적 연구가 나란히 공존하는 가운데 자라났다. 유럽 사회사상의 다양한 조류들이 융합된 것이다. 특히 독일과 프랑스의 사회주의, 영국의 공리주의, 또 루소 이후 프랑스의 비판적 합리주의의 전통이 중요한 뿌리이다. 말리노프스키와 투른발트는 태평양의 여러 섬들을 연구하면서 거기에 '경제적 인간'이란 존재하지 않는다는 확신을 가졌다. 말리노프스키의 경우 의식하지 못한 채 이러한 생각을 지지하기는 했다. 레이먼드 퍼스는 '원시 경제'를 이해하는 열쇠가 런던경제대학에 있는 동료 경제학자들에게 있다는 생각으로 수렴해 갔다. 미국의 인류학자들은 미국 전통의 제도학파 경제학과 신고전파 경제학 사이의 논쟁을 반영하여 좀 더 모호한 입장을 취했다. 그리고 뒤르켐과 모스는 공리주의 사상을, 상상할 수 있는 가장 총체적인 방식으로 왕좌에서 쫓아내 버렸다.

대부분의 초기 여행자들이 볼 때 원주민들의 합리성은 유럽인들이 가지고 있던 기준들과 모순되는 듯했다. 이들은 교환을 할 때도 천진난만한 아이들마냥 일치되지 않는 태도를 보여 주었다. 값진 재산을 마구 파괴하기도 했고, 노동 습관도 아주 불규칙했으며 또 아무런 실익이 없는 일에다가 수고를 아끼지 않는 모습도 보여 주지 않는가. 19세기 말 이후의 독일 민족학을 철저하게 검토한 히스 피어슨은 익살을 부리며, 이러한 관점이 인간을 '제멋대로인 인간'(homo gustibus)의 사촌이라고 할 '오류의 인간'(homo erroneous)으로 보는 것이라고 규정한다(Pearson 2000). 신고전파 이론이 상정하는 개인적 쾌락주의와는 반대되는 심리학적 성품을 가지고 태어나는 인간 주체라는 것이다. 그러다가 결국에는 이 모든 인간관이 '옛날의 경제적 인간'(homo paleoeconomicus)으로 귀결된다고 한다. 이러한 이론적 입장에 따르면, '원시인들'과 근대 서구 개인들의 환경 및 기술의 차이점들을 감안한다면 양쪽의 경제적 행위는 서로 비슷하다는 것이다. 그러면 피상적으로는 '경제적 인간'의 여러 전제와 모순되는 듯 보이는 경제 행동의 패턴들도 얼마든지 이해할 수 있게 된다는 것이다. 단지 옛날에는 저장 시설이 거의 없었으므로 시간을 할인하는 사고방식도 불가능하며 게다가 발달된 시장과 화폐가 없는 상황에서 사회의 관습에도 큰 제약이 있었다는 점을 기억하기만 하면 된다는 것이다. 게다가 인류학자들 스스로도 일관성 면에서 원주민들보다 더 나을 것이 없을 때도 많았다. 레이먼드 퍼스도 이런 이론적 입장들 하나하나를 여러 다른 시점에 주장한 바가 있다.

경제학과 인류학 모두 1870년부터 1940년대까지 중요한 변화를 겪었다. 이 두 분야 학자들은 본디 서로 각별히 가까운 적이 전혀 없었던 데다가 수학적 기법을 쓴다든가 현지인의 여러 언어를 배운다든가 하는 형태로 전문화를 겪는 과정에서 더욱 사이가 멀어지게 되었다. 말리노프스키가 경제학자들에게 내놓은 도전은 경제학자들에게 오해받고 무시당하게 되었다. 현장조사가 없이 사색과 사변에 의존하던 모스의 주장은 오랜 동안 프랑스 바깥에서는 거의 주목받지 못했다. 퍼스와 허스코비츠는 원시 경제학 문헌이 막 나오기 시작한 당시 신고전파 경제학의 여러 범주에 근거한 비교 연구가 마땅히 출범되어야 한다고 주장했다. 하지만 이러한 연구는 전혀 나타나지 않았다. 히스 피어슨의 표현을 빌리자면, 오히려 제2차 세계대전 이후에 "경제학과 인류학은 추하게 질질 끄는 이혼 과정을 겪었다." 과연 이 둘이 언제 결혼식을 올린 적이라도 있었던가? 만약 식을 올렸다면, 어째서 한 번도 잠자리는 같이 하지 않았단 말인가?

| 더 읽어 볼 자료 |

Hutchinson, T., *On Revolutions and Progress in Economic Knowledge*(1978)는 경제학에서 논의해 온 한계 혁명에 대한 친절한 소개 글이다. Pearson, Heath, "Homo economicus goes native, 1859~1945. The rise and fall of primitive economics." *History of Political Economy* 32 (4): 932-89(2000)는 이 장에서 다루고 있는 시기 경제학과 인류학의 관계에 대해 가장 잘 설명하고 있다. 독일 쪽 전통에 대해서는 Spittler, G., *Founders of the Anthropology of Work: German Social Scientists of the 19th and Early 20th Centuries and the First Ethnographers*(2008) 그리고 Backhaus J. (ed.) *Karl Bucher: Theory, History, Anthropology, Non-market Economies*(2000)를 참고하라. 인류학에서 독일 역사학파의 중요성과 의미는 Kahn, J., "Towards a history of the critique of economism: the nineteenth-century German origins of the ethnographer's dilemma." *Man* 25 (2): 230-49(1990)가 잘 서술하고 있다. Stocking, G., *After Tylor: British Social Anthropology, 1888~1951*(1996)은 1880년대부터 1950년대까지 영국 학파에 대한 종합적인 설명이다. 두 차례의 세계대전 사이 미국 경제학의 역사에 대한 탐구로는 Yonay, Y., *The Struggle over the Soul of Economics: Institutionalist and Neoclassical Economists in America Between the Wars*(1998)가 있다. 이 기간 동안의 미국 인류학자들에 대한 경탄할 만한 논의로는 Silverman, S., "The United States." In F. Barth, A. Gingrich, R. Parkin and S. Silverman, *One Discipline, Four Ways:*

British, German, French and American Anthropology(2004)가 있다. Cook, S.,
*Understanding Commodity Cultures: Explorations in Economic Anthropology with
Case Studies from Mexico*(2004)는 개척 시대부터 오늘날까지 멕시코를 연구해
온 미국 경제인류학을 개괄하고 있다. Sigaud, L., "The vicissitudes of The
Gift". *Social Anthropology* 10 (3): 335-58(2002)는 마르셀 모스의 위대한 저작
이 수용되었던 복잡한 이야기를 추적하고 있다. 또 Hart, K., "Marcel Mauss:
in pursuit of the whole—a review essay." *Comparative Studies in Society
and History* 49 (2): 473-85(2007)도 읽어 보면 좋겠다.

4장
경제인류학의 황금기

　당시에는 잘 느끼지 못했지만, 지금 돌이켜보면 제2차 세계대전 이후 몇 십 년은 경제인류학이 하나의 통일성을 가지고 있던 시절이었다. 전 세계의 공업 강대국들은 미국의 행보를 따라 공공 지출과 국제 협력을 자신들의 의무로 받아들였고, 함께 힘을 뭉쳐 세계 역사상 가장 오래 지속된 경제 호황을 만들어 내기도 했다. 특히 이 시대는 대학과 사회과학의 전성기이기도 했다. 이 시절에 경제인류학이 번성했다는 사실도 놀라운 일은 아니다. 이러한 활기찬 흥분이 집중된 지점이 바로 '형식론-실체론 논쟁'(formalist-substantivist debate)이었다.

　실체론학파를 정초한 사람이 칼 폴라니(1886~1964)라는 점은 논박의 여지가 없다. 그는 경제인류학이라는 학문을 자의식을 가진 지적 공동체로 확립하는 데에 그 누구보다도 크게 이바지했지만, 학문적 전공으로 보자면 경제학자도 인류학자도 아니었다. 게다가 우리가 앞에서 살펴본 여러 나라의 전통 가운데 어디에도 확실히 속한다고 말할 수 없는 인물이다. 그는 학계에서 이루어지고 있던 학과 구분으로는 감당할 수 없는 존재였다. 애국적 헝가리인으로 자라난 폴라니는 부다페스트에서 원래 법학을 전공했다. 제1차 세계대전 중에는 오스트리아·헝가리 군으로 참전했으며 1919년 헝가리 혁명이 실패한 뒤에는 빈에서 경제 저널리스트로 일했다. 대작인 《거대한 전환》은 1944년에 처음 출간되었다. 이 책은 기본적으로 19세기 영국에서 '자유시장'이 발전했을 때 그리고 경제적 삶이 시장에 완전히 지배당하는 전대미문의 사태가 벌어졌을 때 영국 사회가 어떤 반응을 보였는지 역사적으로 설명한 책이다. 여기에는 1930년대에 폴라니가 영국에서 살면서 체험한 바가 깊은 흔적을 남기고 있다. 당시 그는 대학에서 자리를 잡지 않고서 '노동자교육협회'(Workers' Educational Association)의 강사로 일하고 있었다. 훗날 폴라니는 영국에서 미국으로 다시 이주하여 여러 '고대적'(archaic) 사회의 경제에 대한 역사적 연구를 심화시켜 나간다. 컬럼비아대학에서 학제간 작업을 통해 정식화된 폴라니의 접근법은 인류학자들에게 큰 호소력을 얻게 되었다.

우리는 먼저 폴라니의 실체론적 접근법을 살펴보고 그를 따른 학자들이 내놓은 여러 기여에 주목할 것이다. 새로운 지평을 열어젖히기는 했지만, 실체론자들은 현대 세계의 대부분을 시야에서 배제해 버림으로써 경제인류학이 현실에 대해 갖는 적실성을 제한시키고 말았다. 모스의 경우와 마찬가지로 우리는 폴라니와 그 추종자들이 화폐인류학에 대해 말했던 바에 각별히 주의를 기울일 것이다. 그다음으로 폴라니와 그 학파에 대해 '형식론자'들이 대응해 나간 방식을 살펴볼 것이다. 이들의 대응은 신고전파 경제학 주류의 입장을 다시 언명한 것이라고 볼 수 있다.

마지막으로 우리는 1960년대에 정점에 다다른 이 논쟁을 결산해 볼 것이다. 폴라니가 제시한 여러 이분법과 유형론은 반세기가 지난 오늘날 너무 기계적으로 느껴지는 것이 사실이다. 그리고 그가 내놓은 여러 명제를 가운데 일부는 최근의 학문 연구에 비추어 볼 때 옹호할 수가 없다. 하지만 여러 다양한 인간 사회를 효용 극대화의 개인들로 환원해 버리는 이데올로기가 판을 치고 이를 기둥으로 삼아 자유시장이 다시 한 번 지나치게 팽창하여 마침내 전 세계를 위기로 몰아넣은 오늘날, 폴라니의 비판이 새삼 인기를 누리게 된 것은 전혀 놀라운 일이 아니다.

칼 폴라니와 실체론학파

폴라니는 이후의 논쟁에서 중요한 이정표가 되는 논문인 〈제도화된 과정으로서의 경제〉(Polanyi 1957b)에서 '경제적'이라는 말에는 형식적인 의미와 실체적인 의미가 착종되어 있다고 주장한다. 형식적인 의미의 경제란 목적과 수단 관계를 지칭하는 것으로서, 알뜰하게 쓴다는 정신적 과정을 뜻한다고 한다. 반면 실체적 의미의 경제란 사회의 물질적 욕구를 전체적으로 조달하는 것이 된다. 이 논쟁에 등장하는 형식과 실체의 용어들은 플라톤으로까지 거슬러 올라간다. 폴라니는 앞 논문이 수록된 책의 다른 논문(Polanyi 1957a)에서 자신의 접근법에서 아리스토텔레스가 차지하는 의미와 중요성을 인정하고 있다. 형식적이라는 말은 어떤 아이디어나 원리에 그대로 순응한다는 것을 뜻한다. '형식'과 '실체'를 개념적으로 대립시키는 것은 19세기, 특히 독일에서는 아주 흔한 일이었다. 이것이 경제 담론에 들어오게 된 계기는 카를 멩거와 막스 베버 같은 이들을 통해서였다. '형식론적' 접근법은 여러 아이디어들의 규칙적인 작동을 강조하는데, 스스로를 보편적인 법칙이라고 내세우는 신고전파 경제학의 주장이 여기에 해당한다. 반면 '실체론적' 접근은 스스로를 둘러싼 물질적 상황의 경험적 내용물에 우선성을 부여하며, 그 다양성을 오직 한 묶음의 개념으로 모조리 파악해 낼 수 있다는 생각에 반대한다.

형식론자와 실체론자 모두 경제적 조정에서 시장이 갖는 중요성을 인정하지만, 폴라니가 보기에 시장 원리는 세계 경제사에서 주된 '통합 형태'가 될 수 없다. 그는 이미 《거대한 전환》에서 산업화 이전의 여러 사회에서는 시장보다 상호성, 재분배, 가정경제가 더 중요한 원리였다고 주장한 바 있다. 이 가운데 가정경제는 그의 후기 저작에서 자취를 감춘다(Gregory 2009). '상호성'은 남태평양 트로브리안드 섬의 쿨라 교역에서처럼 동등한 지위에 있는 개인이나 집단들 사이에 나타나는 대칭적 형태의 교환이다. '재분배'는 중심성의 원리를 반영하는 것으로서, 미국 북서 해안의 포틀래치 의식처럼 모종의 위계질서를 통하여 여러 자원을 한데 모은 뒤 위계질서에 따라 나누어 주는 것이다. 이러한 통합 형태들은 서로 병존할 수도 있지만 암묵적으로 진화론적 선후 관계가 존재한다. 상호성은 단순한 기술을 사용하던 '원시' 평등 사회에서 지배적이었던 반면, 재분배는 잉여생산물의 저장 가능성과 어느 정도의 사회적 계층화를 전제조건으로 삼는 것이 보통이다. 원리상으로 따지면 누군가 사냥에 성공하여 잡아온 먹잇감을 배분하는 것도 포함되지만, 폴라니의 설명에서 예로 등장하는 것은 고대 지중해 사회들이다.

시장에 관해서 보자면, 폴라니는 19세기 유럽에서 급격한 변화가 나타나기 전에는 그 역할이 그렇게 크지 않았다고 강조한다. 카를 뷔허처럼 폴라니 또한 애덤 스미스가 인간이 천성적으로 '교역과 물물교환'의 성향을 갖고 있다고 가정하고 그에 따라 모든 가치를 모종의 효용 계산으로 환원하는 것보다는, 아리스토텔레스가 자급자족적인 '오이코스'를 통해 행복을 추구할 것을 강조했던 것을 더 선호한다. 시장은 원시사회와 고대사회에 늘 존재했지만, 더 큰 사회 시스템으로 경제가 통합되는 데 위협이 되지는 않았다. 이러한 시장의 가격은 관리 가격으로서, 이자율과 마찬가지로 아주 오랜 기간 안정되어 있는 것이 전형적인 모습이었다고 한다. 상업 활동은 '교역항'이라는 특정한 장소에 집중되어 있었기에, 다른 곳에 사는 대부분의 사람들에게는 직접적인 충격이 거의 없었다는 것이다.

폴라니의 역사철학에 따르면, 산업화가 파열을 만들어 내고 무엇보다도 빅토리아 시대 영국에서 임금노동의 자유시장이 생겨나면서 경제가 '뽑혀 나오게'(disembedding) 되었다고 한다. 하지만 시장 원리를 이렇게 경제 통합의 지배적 형태로까지 격상시키는 '유토피아적' 시도는 실패가 예정되어 있었다. 자연, 인류, 사회 자체를 토지, 노동, 화폐라는 '허구적 상품들'의 형식으로 사고파는 짓을 사회는 도저히 그냥 두고 볼 수가 없기 때문에 스스로를 보호하려고 기를 쓰게 된다는 것이다. 여기에서 폴라니는 '이중 운동'(double movement)이라는 개념을 제시한다. 한편으로 자유방임 경제학이 현실을 바꾸며 기승을 부리지만, 또 다른 한편에서는 그런 경제학에 대한 사회 저항이 다양한 형태로 나타났다는 것이다. 19세기 영국의 경우 노동조합과 차티스트운동에서 보호주의 무역에 이르는 흐름을 이루었다. 그 결과로 나타나는 역동성은 필연적으로 여러 위기, 특히 20세기 두 차례의 세계대전을 낳을 수밖에 없었다는 것이다. 하지만 이러한 무시무시한 사건들의 원인을 제공한 시장주의 사고방식은 이제는 '낡은 것'이 되었다고 폴라니는 주장한다. 실제로 미국의 뉴딜과 유럽의 복지국가가 공고해짐에 따라 사회민주주의의 새로운 시대가 열렸고, 이는 시장의 환상을 영원히 다시 살아나지 못하도록 종식시켰다고 여겨지기도 했다.

폴라니는 현장조사를 펼친 연구자는 아니었다. 경제에 관해 실제 지식을 쌓은 것은 대부분 1920년대의 '붉은 비엔나'에서였다. 말리노프스키와 마찬가지로 그 또한 제1차 세계대전 이전에 에른스트 마흐(1838~1916)의 저작을 연구했다. 일생에 걸쳐 굶주린 사람마냥 열심히 책을 읽어 나간 폴라니의 인류학 이론은 주로 뷔허, 말리노프스키, 투른발트, 모스 같은 학자들의 저작에서 가져온 노트에 기초를 두고 있었다. 스스로 인류학자들의 영토에 뛰어든 적도 있었으니, 거기서 나온 주저는 역사적 연구 《다호메이와 노예무역》(1966)이다. 폴라니를 따르는 이들이 현장조사를 진행한 으뜸가는 장소 또한 아프리카였다. 폴 보해넌은 허스코비츠 밑에서 인류학을 공부했으며, 조지 돌턴은 원래 경제학 전공이었다. 두 사람은 함께 《아프리카의 시장》(1962) 이라는 기념비적 논문집을 펴냈다. 여기에서 이들은 산업화 이전의 아프리카 여러 사회에는 시장터의 종류가 다양했고 또 중대한 사회적·정치적, 심지어 종교적 함의까지 띠고 있을 때가 많았지만 다른 여러 통합 형태에 비하면 언제나 '주변적'이었다는 사실을 보여 주었다. 하지만 수출을 위한 환금작물 경작 같은 새로운 패턴의 근대적 시장 원리가 나타나면서 불가피하게 전통적인 시장과 이것이 복무하던 사회를 잠식하게 되었다고 한다.

보해넌은 실체론 쪽에서 나온 가장 주목할 만한 민족지인 나이지리아의 티브족에 대한 연구를 수행했다(Bohannan with Laura Bohannan

1968). 이 저작에서 저자들은 티브족의 경제를 이해하기 위하여 토착 문화의 범주에 기반을 두면서도 문화 간 비교를 가능케 하기 위해서 폴라니가 후기에 내놓은 세 가지 유형론(상호성, 재분배, 시장)을 도입하고 있다. 폴라니는 다호메이글 연구만 저작에서 '범용 화폐'(현내의 화폐가 여기에 해당한다)와 '여러 특수목적 화폐들'이 다른 것이라고 강하게 주장하고 있으며, 산업화 이전의 세계에서는 특수목적 화폐가 널리 유통되었다고 주장한다. 보해넌은 이러한 생각을 발전시켜 티브족의 경제에는 별개의 '교환 영역들'이 존재한다고 주장했다. 생계유지를 위한 물품과 사치품, 그리고 최고의 사회적 가치를 표현하는 재화들은 모두 별개로 나누어진 장벽 안에서만 유통되었다고 한다. 이런 재화들을 공통의 척도로 측량하는 것은 거의 불가능했기 때문이다. 식민 지배자들이 서유럽의 화폐를 도입한 일은 하나의 재난이었다. 이 때문에 교환 행위를 별개의 다른 영역으로 나누던 장벽들이 무너져 버렸기 때문이다. 이런 이야기는 나중에 역사가들에 의해 사실 관계가 틀렸다고 공격받고 다양한 학파의 인류학자들에 의해 이론적으로 순진하고 오류가 있다고 비판을 받았음에도 불구하고, 모든 인류학과 학생들이 배우게 되는 인류학계의 전설이 된다.

그럼에도 실체론학파가 화폐에 대해 취한 입장은, 이 문제에 대해 모스가 말리노프스키의 접근을 비판한 이래(3장을 보라) 가장 체계적인 이론 전개였다는 점에서 충분히 주목할 만한 가치가 있다. 앞에서 말했듯이 폴라니는 화폐를 세 가지 허구적 상품 가운데 하나로 꼽았다. "실제의 화폐는 그저 구매력의 증표일 뿐, 일반적으로 화폐는 결코 생산되는 것이 아니며 은행업 또는 국가 재정의 메커니즘을 통해 생겨나는 것일 뿐이다"(Polanyi 2001: 72). 이 말이 시사하는 바는 화폐에 대한 자유시장이 생겨나게 되면 필연적으로 사회 그 자체를 사고파는 일이 뒤따른다는 생각에 아주 가까운 것이다. 이러한 접근의 연장선에서 폴라니는 화폐가 물물교환에서 생겨났다는 자유주의자들의 신화를 거꾸로 뒤집어 버린다.

이러한 주장의 논리는 고전파 경제학의 교리를 떠받치는 논리와 실로 거의 정반대이다. 정설로 통용되는 교리는 먼저 개인이 가지고 있는 물물교환의 성향이라는 것에서 출발한다. 그리고 거기에서 마을 장터와 노동 분업이 발생하는 필연성을 도출한다. 그리고 마침내 교역의 필연성을 추론하며 종국적으로는 대외무역, 심지어 원거리 무역까지 나올 수밖에 없다고 추론해 나간다. 현재 알려진 지식에 비추어 보면 그러한 주장의 순서를 거의 정반대로 뒤집어야 옳다. 올바른 출발점은 원거리 무역이다. 이는 여러 종류의 재화들이 어떻게 지리적으로 분포되어 있는가, 그리고 그 '노동 분업'이라는 것이 어떻게 분포되어 있는가의 결과로 나타나는 것이다. 원거리 무역이 생겨나면 때때로 그 덕분에 여러 다른 시장이 형성되기도 한다. 시장이란 물물교환, 그리고 화폐가 사용되는 경우엔 판매와 구매 행위를 내포하는 제도이기 때문에, 그러한 제도가 나타나는 경우에는 궁극적으로 (하지만 필연적인 것은 결코 아니다) 몇몇 개인에게도 그들의 천성이라고 자유주의자들이 주장하는 이른바 거래와 가격 흥정의 성향이라는 것을 마음껏 발휘할 기회가 주어지는 것이다(Polanyi 2001: 58).

이렇게 작은 핵심 지역을 넘어 사회를 확장시키는 노력 속에서 화폐와 시장이 출현했다는 얘이다. 폴라니는 화폐란 본디 그 사촌이라 할 수 있는 주권국가와 마찬가지로 외부에서 도입될 때가 많다고 보았다. 그렇기 때문에 경제를 정치와 분리하고, 또 시장을 사회에 본디 내재되어 있는 무엇인가로 자리매김하려는 시도는 사회를 전복할 위험이 있다고 믿었다.

폴라니는 '상품'(commodity) 형태의 화폐와 '증표'(token) 형태의 화폐를 구별했다. 증표 화폐는 국내의 교역을, 상품 화폐는 국제무역을 촉진하기 위해 고안된 것이다. 이러한 대내적 차원과 대외적 차원 사이에 나타나는 경제의 긴장은 영리활동의 심각한 혼란으로 이어질 때가 많다. 이렇듯 화폐란,

> 상품이 아니라 구매력이다. 그 자체로는 아무런 효용도 가질 수 없고 오로지 그것으로 구매할 수 있는 물건의 수량을 표현한 청구권을 나타내는 일종의 계산 수단일 뿐이다. 그러한 구매력의 증표를 얼마나 소유하고 있느냐에 따라 분배가 결정되는 사회는 시장경제와는 전혀 다른 종류의 구성물임에 틀림없다(Polanyi 2001: 196).

1931년 국제 금본위제가 마침내 무너진 것은 상품 형태의 화폐와 증표 형태의 화폐 사이에 연결을 끊어 버리려 했던 파멸적 시도가 불러온 결과였다. 이러한 분석에 기초하여 그는 대공황 당시 국제무역의 붕괴와 세계대전이라는 대단원을 설명해 낸다.

폴라니는 전쟁 후 이 주제로 다시 돌아오게 되지만, 격렬한 논쟁적 태도는 사라지고 대신에 인류학자들과 역사학자들을 모아 산업화 이전의 여러 경제에 대한 비교 연구를 출범시키고자 하는 관심이 들어선다. 폴라니는 1977년에 〈화폐 물체들과 여러 가지 화폐 용법〉이라는 글을 발

표했다. 주요 논점은 지불, 표준, 저장, 교환 등 화폐의 여러 기능이 하나로 결합된 것은 오직 국민국가가 일국의 통화를 독점하게 되면서 나타난 일로서, 이를 통해 국가 통화는 제한된 수의 '범용'(all-purpose) 상징들을 통해 그 집합을 유지할 역량을 갖추게 되었다는 얘기였다. 원시와 고대적 형태의 화폐는 서로 다른 상징적 물체들마다 별개의 기능을 부여하며, 따라서 '특수목적' 화폐들이라고 보아야 한다는 것이다.

폴라니를 따르는 이들은 이러한 통찰을 비서구 지역에 적용했다. 폴 보해년이 티브족한테서 찾아낸 '교환의 여러 영역들'은 모종의 위계로 배치되어 있으며, 각각의 영역 안에서는 오직 서로 비슷한 것들끼리만 교환이 허용된다. 그 위계의 가장 아래 영역은 동네 장터에서 소량으로 거래되는 식료품과 가정용품 같은 생필품 품목들로 구성된다. 그 위에는 옷감, 가축, 노예, 구리 막대 등 원거리 교역과 관련된 제한된 범위의 위세품(prestige goods)이 있으며, 이는 공동체의 원로나 연장자들이 관리하는 게 보통이다. 특히 구리 막대는 이 영역 안에서 가치의 표준이자 교환의 수단으로 기능할 때가 있다. 가장 높은 위치의 범주에 해당하는 것은 사람의 인신에 대한 권리로서, 무엇보다도 남성이 지배하는 친족 집단들 사이의 통혼에서 여성들에 대한 여러 권리이다. 각각의 영역 안에서만 교환이 이루어져야 한다는 규범은 간혹 깨어지기도 한다. 어떤 것이 높은 위치에 있는 것과 교환되는 것이 아주 바람직한 관행이었고, 그 반대 방향으로의 교환은 수치스러운 것으로 여겨졌다. 범용 화폐가 없었으므로 두 방향의 이동 모두가 수월하지 않았다. 생필품은 부피가 크고 가치는 낮기 때문에 운송이 쉽지 않고 저장하는 데도 큰 문제가 된다. 위세품은 정반대이다. 노예 한 사람을 사려면 콩이 얼마나 있어야 할까? 그런데 화폐가 등장하고 나면 누구든 원로나 연장자들이 무어라고 하든 개의치 않은 채 아무것이나 적은 양으로 살 수 있고, 화폐를 축적하거나 위세품을 구매할 수 있고, 스스로의 조건을 내걸고 혼사에 뛰어들 수도 있게 된다. 근대적 화폐는 이러한 기술적 성질만 가지고도 전통적인 생활 방식을 충분히 흔들어 버릴 수가 있다.

이렇게 교환 영역이 여럿 있다는 개념을 서구 사회에 적용해 보면 어떨까? 현대 경제학을 출범시킨 앨프리드 마셜이 이미 자신의 책에 쓴 바 있듯이(Marshall 1890), 현대의 소비자들도 갖가지 상품을 문화적 가치의 척도에 따라 서열을 매기는 경우가 드물지 않다. 다른 조건이 동일하다면, 우리는 식료품을 사기 위하여 값비싼 내구 소비재들을 팔아야 하는 상황은 피하고 싶어 한다. 또 누구든 최고급 교육 같은 엘리트 신분의 상징을 얻으려고 한다. 만약 영국 사람에게 독일 명차가 화장실 휴지 몇 개 가치에 해당하느냐, 또는 오렌지 몇 개를 주어야 이튼스쿨에서 교육을 받을 수 있느냐고 묻는다면 아마도 미쳤다고 생각할 것이다. 하지만 이런 것들은 모두 우리가 기억하는 것보다 더 오래 전부터 화폐로 구매되던 것들이다. 따라서 근대 화폐로 도입된 보편적 교환 가능성이라는 것은, 모든 재화를 동일한 척도로 잴 수 있다는 발상을 부인하는 문화적 가치와 얼마든지 양립할 수가 있다. 영국의 오래된 대학들은 자신들이야말로 지성 넘치는 귀족을 양성하는 곳이라고 묘사하면서 절대로 아무나 들어올 수 없다고 우긴다.

이런 모습을 보면 여러 교환 영역의 논리가 무엇인지 실마리를 잡을 수 있다. 어디에서나 지배 엘리트는 계급을 돈으로 살 수 없는 것이라고 주장한다. 화폐와 세속 권력은 상속된 지위나 영적인 지도력에 종속되는 것이라고 여겨진다. 그런데 실상을 보면 화폐와 권력은 이미 오래전에 엘리트 세계에 들어가 안착한 바 있다는 사실을 우리는 알고 있다.

그런데 이러한 사실을 아직도 부인하고 그러한 깨달음에 저항하는 계급이 하나 있으니 바로 대학 사회의 지식인들이다. 그리하여 그들은 티브족 원로들마냥 근대 화폐의 힘이 사회를 침식시키고 있다고 개탄하면서 전통 문화의 지배력을 유지해야 한다는 부질없는 주장을 일삼는다.

스스로를 실체론학파의 일원이라고 천명한 마지막 인류학자는 마셜 살린스(1930~)이다. 하지만 그 역시 폴라니처럼 어떤 학파로도 쉽게 분류하기 힘든 인물이다. 《석기시대 경제학》은 살린스가 이미 출간한 글과 새로 쓴 글들을 모아 1960년대에 펴낸 책이다(Sahlins 1972). 살린스는 오세아니아에서 '빅멘'(big men)과 추장제의 출현을 진화론적 개념 틀로 연구하여 확고한 명성을 얻은 바 있다(Sahlins 1958). 하지만 그는 이런 명성을 버리고 실체론 진영에 잠시 가담했는데, 《석기시대 경제학》의 서두에서 다음과 같이 엄격한 이분법을 내놓고 있다.

'형식론 대 실체론'이란 곧 다음 두 가지 이론적 입장 가운데 어떤 쪽을 선택할 것이냐의 문제이다. 보편적으로 유효한 것이며 따라서 여러 원시사회에도 대략 적용 가능하다고 여겨지는 정통 경제학 특히 '미시경제학'의 기존 모델들을 그냥 취할 것이냐, 아니면 연구의 대상으로 삼은 역사적 사회들과 인류학의 지성사에 좀 더 적절한 새 분석을 발전시켜야 할 것인가. 말하자면, 비즈니스 관점을 취할 것인가 아니면 모종의 문화 연구의 관점을 취할 것인가 하는 문제이다. 형식론의 방법은 원시 경제들을 아직 발달이 덜 되어 있을 뿐 우리의 경제와 동일한 것이라고 볼 수밖에 없다. 반면 실체론은 원칙적으로 여러 다른 사회의 이런저런 차이를 있는 그대로 존중하는 태도이다(Sahlins 1974: xi-xii).

이 논문집의 첫 번째 에세이는 미국 제도학파의 마지막 위대한 경제학자인 J. K. 갤브레이스의 유명한 책 제목에서 따온 말을 사용하여, 채집 생활을 하는 이들의 사회야말로 '원래의 풍요한 사회'(original affluent society)라고 주장했다. 이들은 극빈 상태에서 생존을 위해 몸부림치는 게 아니라, 대부분의 농경 생활자들보다 일을 덜 하면서도 더 큰 경제적 안정을 누린다는 것이다. 이 책의 몇 장들은 선물, 원시 교역, 교환 일반을 다루고 있다. 살린스는 상호성의 유형학을 제시하고 있는데, 한쪽 끝에는 '일반화된' 상호성(여러 가족의 경우에서처럼 종료 시점이 정해지지 않은 장기적인 상호성)이 있고, 다른 쪽 끝에는 '부정적' 상호성(예를 들면, 절도)이 있다. 그 중간에는 '균형 잡힌' 상호성이 있거니와, 이는 칼 폴라니가 상호성에 대해 정의를 제시하면서 강조한 대칭적 관계와 가장 근접한 유형이다. 이 분석은 약간의 혼동을 불러일으키기도 했는데, 그 부분적인 이유는 표준적인 시장 교환 또한 부정적 상호성의 한 형태로 분류하고 있기 때문이었다.

이 중에서 가장 긴 글은 두 부분으로 나누어 '가내 생산양식'을 다루고 있다. 이는 마르크스 쪽으로 기울어진 '오이코스' 이론이지만 마르크스, 뷔허, 폴라니 누구보다는 알렉산드르 차야노프의 저작에 뿌리를 두고 있다. 《석기시대 경제학》은 경제인류학의 황금기에 나온 눈부신 업적이지만, 그 혼란스러운 메시지는 향후 몇 십 년 동안 경제인류학이 황무지가 될 것이라는 전조를 보여 주고 있다. 그 뒤에 내놓은 서구의 소비문화에 대한 글(Sahlins 1976)과 서구 경제사상의 우주론적 기원에 대한 글(Sahlins 1996)은 형식론-실체론 논쟁이 아니라 클로드 레비스트로스의 구조주의에서 틀을 찾고 있다.

형식론자들

1940년 멜빌 허스코비츠는 인류학자들과 경제학자들 사이의 대화를 희망했다. 하지만 리스크 경제학에 대해 선구적 저서를 남긴 프랭크 나이트는 한 서평에서 곧바로 허스코비츠의 잘못된 생각을 바로잡아 주고 있다(Knight 1921). 나이트는 외부인들이 경제학(최소한 그 자신의 경제학)의 여러 원리들을 전혀 이해하지 못하고 있다고 확신했다. 그래서 그는 그 책에 대해 랠프 린턴이 쳐 놓은 연막을 그냥 두지 않았다.

> 린턴 교수는 이렇게 말하고 있다. "…… '원시'인의 여러 경제 문제는 본질적으로 우리의 경제 문제와 동일하며, 그 문제들 가운데 많은 부분은 심지어 '원시' 사회에서 연구하는 것이 더 낫다. 왜냐면 여기에서는 그 문제들이 더 단순한 형태로 모습을 드러내기 때문이다……." 이는 한 마디로 그가 전혀 모르는 문제를 이야기하고 있음을 보여 준다(Knight 1999: 108).

허스코비츠는 비록 '기계제 사회와 비기계제 사회'를 대비시키기도 하지만, 또한 경제학의 고전적 범주들을 비기계제 사회로까지 확장해야 한다는 것을 보여 주려고 했고, 경제학자들이 자신의 여러 문화적 한계를 인식하지 못한다고 비판했다. 반면 나이트는, 허스코비츠가 미국 비즈니스의 핵심적 특징을 "구매와 판매로 이윤을 내는 행위"라고 생각하는 듯하지만 실제로는 그렇지 않으며, "정말로 두드러진 것은 비인격적 태도(이는 흥정을 배제한다!)와 노동시장이다"라고 말한다(ibid.: 109). 하지만 허스코비츠에 대한 나이트의 주요 비판은 인식론과 관련된 것이었

다. 제도학파 경제학을 포함한 모든 사회과학은 경험적인 것이며, 오로지 신고전파 경제학만이,

> 냉료한 추상적 원리들과 특히 직관적 지식으로부터 추론하는 방법론으로 효과적으로 활용하고 있다. …… 경제 행위에 대한 개념적인 이상은 최소한 몇 가지 조건을 붙인다면 규범적인 이상이기도 하다. 일반적으로 인간은…… 자신의 여러 행동과 조직을 좀 더 '효율적'이고 덜 낭비적인 것으로 만들고자 한다는 것이다. …… 경제학 법칙들을 발견하거나 확인하겠다고 귀납적인 조사를 실시하는 인류학자, 사회학, 역사가는 쓸데없는 헛수고만 하게 될 것이다. 수학의 법칙을 발견하고 현실의 사물들을 세거나 측량하는 것이나 마찬가지인 셈이다(*ibid*: 111-13).

경제학의 여러 원리는 어디에 적용되든 마찬가지이지만, 경제학자들은 인류학자 행세를 하지 않도록 조심해야 한다. 또 인류학자들은 경제학자들이 문화에 대해 무지하다고 무시하기 전에 먼저 경제학자들이 알고 있는 것을 배워야만 한다는 것이다.

허스코비츠는 자신의 책 2판에 나이트의 서평과 그에 대한 자신의 반론을 모두 수록했다. 그는 여전히 두 학문이 저마다 '비교 경제학'이라는 프로젝트에 기여할 바가 있다고 주장했다. 그는 어떤 과학이든 사실들에 무관심한 채 순전히 연역과 직관에만 의존할 수 있다는 생각을 거부하였고, 자신이 결코 이 논쟁에서 졌다고 생각하지 않았다는 게 분명하다. 또한 인류학자들은 나이트가 불평했던 행태를 거침없이 계속했다. 하지만 그러는 사이에 경제학은 급속하게 스스로를 하나의 실증적 학문으로 재창조하고 있었다.

1940년대에 들어 세계대전이라는 조직적 수요로 인해 얀 틴베르헌과 티알링 코프만스라는 두 네덜란드인이 이끄는 수학 혁명을 겪게 된다. 전후 시대에는 경제학자들이 전대미문의 지적 헤게모니 자리에 올라서게 되거니와, 이는 이러한 계량경제학 방법과 정보처리의 꾸준한 세련화 덕분이었다. 나이트가 말하는 직관적이고 규범적인 경제학의 사유 방식은 상당히 낡은 것으로 비쳤다. 그 대신에 실제 세계를 모델로 담아내고자 하는 열망이 자리를 잡게 되었고, 경제학자들은 아찔할 정도의 정리, 그래프, 숫자 한 아름 동원하여 공론장을 새롭게 지배하겠다고 나선다. 제2차 세계대전은 전후 기간의 지배 이데올로기를 배양하는 산실 역할을 했다. '오퍼레이션 리서치'는 본래 제2차 세계대전 기간 동안 여러 전선에서 동시에 전쟁을 수행하는 데 최대한 효율적으로 자원을 배분하기 위해 발전했지만, 냉전 시대 초기에 들어오면 신고전파 경제학의 논리와 수사학을 사용하여 시스템 이론과 게임이론을 융합하는 형태로 진화했다(Mirowski 2002). 이러한 종합은 서양, 특히 미국의 공공 담론에서 경제학이 지위를 굳건히 하며 전진하는 과정을 튼튼히 받쳐 주었다.

실체론 쪽은 칼 폴라니라는 지도자가 있지만, 형식론 쪽의 인류학자들은 딱히 영감의 원천이라 할 한 명의 인물을 꼽을 수가 없다. 이들은 새로운 패러다임을 그려 낸 것이 아니라 스스로를 그저 주류 경제학에서 다듬어진 도구들을 우리에게 익숙지 않은 환경에 적용하는 이들로 스스로를 인식하는 게 보통이었다. 이들은 경제의 핵심 개념들은 이론적으로 모든 곳에 적용할 수 있다고 보았다. 왜냐면 경제학을 희소성이라는 조건 아래에서 개인 행위자들이 어떤 선택을 내리는가라는 관점으로 정의했기 때문이다. 이렇게 이들은 합리적 이기주의의 논리를 모든 환경으로 확장했지만, 실체론자들은 이런 방법이 적절하지 않다고 주장했다. 그러한 환경들 중에는 비인격적 시장이 아니라 상호성과 재분배가 지배적인 통합 형태가 되는 것들이 있다는 게 실체론 쪽의 주장이었고, 또 이늘이 그러한 경제 원리의 보편적 적용을 반대한 이유였다. 예를 들어 폴라니는 말리노프스키의 트로브리안드 연구 자료들을 널리 활용하여 경제가 지역의 사회적 네트워크에 어떻게 실질적으로 뿌리내리는지를 보여 주었다. 하지만 형식론자들은 똑같은 자료를 얼마든지 표준적인 신고전파의 가정들을 확증해 주는 증거로 재해석할 수가 있었다. 발달된 기술과 저장 시설이 없는 상태라면 생산적 자본의 축적이라는 것이 선택지가 될 수 없다. 트로브리안드 사람들이 스스로 소비할 수 있는 것보다 훨씬 더 많은 얌을 생산하여 이웃들이 보도록 과시하고 또 모계 쪽에 대한 책무를 달성하려 한다는 말리노프스키의 예는 근대 경제학자들이 가정하는 효용 극대화라는 원칙과 일치하는 것이라고 한다. 로빈스 벌링 같은 이는 신고전파 경제학의 전통(특히, Robbins 1932)을 따라서 인류학자들이 선택과 극대화 행동의 보편성을 인정할 필요가 있다고 완고하게 주장한다(Burling 1962).

비산업 경제의 가정경제는 여러 다른 접근법들을 탐구하기에 더할 나위 없이 좋은 지점이다. 앞에서 마셜 살린스가 러시아의 농업경제학자 알렉산드르 차야노프의 저작《농민 경제의 이론》(1925)을 활용하여 자신의 가내 생산양식 개념을 뒷받침했다는 사실을 언급한 바 있다. 러시아의 농민 가정경제는 자신들의 생계에 필요한 식량을 대부분 생산하고 시장을 통해 다른 재화를 획득할 필요도 거의 없었기에 이윤을 극대화하려는 자본주의 기업처럼 행동하지 않는다고 한다. 가격이 오르면 자본주의 기업들은 생산을 증대시킬 동기가 생기게 되지만, 농민 가정경제는 노력을 덜 들이고도 필요한 돈을 얻게 되었으니 생산량을 줄이게 될 가능성이 높다. 하지만 가격이 떨어지면 농민들은 자신들이 목표로 삼는 수입에 도달하기 위해 그전보다 더 열심히 일해야 할 것이다. 그런데 이렇게 시장의 신호에 따라 나오는 반응이 대조적이지만 이는 여전히 경작지가 얼마나 많이 있는가 그리고 얼마만큼 일할 것인가를 놓고 그들이 내린 합리적 결정에 기반을 둔 것이라고 본다. 차야노프는 가정경제 내부의 노동자와 소비자 사이의 균형으로 일반적인 설명을 제시할 수 있다고 보았다. 먹여 살려야 할 어린아이와 노인들이 많을수록 가정경제의 나머지 성원들은 더 열심히 일해야만 한다는 것이다. 이런 접근법은 러시아 농촌의 분화를 주로 자본주의 침투의 결과로 보는 레닌의 분석(Lenin 1899)과는 완전히 배치되는 것이었다. 차야노프의 접근법은 레닌과 달리 오스트리아학파 한계주의의 가정과 기법들에 기초를 두고 있다.

폴라니한테서 찾아낸 다른 의미의 경제를 강조하는 실체론자들이 보기에, 미혹에 빠진 쪽은 형식론자들이었다. 많은 농부들이 새벽부터 저녁까지 지루하게 일만 계속하는 반면, 수렵채집인을 비롯하여 아주 간단한 기술만을 가진 다른 이들도 그렇게 많이 일하려 하지 않는 경향이 밝혀진 상황에서 희소성이라는 가정을 모든 인간 행위로 일반화하는 것이 어떻게 가능하단 말인가? 여기에 형식론자들은 이렇게 응수한다. 원래의 풍요한 사회에서는 사람들이 자기들에게 주어진 여러 기회를 이용하여 여가의 선택을 극대화한 것이라고. '현시 선호'(revealed preferences)라는 신고전파의 전제를 취함으로써 이들은 사람들이 소비자로서 내리는 그 어떤 결정도 자기 개인의 효용을 극대화시키는 것임에 틀림없다고 주장한다. 게다가 이러한 접근법이 더 높은 수준의 모델 구축으로 나아가게 되면 좀 더 흥미로워진다. 여기에서는 개인의 합리적 행동이 사회의 재생산에 유리하도록 이루어지게 만드는 규칙들이 어떻게 발전하는가 하는 점이 문제가 된다. 그런데 이러한 쟁점의 이동은 마침내 판도라 상자를 열게 되어 더 창의적인 형식론자들까지 당혹스러워하게 된다. 앨런 존슨은 형식론의 관점에서 농촌의 의사 결정을 검토했지만(Johnson 1980), 가장 세련된 수리 모델들도 농부들이 극대화하려는 것이 정확히 무엇일지를 예측할 수가 없었고, 결국 더 많은 민족지 지식이 필요할 수밖에 없다는 점만 확인하고 말았다.

형식론 쪽에도 그들을 대표하는 논객들이 아주 없지는 않았다. 그중에 가장 기억할 만한 이는 스콧 쿡이다. 그는 폴라니의 '낡은 시장적 사고방식'(obsolete market mentality)이라는 표현을 그대로 받아 폴라니 추종자들을 '낡은 반시장적 사고방식'(obsolete anti-market mentality)의 희생자들이라고 비꼬았다(Cook 1968). 해럴드 슈나이더는 《경제적 인간》(1974)에서 형식론의 입장을 나름대로 종합했다. 그의 경제적 분석은 궁극적으로 일반화된 공리주의에 의존하고 있으며, 어떨 때에는 키스를 허락할지 말지를 놓고 머리를 굴리는 10대 소녀의 사례로까지 수준이 떨어지기도 한다. 또 당시에는 프레더릭 바스(Barth 1966)한테서 영감을 얻은 '거래주의'(transactionalism)라는 새로운 흐름이 번창하고 있었다. (오래전에 레이먼드 퍼스가 이미 보여 주었듯이) 이는 복잡한 제도적 맥락일지라도 공리주의적 틀을 통해 분석이 가능하다는 것을 보여 주었지만, 경제인류학보다는 정치 행동에 관한 연구에 더 많은 영향을 끼쳤다. 리처드 솔즈베리의 《돌에서 강철로》(1962)는 뉴기니에 새로운 기술이 도입된 직후의 경제적 변화를 설명한 인데, 형식론자들의 전제를 통해서도 풍부하고 섬세한 민족지적 주장을 얼마든지 내놓을 수 있다는 점을 보여 주었다.

물론 형식론자들 가운데 '효용을 극대화하는 개인'이라는 수사학을 보편화하기 위해서 제도적 맥락에 대한 감수성을 희생시키는 이들도 분명히 있지만, 모두 다 그런 것은 결코 아니다. 일부 미국 인류학자들은 중남미에서 작업하면서 농민들이 보수 일색이라는 그림을 그려 냈다. 조지 포스터의 '좋은 것은 제한되어 있다'는 개념이 그 예이다(Foster 1965). 그럼에도 사회적 불평등을 포함한 여러 경제적 결과를 이해하기 위해서 지역의 여러 사회적 관계의 중요성에 주의를 기울인 쪽은 바로 형식론자들이었다.

메닝 내시와 프랭크 캔시언 모두 멕시코 고지대의 치아파스 인디언 공동체들에서 작업하여 '카고'(cargo)라고 알려져 있는 의례 시스템의 경제적 측면을 기록했다. 높은 관직과 사회적 위신을 얻기 위해서는 이 시스템에 반드시 참여해야 하지만 거기에는 상당한 물질적 비용을 들어갔다. 따라서 이 의례는 공동체 성원들 사이에 부의 수준을 평등하게 만드는 구실을 하여, 개인이 생산 자본을 축적하는 것을 가로막는다. 하지만 개인 생산자들이 자신들 고유의 사회적 맥락 속에서 어떤 선택을 하는지, 그리고 상이한 집단마다 그들의 선택이 어떤 패턴을 이루는지를 모델로 만드는 것이 가능했다. 내시는 토지가 부족한 아마테낭고 가족들은 더 많은 시간을 도자기 생산에 쏟고 있으며, 특히 '피에스타' 축제를 준비하느라 돈이 필요한 시기에는 더 열심히 도자기 생산에 몰두한다는 사실을 발견했다(Nash 1961). 멕시코의 농민들도 다른 어떤 곳 사람들보다 덜하지 않게 (그리고 더하지도 않게) 합리적이라는 점을 발견한 것이다. 게다가 말리노프스키와 데 라 푸엔테가 이미 발견한 바 있듯이(Malinowski and de la Fuente 1982), 그들은 시장 가격에 특히 큰 관심을 두고 있었다. 멕시코의 시장경제가 자본주의 시장과 다르다면, 이는 경제조직에 나타나는 2차적 차이점, 예를 들어 기업이 아니라 가정 경제가 주된 경제 행위자로서 지배적 위치에 있다는 것과 같은 사실들 때문이라는 것이다.

캔시언은 시나칸탄 사회의 가장 부유한 계층과 가장 가난한 계층은 보수적 농민이라는 상투적 이미지를 확인해 주지만, 그 중간에 있는 이들은 자기 가족의 지위를 개선하기 위해 여러 혁신적인 기술을 채택하는 등 리스크를 훨씬 더 기꺼이 짊어지려 한다는 점을 발견했다(Cancian 1965, 1972). 네오마르크스주의자들로부터 비판이 나온 뒤 그는 이러한 마야 공동체에 나타난 농업 변화가 좀 더 폭넓은 사회적·정치적 시스템의 변화를 어떻게 반영하는지 그리고 이것이 어떻게 옛날의 '카고' 시스템을 붕괴시키게 되는지를 보여 주었다. 그런데 이렇게 이론 틀을 확장하는 가운데에서도 그는 자신의 형식론적 접근법을 철회하지 않았다. 모든 의사 결정이 여전히 궁극적으로는 효용을 극대화하려는 개인들에 의해 이루어진다는 게 그의 확고한 생각이었다.

이러한 작업은 우리가 6장에서 살펴볼 '발전 연구'(development studies) 분야의 근대화이론이라는 패러다임과 아주 잘 맞아떨어진다. 해럴드 슈나이더는 탄자니아 경제를 근대화하는 작업의 여러 어려움을 과소평가하지 않았지만, 그래도 시장과 사적 소유를 증진시키는 것이 바람직하다고 확신한다. 왜냐하면 투루족과 같은 '경제적 인간'의 사례가 여럿 있으며, 이들은 개인적이고 목표 지향적인 행동을 제약하는 문화가 사라질 때에만 비로소 자기들 삶을 더 잘 통제할 수 있을 것이라는 얘기였다(Schneider 1970, 1974).

초기에는 근대화이론의 패러다임을 고수하다가 곧 거기에서 이탈한 이들도 있는데, 그 주목할 만한 인물이 클리퍼드 기어츠이다. 하지만 경제인류학자로서 계속 작업한 이들은 경제학 지식이 확산될수록 자기들의 노력에도 더 큰 무게가 실리게 된다는 점을 깨닫게 된다. 형식론자들은 점차 정보 이론, 게임이론, 비용편익 분석, 합리적 선택 이론, 농업 발전, 그 밖에도 주류 경제학에서 갈라져 나온 여러 이론에 바탕을 두고 특수화된 수많은 분야로 갈라지게 된다. 1980년대가 되면 미국의 대학 가운데에서 경제인류학자들이 지난날의 어리석음을 고집할 것이 아니라 경제학 석사나 박사 학위를 따야 한다고 강력히 주장하는 경우가 많아진다.

결론

칼 폴라니가 1957년에 편집해 내놓은 책에 수록된 자신의 논문은 하나의 이정표가 되었고, 이를 통해 그가 《거대한 전환》에서 처음으로 상술했던 지적인 분리가 더욱 날카로워졌다. 산업혁명 이전의 사회들은 사회 질서의 존속을 보장하는 상호성과 재분배 제도들로 구조가 이루어진 반면, 산업사회는 '시장이라는 것'의 추상적 지배를 받는 탈지역화된('뽑혀져 나온') 경제를 갖게 되며 개인의 의사 결정이 지배하게 된다는 얘기였다. 인류학자와 역사가들은 경험적인 근거로서 전자를 연구할 수 있지만, 경제학자들의 방법은 후자에 더 잘 들어맞는다는 것이었다. 말하자면, 경제학자들은 여전히 근대사회에서 지적으로 지배적인 지위를 유지할 수 있었고, 실체론자들은 자신의 접근법이 멀리 떨어져 있는 이국적 사회 또는 지금은 사라져 버린 사회에 적실성을 갖는다는 것을 확고히 하려고 애썼던 셈이다. 형식론자들은 어디에서든 추상적 개인주의를 발견하는 쪽을 선호했다.

이는 말할 것도 없이 3장에서 살펴본 '방법론 전투'의 재판이었다. 한 쪽은 경제란 항상 똑같은 것이라고 주장하고, 나른 쪽은 경제가 서로 다른 것이라고 주장한다. 1970년대에는 산업사회의 탄생으로 모종의 '거대한 전환'이 실제로 나타났다는 명제에 전반적 동의가 이루어지면서 일종의 휴전 상태가 나타났지만, 한시적인 타협 이상은 아니었다. 어쨌든 이를 통해서 경제인류학은 산업화 이전의 경제를, 경제학은 산업사회의 경제를 연구한다는 '노동 분업'이 생겨나게 된다. 조지 돌턴은 이러한 노동 분업에 공모함으로써 폴라니의 여러 주장을 논리적으로 종결시켜 버렸으며, 실질적으로 인류학자들은 근대 세계를 만들어 낸 근대사회 연구와는 관련이 없다고 양보해 버렸다. 하지만 그 이후로 인류학자들은 심지어 가장 세련된 현대의 시장들이 작동하는 방식에 대해서도 많은 것들을 말할 수 있게 되었으며, 의사 결정에 대한 형식론의 모델과 합리적 선택 이론은 오늘날에도 여전히 한때 '원시적' 또는 '고대적'이라고 알려진 사회들에까지 적용되고 있다. 요컨대 형식론-실체론 논쟁을 종식시켰던 타협은 오래가지 않았던 것이다.

그렇다면 오늘날 폴라니의 학문적 위치는 어떠한 상태에 있는가? 그는 당시 얻을 수 있었던 '원시 경제학'의 문헌을 선별적으로 읽었다. 그는 말리노프스키와 투른발트 같은 민족지 학자들이 공동체의 규제와 비공리주의적 동기들에 주의를 환기하는 구절들을 강조했지만, 형식론의 입장을 지지하는 것으로 볼 수 있는 계산과 노력의 절약 같은 증거는 무시해 버렸다. 폴라니는 분명히 고대사회에서 시장의 부재(不在)를 과장한 측면이 있다. 토지와 노동이 '허구적 상품'이 된 경우는 산업혁명 이전의 경제에서도 무수한 선례들이 있다. 경제학자들과 형식론 쪽 인류학자들은 폴라니의 이러한 왜곡을 모두 다 단순하게 '사회'를 '시장'과 대립시킨 낭만적 또는 공동체주의적, 심지어 '선악 이분법적' 세계관 탓으로 돌릴 것이다. 또 다른 관점에서 보자면, 문화상대주의자들 또한 폴라니가 제시한 유형론은 그저 폭과 범위만 클 뿐 구체적이지 못하며 지역의 특수 사례 수준을 다루지 못한다고 비판할 수 있다(물론 이는 보해년 부부 같은 폴라니의 제자들에게는 적용될 수 없다). 네오마르크스주의자들은 폴라니가 교환 영역을 특권화함으로써 생산양식을 제대로 파악하지 못했다고 조롱했다. 폴라니가 노동과 계급 갈등 문제에 관해 거의 주의를 기울이지 못했다는 점은 부인할 수 없다. 그의 상호성 개념은 수렵채집 사회에 잘 들어맞지 않는다. 저장 시설이 없는 평등 사회들은 상호 교환보다는 재분배와 '공유'(sharing)에 더 의지하는 것으로 보인다. 그런데 이는 폴라니의 유형론에 암묵적으로 내재해 있는 진화론과 모순되는 것이다.

하지만 이 모든 약점에도 불구하고, 경제에 대한 칼 폴라니의 제도주의 접근법이 보여 주는 다원론은 변함없이 매력을 입증하고 있다. 그는 오늘날에도 영향력 있는 인물일 뿐 아니라 심지어 새로운 영감의 원천이기도 하다. 또 2008년에 시작된 경제 위기를 거치면서 그의 저작은 반세기 전 출간 당시에는 갖지 못했던 시사적 적실성까지 가지게 되었다. 경력의 많은 부분을 경제 저널리스트로 보냈던 폴라니였으니, 자신이 이렇게 세월이 지나도 광범위한 공중에 의해 새롭게 평가되는 것을 본다면 틀림없이 흡족하게 여길 것이다. 그의 저작은 고고학에서 사회학과 사회철학에 이르기까지, 고전 연구에서 국제 정치경제학에 이르기까지 학계의 지형을 계속 크게 바꾸어 놓고 있다. 1960년대까지만 해도 폴라니는 주로 경제인류학자로 여겨졌지만, 여기서는 오히려 그의 이름이 예전만큼 두드러지지 않는다.

다음 장에서 우리는 실체론과 형식론이 취했던 기본적 입장이 표제만 바꾼 채 오늘날까지도 면면히 이어지고 있음을 알게 될 것이다. 그때와 마찬가지로 일부 학자들은 상극인 두 입장 사이에 실용적인 타협의 가능성을 찾기도 하지만, 어떤 이들은 그런 차이점이 패러다임에서 나오는 것이기에 식민지 이전 티브족의 교환 영역들 사이에서 그랬다고 하는 것만큼이나 공통의 척도를 찾는 게 불가능하다고 주장하기도 한다.

| 더 읽어 볼 자료 |

이 대논쟁의 핵심 논문들을 모아 놓은 것으로 Leclair, E. and Schneider, H. (eds.) *Economic Anthropology: Readings in Theory and Analysis*(1968)와 Firth, R. (ed.) *Themes in Economic Anthropology*(1967)가 여전히 유용하다. Bohannan, P. and Dalton, G. (eds.) *Markets in Africa. Evanston*(1962)는 오늘날까지도 실체론학파의 관점에서 시장을 다룬 논문을 모아 놓은 훌륭한 선집이다. 칼 폴라니의 삶과 저작에 대해서는 Dale, G., *Karl Polanyi: The Limits of the Market*(2010)을 보라. 오늘날 칼 폴라니가 갖는 적실성을 평가하는 여러 글을 묶은 선집으로는 Hann, C. and Hart, K. (eds.) *Market and Society: The Great Transformation Today*(2009)가 있다. 제2차 세계대전 직후 전문 직종으로서 경제학이 형성되었던 과정은 Mirowski, P., *Machine Dreams: Economics Becomes a Cyborg Science*(2002)를 참고하라. 차야노프에 대한 더 많은 이야기는 Durrenberger, E. P. (ed.) *Chayanov, Peasants and Economic Anthropology*(1984)를 보면 된다.

형식론–실체론 논쟁 그 이후

　제2차 세계대전 이후 경제인류학 분야의 논의에 형식론과 실체론 사이의 논쟁만 있었던 것은 아니다. 개중에는 이 논쟁에 끼어들지 않기로 결심한 주요 인물도 몇 있었다. 이를테면 메리 더글러스가 중앙 아프리카의 렐레족과 부숑족의 노동을 비교 분석한 연구가 있었는데 (Douglas 1962), 이는 살린스(Sahlins 1972)가 부족사회에서 나타난 낮은 생산에 대한 자신의 실체론적 주장들을 지지하기 위해 언급한 바도 있다. 하지만 이미 더글러스는 자신의 용어로 경제학에 대한 비판적 참여로 나아가고 있었다(8장을 보라). 에드먼드 리치는 스리랑카 농촌의 소유 제도에 대해 뚜렷하게 공리주의 주장을 담은 연구서를 출간했다. 하지만 경제인류학의 논쟁보다는 친족에 대한 지속적인 논쟁을 염두에 두고 자신의 자료를 배치했다(Leach 1961). 다른 사람들과 마찬가지로, 더글러스와 리치 모두 레비스트로스의 구조주의 이론에 집중하기 위하여 역사를 포기해 버렸다.

인류학자들이 '장기 지속'(longue durée)의 관점에서 체계적으로 세계 자본주의를 연구할 때면 언제나 존재감 있는 몇몇 선구자를 꼽게 된다. 19세기 진화론의 유산은 미국에서는 미시간대학과 컬럼비아대학에서 레슬리 화이트와 줄리언 스튜어드가 이끄는 팀들이 계속 이어가고 있는데, 여기에는 마빈 해리스, 에릭 울프, 마셜 살린스도 포함된다. 시드니 민츠의 방법은 특히 혁신적이었다. 그의 연구는 푸에르토리코 플랜테이션 노동자의 일대기(Mintz 1961)로부터 설탕이 어떻게 생산되고 교역되었으며 근대 자본주의의 요람이 된 영국에서 어떻게 소비되었는지의 역사까지 다양한 범위에 걸쳐 있다(Mintz 1986).

프랑스에서는 루이 뒤몽이 칼 폴라니의 저작에 대한 나름의 독해를 통해 근대 초기 유럽에서 정치경제학의 출현에 관해 역사적 연구를 진행했고(Dumont 1977), 이를 다시 인도에 대한 자신의 작업과 결합시켰다. 그런가 하면 영국의 잭 구디는 칼 폴라니가 고대 세계에서 시장 교환의 중요성을 과소평가했다고 생각하여 뒤몽만큼 폴라니의 영향을 받지는 않았다. 그 무렵 역사 쪽을 선호하는 연구자들이라 해도 기껏해야 16세기의 유럽 팽창 시대 정도로 거슬러 올라가는 것이 보통이었던 데에 반해, 구디는 마르크스주의자이자 선사시대 연구자인 고든 차일드가 말하는 두 차례의 거대한 전환점을 사유의 기초로 삼았다. 그것은 1만 년 전에 시작된 '신석기 혁명'(또는 농업혁명, 여기에는 아프리카도 포함된다)과 기원전 4000년대의 '도시 혁명'(여기에 아프리카는 참여하지 않았다)이었다. 고든 차일드의 기본적 이론 틀은 모건(Morgan 1877)과 엥겔스(Engels 1884)로부터 왔다. 다시 1장에서 살펴보았듯이 이들은 또 루소(Rousseau 1754)에게 의존하고 있다. 구디의 독창성은 재산의 전달 과정에 초점을 두어 이를 친족이나 가정경제의 조직과 연관시킨 점에 있다. 그는 유라시아의 '선진 농업'이 남녀 자식 모두에 대한 '수직적' 이전과 연관되어 있는 반면, 사하라사막 이남의 아프리카는 좀 더 집단적인 토지 보유와 신부값(bridewealth)에 대한 '수평적' 지불을 특징으로 한는 점을 보여 주었다(Goody 1976; Goody and Tambiah 1973).

구디, 민츠, 울프 같은 인류학자들은 역사유물론에 영향을 받은 게 틀림없지만, 그래도 대부분의 영어권 인류학자들은 '마르크스주의'라는 딱지가 붙는 것을 달가워하지 않았다. 경제인류학에서 마르크스주의의 재발견에 결정적 역할을 한 쪽은 프랑스 학자들이다.

마르크스주의

1970년대에 프랑스 마르크스주의 인류학은 영어권에서 숭배 대상이 되었다. 이 학자들은 형식론-실체론 논쟁을 잘 알고 있었는데, 두 이론 모두 물적 토대는 분석하지 않고 엉뚱하게 상부구조에만 창을 겨누는 잘못을 저지르고 있다고 생각했다. 이들의 핵심 텍스트는 루이 알튀세르와 엔티엔 발리바르의 《자본론 읽기》(Althusser and Balibar 1965)였다. 이 저작은 마르크스주의 정치경제학을 레비스트로스의 구조주의 인류학 그리고 미국의 시스템 이론과 일치하도록 만들었다. 이들의 도식에서는 인간 주체, 변증법적 이성, 그리고 역사 자체마저 사실상 배제된다. 이들은 모종의 심층적 구조가 되는 이상적인 생산양식을 그려 낸다. 거기에는 세 가지 요소 곧 생산자, 비생산자, 생산수단이 있는데, 이들이 서로 조합되는 다양한 방식에 따라 구체적인 생산양식이 나타난다는 것이다. 주요 관심 대상은 그런 생산양식의 경제적 수준, 정치적 수준, 이데올로기적 수준 사이의 관계였다. 그리고 구체적인 경우에서 이 중 어떤 것이 지배적인 수준이며 지배되는 수준인가 하는 질문이었다. 알튀세르는 '사회'라는 이데올로기적 개념을 버리고 대신 '사회구성체' 라는 개념을 선택한다. 어떤 특정한 사회구성체는 몇 가지 생산양식을 결합 또는 '접합'(articulate)되어 있는 것이 정상이라고 본다.

이러한 네오마르크스주의가 인류학에 기여한 바 가운데 영국 쪽에 처음 알려지게 된 저작은 모리스 고들리에의 《경제학의 합리성과 비합리성》(1966)이었다. 이 책은 폴라니가 시작한 형식론−실체론 논쟁을 좀 습관적으로 다루는 반면, 마르크스와 레비스트로스를 종합할 것을 주장하고 있다. 고들리에는 합리성이라는 개념을 개인뿐 아니라 시스템에도 적용했고, 이로써 구조와 행위자 사이에 발생하는 모순을 정초하였지만 자신도 이를 해결할 수가 없었다. 마르크스주의는 레비스트로스의 구조들에다 특정한 종류의 기능을 부여할 수 있으며, 이를 통해 사회 시스템에 대한 완전한 인류학적 분석이 가능해진다고 고들리에는 말한다. 하지만 그 결과물은 마르크스주의보다는 구조기능주의의 생태학적 버전에 더 가까웠다. 말리노프스키의 기능주의는 다양한 제도가 개인들을 위해 어떻게 작동하는가에 초점을 둔 반면, 구조기능주의(이 용어는 래드클리프브라운, 미국 사회학자 탤컷 파슨스와 관련되어 있다)는 개인들의 행위가 한 사회의 시스템을 유지하는 데 어떻게 기여하는가의 관점으로 설명했다. 구조기능주의는 마르크스와 모스가 제안한 과정 중심의 이해 방법과는 큰 차이를 보인다.

클로드 멜리아수, 엠마뉘엘 테레, 피에르필리프 레 모두 알튀세르에게 진 빚을 인정하고 있지만, 이들이 공통적으로 연구한 지역인 서부 및 중부 아프리카의 민족지적 해석을 놓고 서로 논쟁을 벌였다. 멜리아수의 저작 《상아해안 구로족의 경제인류학》은 이 논쟁의 공통분모가 되었다(Melliassoux 1964). 나중에 나온 종합적 연구는 부족사회, 농민사회, 자본주의 사회를 놓고 저마다 축적의 주된 수단으로 쓰이는 것들(여자, 식량, 자본)을 서로 비교하려는 야심찬 작업이었나(Melliassoux 1981). 테레는 구로족의 민족지를 재해석하여 마르크스주의 분석은 다양한 여러 원시사회에다 거의 똑같은 딱지를 붙인다는 점에서 너무 조야하다고 비판했다. 그리하여 비마르크스주의 민족학 연구자들이 여러 다양한 원시사회의 고유한 특성을 친족 구조 등을 중심으로 자유롭게 설명할 수 있도록 해 주어야 한다고 주장했다(Terray 1972). 그는 영국의 구조기능주의 접근법을 흉내 내어 한 사회의 물질적 기초를 세밀하게 분류했고 그 여러 생산양식들을 경험적으로 추론하고 구체적인 특수 사항들을 유물론적 분석에 통합할 수 있도록 해주는 방법을 그려 냈다. 비록 테레가 서아프리카 왕국의 역사를 세밀하게 그려 내고는 있지만, 이러한 버전의 역사유물론에는 역사란 거의 존재하지 않는다.

마르크스주의는 이미 알려져 있는 것을 새로운 전문용어로 그저 다시 언명하는 것이 지배적인 규범이지만, 피에르필리프 레는 모계 친족, 노예제, 또 콩고에 대한 유럽인들의 침투에 관한 독창적인 문헌을 남겼다(Rey 1971). 그는 여기에서 '계보적 생산양식'(lineage mode of production)이라는 유명한 아이디어를 개괄하고 있다. 또한 그는 '지배적인 구조 속에서 여러 생산양식의 접합'이라는 개념을 명확히 언명했고, 식민 자본주의가 자신의 축적이라는 이해관계 속에서 계보적 생산양식과 소상품 생산양식을 어떻게 재편했는지 구체적으로 보여 주고 있다.

여기에서 의문점이 하나 남는다. 이 조그만 프랑스 마르크스주의자 집단이 1970년대에 영어권 인류학에 어떻게 그토록 큰 영향을 끼치게 된 것일까? 그들이 수많은 개념을 명확하게 다듬었다거나 번역되지 않은 몇몇 연구 성과를 내놓았다는 것만으로는 답이 될 수가 없다. 이들의 성공은 아마도 프랑스 구조주의가 마르크스주의를 포함한 독일 철학과 영미의 과학적 경험주의를 종합하는 위치에 있다고 노골적으로 내세웠던 것과 관련이 있었을 것이다. 마르크스를 현대화하는 과정에서 시스템 이론을 통합하고 변증법을 버리면서 모종의 구조기능주의 버전의 마르크스주의가 나왔던바, 이는 영어권 독자들에게 마르크스를 공부하고 있다고 믿게 만들면서도 또 그들에게 익숙한 사고방식(제국을 경영하는 과정에서 했던 역할 때문에 일시적으로나마 불신을 받은 상태였다)을 그대로 유지하도록 해주는 미덕이 있었던 것이다.

1968년 무렵 프랑스 안에서 서로 경쟁하던 다양한 정치적 입장은 구로족을 다룬 멜리아수의 저서에 나온 서아프리카 민족지를 저마다 자기들 입맛에 맞게 해석했다. 실제로 그 저서는 그렇게 여러 다른 입장을 가진 이들이 자신들의 입장을 표현할 만한 우화들을 풍부하게 담고 있었다. 예를 들어 젊은이들의 노동을 노인들이 처분하는 것을 레는 결혼 교환을 통한 분배의 통제라고 보았고, 테레는 생산의 조직이라고 주장했다. 이는 사실상 그 무렵 파리의 공산주의 분파와 극좌파 사이에 벌어진 논쟁을 재현한 것이었다. 문제는 생산수단을 국유화한 소련이 과연 진정한 사회주의인가 아니면 국가자본주의 사회인가 하는 문제였다. 스탈린주의자들은 소련이 진정한 사회주의라고 주장한 반면, 샤를 베텔랭 같은 반대자들은 소유관계란 오직 분배의 수준에서만 작동하는 것이며 좀 더 철저한 마르크스주의 분석은 생산조직에 바탕을 두어야 한다고 주장했다(Bettleheim 1963). 노동과정의 관리 통제라는 관점에서 보면 러시아의 공장들도 자본주의 기업과 다를 바 없다는 얘기이다(7장을 보라). 이러한 프랑스 마르크스주의 내부에서 벌어진 논쟁 여러 측면은 그것을 바깥에서 흉내 낸 이늘이 제대로 포착할 수 없었던 것이 어쩌면 당연한 일이다.

1970년대에는 한동안 이러한 생각들이 경제인류학 자체를 온통 바꾸어 놓을 듯했다. 조너선 프리드먼은 고들리에의 영향뿐 아니라 이매뉴얼 월러스틴의 '세계 체제' 분석에도 영향을 받았다(Wallerstein 1974). 그리하여 그는 에드먼드 리치의 유명한 버마 고지대 연구를 그 지역의 정치적 사이클에 대한 유물론적 분석에 기초하여 재해석하기도 했다(Friedman 1975). 모리스 블로흐는 마다가스카르에서 경제적 토대가 서로 다른 이웃 집단들이 어째서 서로 다른 소유 관념을 가지고 있으며, 이에 따라 친족과 결혼에 대해서도 어떻게 상반된 생각들을 가지게 되는지를 보여 주었다(Bloch 1975a). 블로흐는 당분간은 마르크스주의 접근에 충실했지만 경제에 대한 관심이 그렇게 높은 것은 아니었다. 그는 계속해서 이데올로기와 의례가 정치적 지배를 강화하는 데 어떤 역할을 하는지에 관해 영향력 있는 작업을 내놓았다. 그리고 프랑스 마르크스주의의 주문에 걸려 있던 다른 이들 또한 비슷한 방향으로 움직였다. 이들은 '속류 유물론'이라는 딱지(이는 마빈 해리스의 '문화적 유물론'을 표적으로 삼을 때가 많았다)를 너무 두려워한 나머지 생산이라는 문제를 완전히 회피하기에 이르렀다. 1970년대 말이 되면 존 클래머가 '새로운 경제인류학' 선집을 출간하지만, 이때에는 이미 마르크스주의를 통한 새로운 종합의 희망은 사라져 버렸다(Clammer 1979).

영어권 학계에서 프랑스 마르크스주의는 순식간에 거품을 만들며 성장하였지만 그만큼 순식간에 그 거품이 터져 가라앉고 말았다. 복지국가 민주주의가 무너지고 신자유주의가 들어서는 대격변이 벌어지자 프랑스 마르크스주의도 사멸하고 말았던 것이다. 최근 들어 그 횃불을 넘겨받은 이들이 영어권 학계에도 없지 않았으나 이들은 모두 고립된 개인들이었을 뿐 목소리를 단일한 지적 운동으로 담아내지는 못했다. 그중에 가장 뛰어난 성취는 에릭 울프의 《유럽과 역사 없는 사람들》(1982)이다. 울프는 좁은 범위를 다룬 민족지들을 개개의 고립된 사례들로 여기는 지배적인 규범에 맞서서, 16세기 이후의 서구 자본주의 팽창과 각 지역의 대응이라는 총체적인 역사 속에 폭넓은 인류학 지식을 배치했다. 그는 역사유물론의 개념에 배어 있는 강한 유럽 중심주의의 편향을 버리고 '공납제 생산양식'(tributary mode of production)이라는 새로운 용어를 만들어 낸다. 봉건제 개념을 동아시아나 아프리카 같은 지역에 적용할 수 있는가 하는 논쟁은 갈수록 비생산적으로 되어 가고 있었던바, 그는 공납제 생산양식이라는 용어를 통하여 이 논쟁에 마침표를 찍었다.

수많은 농민 연구 저작들 또한 마르크스주의로부터 큰 영향을 받았는데, 이는 1970년대에 정점에 도달했다. 라틴아메리카는 여전히 연구의 초점이 되는 지역이었지만, 관심은 이제 농촌 공동체의 분화 과정에서 나타나는 정치적 측면에 맞추어졌다. 형식론자 프랭크 캔시언은 (지배자도 아니고 생존이 어려운 이들도 아닌) 중간 집단이 경제적 혁신가가 될 가능성이 더 높다는 것을 보여 준 데 반하여(Cancian 1965), 울프는 이 동일한 집단에서 무수히 많은 혁명운동의 전위가 배출되기도 했다는 점을 보여 주었다(Wolf 1969). 이 세대의 학자들은 농민들이 더 큰 시스템의 그물망 속에 존재한다는 것을 보여 주었을 뿐 아니라, 농촌의 생산 시스템이 대규모 플랜테이션이나 작은 농장, 또는 두 가지의 결합 어디에서든 약자들의 노동을 어떻게 착취하는지를 세밀하게 분석했다(Wolf 1966). 농민들이 여전히 생산수단을 소유하고 있거나 탄력적인 소작제가 지배적일 경우에는 자본주의 사회에 적합한 계급 분석은 적용할 수 없었다. 그리고 실제 토지를 경작하는 이들이 자신들의 소외와 착취를 어떻게 의식하는지에 주의를 돌리게 되면 분석은 훨씬 더 복잡해진다. 일부 마르크스주의 인류학자들은 지역 시장에서 가격을 명령하는 엘리트 집단들의 권력에 초점을 두었고, 또 어떤 이들은 전국적·국제적 교역 조건에 초점을 두었다. 어떤 이들은 생산 영역을 검토하기도 했다.

특히 주목할 만한 사례는 그전까지 형식론의 입장에 있던 스콧 쿡이 멕시코 오악사카 계곡에 있는 사포텍족 벽돌 공장을 연구한 작업이다(Cook 1982). 그 무렵 쿡은 신고전파 접근법에 불만을 느끼고 있었으며, 마르크스주의의 '소상품 생산' 개념에 따르면 정치적 메시지가 크게 다를 뿐 똑같이 엄밀한 모델을 발전시킬 수 있음을 알게 되었다. 농촌 공동체에 대한 마르크스주의 분석은 유럽, 특히 지중해에서도 지배적이었다. 한동안은 '아프리카적 농민층'이라는 개념까지 흔하게 통용되었다. 남서 에티오피아 지역의 말레족에 관한 도널드 도넘의 연구는 섬세한 민족지를 위해 마르크스주의 개념들을 세련화하는 작업에 영어권 인류학자들 또한 지난날 프랑스 쪽 선배들 못지않게 절묘하고도 창의적일 수 있다는 점을 늦게나마 보여 주었다(Donham 1990, 1999).

8장에서 살펴보겠지만, 경제인류학자들은 비로소 1980년대 초부터 서구 자본주의에 대한 비판적 민족지 연구로 전환하게 되는데, 이 과정에 마르크스주의 접근법이 널리 사용되었을 거라고 기대했을지도 모르겠다. 하지만 이 인류학자들은 마르크스주의의 영향을 인정하지만, 1970년대 마르크스주의 부흥 운동 당시의 선배들처럼 전체 세계사에 대한 마르크스의 비판적 관점까지 받아들인 경우는 거의 없다. 최근에 발생한 자본주의의 위기가 만약 한 번 더 마르크스주의 경제인류학의 부흥을 촉발시킨다면, 이번에는 마르크스 스스로 인류사에 대해 품고 있었던 경제적 비전이 지난 반세기보다 더 큰 영향력을 발휘하게 되기를 빌 뿐이다.

페미니즘

20세기의 마지막 몇 십 년 동안 페미니즘은 문화 비판의 최전선에 있었다. 1960년대에 들어 "개인적인 것이 정치적이다"라고 천명하면서 서양의 여러 제도를 여성에 대한 착취와 배제, 무시, 은폐라는 이유를 들어 가차 없는 비판을 시작했던 것이 여성운동이었다. 인류학은 이러한 폭넓은 여러 비판이 싹을 틔울 수 있는 기름진 밭이었다. 우선 초기 페미니스트들은 여성이 '본디' 종속적인 것은 아니었다는 엥겔스(Engels 1884)의 역사유물론 주장을 재발견했다. 가부장제의 지배는 오직 원시 공산주의가 해체되고 사적 소유와 계급 갈등이 생겨나면서 시작되었다는 것이다. 수렵채집인을 전문으로 연구하는 학자들은 식량 공급에서 여성 채집인들이 남성 수렵인들보다 더 크게 기여할 때가 많다는 것을 보여 주었다. 그녀들이 생산에서 갖는 자율성이 좀 더 보편적인 신분 평등으로 반영되었다는 것이다(Leacock 1978).

엘리노어 리콕, 마거릿 미드, 루스 베네딕트 같은 여성 학자들의 존재는 곧 인류학이라는 학문 안에서 여성들이 오랫동안 평등을 성취해 왔다는 증거였다. 대부분의 다른 사회과학과 대조해 보면 결과는 참으로 충격적이다. 오드리 리처즈, 루시 마이어, 로즈매리 퍼스 같은 영국의 여성 인류학자들은 모두 가정경제 안과 밖 모두에서의 여성 노동 문제들을 포함한 여러 경제활동에 깊은 주의를 기울였다. 서아프리카 같은 세계 일부 지역들에서는 여성들이 시장 교역자로서 두각을 나타냈다. 게다가 이슬람 지역인 북부 나이지리아처럼 여성이 그만큼 눈에 띄지 않는 곳에서도 그녀들은 자기들 가정경제를 떠나지 않으면서도 재화의 유통에서 중요한 역할을 담당할 수 있었다(Hill 1972).

1980년대는 '해체'의 10년이라고 할 만하다. 근대성을 구성하는 전통적인 범주들이 혼란을 겪고 또 부인되기도 했다. 학계 안팎에서 이러한 임무를 수행하던 이들 가운데에는 여성 학자들이 절반을 훌쩍 넘었다. 페미니스트들은 처음에는 사회를 서술하는 관습적인 방식에서 여성의 존재를 빼먹은 결과 어떤 일이 벌어졌는지를 지적했다. 여성들의 가내노동은 임금노동에 견주어 하찮은 것으로 치부되었다. 이는 시장을 위한 생산이 실현되는 과정에는 가정 내부에서 재생산이 비용으로 들어간다는 비판으로 이어졌다. 이렇듯 이 운동의 첫 단계는, 경제를 논하는 과정에 여성의 존재를 부각시키고 그녀들에게 남성과 확실한 평등을 부여할 필요가 있음을 강조했다.

메릴린 스트래던은 젠더에 대한 서양의 고정관념을 멜라네시아 문화에 적용할 수 없다고 주장했고, 이를 출발점으로 삼아 개인/사회 그리고 자연/문화 같은 핵심 개념 쌍에 대해 세련된 비판을 펼쳤다(Strathern 1972). 몇몇 페미니스트들은 여성을 평등한 인간으로 포용하라는 요구를 더 넘어 여성들 스스로의 관점에서 따로 발전해 나갈 권리를 촉구하기까지 했다. 남성들의 착취에 저항하기 위해서는 여성들끼리 따로 살아가는 것이 최상이라는 것이었다. 리셋 조지프하이즈는 1970년대 이래 페미니즘 사상의 전반적인 변화를 반영하는 관점에 서서 그 전에 스트래던이 내놓은 뉴기니 고지대 사회에 관한 설명에 도전하기도 했다(Josephides 1985).

1980년대에는 흑인 여성과 백인 여성, 레즈비언 여성과 이성애 여성 등 여성 내부의 뚜렷한 차이들이 나타나면서 여성이 단일한 계급으로 통일되어 있다는 전제가 깨어지게 된다. 런던 레스비언 여성 공동체들에 대한 세라 그린의 연구는 이러한 발전 과정을 생생하게 보여 주고 있다(Green 1997). 메릴린 스트래던은 결국 자신이 페미니즘을 고수하는 것에 의문을 제기하게 되고(Strathern 1988), 이로서 페미니즘 운동과 인류학 사이의 분열이 시작된다. 이 모든 논의에서 페미니스트들은 비판적 경제인류학의 최첨단이자 활력소가 되었다. 무엇보다 이들은 이론으로 무장한 최고 수준의 민족지를 통하여 자본주의 경제에 대한 성찰적인 비판을 선구적으로 개척했다.

페미니즘 운동은 이렇게 옛날의 전통들을 다시 살려 냈을 뿐 아니라 새로운 방향으로 이끌었다. 여성들 스스로 '노동'이라는 말을 남성의 활동으로만 국한하는 데 공모할 때도 많지만, 그래도 가정경제나 가정 내 재생산에서 여성 노동은 가정경제 바깥에서 이루어지는 남성들의 임금 노동만큼 진지하게 받아들여져야 한다는 것이다. 산업사회의 경우 이러한 역학을 사회학자들이 탐구하기도 했지만, 그 밖의 사회에 대해서는 어디에서든 페미니스트 인류학자들이 작업을 주도했다. 특히 농민 연구에서 그러했다. 일찍이 차야노프는 가정경제라는 것을 하나의 블랙박스 같은 것으로 남겨 놓았고, 여기서 노동(허드렛일) 배분에 관한 결정들은 합의에 따라 이루어지는 것인 듯 암시한 바 있었다(Chayanov 1925). 하지만 페미니스트들은 이 가정경제라는 게 모종의 가부장적 제도임을 어렵지 않게 까발려 버렸다. 그러자 여러 이론적 입장에 있는 다양한 민족지 연구자들이 너 나 할 것 없이 새삼 열심히 이 문제를 파고들었고, 이러한 일반적 패러다임을 복잡하게 만드는 여러 미묘한 요소들을 발견했다.

예를 들면, 터키의 에게 해 연안에서는 소농들이 면화를 재배하는데 그 수확 과정이 아주 길어질 수도 있었다. 농부들이 소득을 극대화하려 들면서 수확이 체감하기 시작한다. 가족의 여성 구성원들에게 번번이 지겹고 고통스러운 노역을 배당하는 결정은 집단적으로 취해지는 것이 아니다. 그저 가정경제의 남성 수장이 내리는 결정일 뿐이다(Sirman 1990). 그리고 터키 정부에서 농업 소득을 증대시키는 정책을 펴면서 새로운 생산 기술이나 종자를 도입할 때마다 거기에서 생겨나는 추가적인 노동 부담은 여성에게 더 많이 떨어지는 것이 보통이다. 일부 페미니스트 학자들은 이런 현상을 아나톨리아 전반, 나아가 이슬람 세계 전체에서 발견되는 우주론적 신앙과 연결시키기도 했다. 하지만 좀 더 면밀한 연구가 진행되면서 농촌의 불평등에는 가부장제 문제만 있는 것이 아니라는 점이 밝혀졌다.

아나톨리아 북동부의 라지족 여성들은 일반적으로 남편들에게 가혹한 취급을 받는다고 알려져 있다. 오스만제국 시절부터 남성들이 이주해 나가는 비율이 높아 버려진 작은 땅뙈기들을 여성들이 책임질 수밖에 없었다. 가정 바깥에서 이루어지는 생산에서 이렇게 여성들이 두각을 나타내게 되면서 아나톨리아 터키인들은 이 지역의 여성들을 특별히 착취당하는 존재로 보게 된 것이다. 하지만 이러한 노동은 젠더 간

불균형이 아니라 오히려 균형의 증후로 볼 수도 있다. 20세기 후반에 새로운 환금작물로 차가 도입되었을 때, 차 잎을 따는 노동집약적 과정의 대부분은 여성들이 떠맡았다. 하지만 가부장제가 더욱 두드러지게 나타난 쪽은 라지족이 아니라 그 지역의 소작인들이나 아나톨리아 밖에서 온 임금노동자들 사이였다. 이 외부인들 사이에서는 노동의 통제권과 가정의 경제권이 남성 수장에게 있었다. 라지족 내부의 젠더 관계는 좀 더 균형이 잡혀 있었기에, 차 생산으로 생겨난 생활수준의 전반적 상승은 여성들에게 직접적으로 혜택이 되었을 것임을 암시했다. 문제는 따로 있었다. 농촌 라지족 여성들의 상황이 개선된 것은 어느 정도 외부인들이 값싼 여성 노동을 공급했던 데에 의존하고 있었다. 이와 비슷한 예로서 도시의 중간계급 여성들도 더 가난한 여성들의 가사노동을 착취함으로써 성공적인 직업 생활을 추구하는 경우가 많다는 점을 들 수 있다. 이러한 패턴은 결코 터키에만 국한된 것은 아니다(Bellér-Hann and Hann 2000).

이스탄불의 부유한 가정이나 소규모 작업장에서 일하는 이주민 여성들은 훨씬 더 큰 경제 네트워크를 유지하는 데 기여하지만, 자기들의 고용주를 마치 친족처럼 생각하는 경향이 있다. 사업가들 스스로가 자기네 작업장에서 일하거나 또는 각자 자택에서 시간제로 카펫 짜는 일을 하는 여성들과 그러한 인격적 관계를 조장한다. 미국의 민족학 연구자 제니 화이트는 "돈 때문에 우리 모두가 친척이 된답니다" 하고 말하는 여성들의 목소리를 기록했다(White 1994). 관찰자의 눈에는 분명히 착취이지만 막상 그 속에 있는 이들은 착취라고 여기지 않는다. 이것이 바로 스트래턴이 하겐 산(Mount Hagen)의 여성들을 다룬 민족지에서 원래 주장한 바이기도 하다(Strathern 1972).

인류학에서 나타난 페미니즘 혁명의 핵심이 되는 것은 젠더 문제인데, 특히 자본주의 사회에서 섹스가 차지하는 위치에 관해서도 새로운 쟁점을 낳았다. 이 책의 공동 저자인 키스 하트는 오래 전 가나 출신의 한 학생과 화폐와 섹스를 문화의 관점에서 논의했던 내화를 기억하고 있다. 그 학생은 가나에 있을 때 파티에서 어떤 젊은 미국 여성을 만났고, 파티가 끝난 후 그녀의 집에서 함께 밤을 보냈다. 그는 아침에 그 집을 나올 때 애정의 증표로 화장대에 약간의 돈을 놓아 두었다. 이 행동이 어떤 폭발을 가져올 지는 전혀 예측하지 못한 채. "내가 매춘부인 줄 아세요?" 가나 출신 학생의 입장에서 보면 현금은 현물로 주는 선물과 아무 차이가 없으며 오히려 더 쓸모 있는 것이다. 그는 돈을 지불하는 게 인간관계를 비인격적인 무언가로 바꾸어 버리는 행위로 여겨진다는 사실을 전혀 몰랐던 것이다.

자본주의 사회에서 화폐란 소외, 거리감, 비인격적 사회, 바깥 같은 개념을 표상하며, 우리가 통제할 수 없는 장소(시장이라는 것)에 뿌리를 두는 존재이다. 뚜렷하게 화폐가 없는 온갖 관계야말로 인격적 통합과 자유로운 결합 그리고 우리가 친숙한 것으로 여기는 안쪽(가정)의 모델이다. 그런데 현실에서는 이 두 가지 영역의 분리가 결코 완결되지 않았으며, 가정경제의 소비 또한 화폐 지출에 의존할 수밖에 없다는 사실 탓에 상황은 끝없이 더 복잡해지고 만다.

소피 데이는 섹스를 누구에게나 판매하는 것이 이러한 자본주의 사회의 도덕 경제와 어째서 또 어떻게 모순되는지를 설명하고 있다(Day 2007). 노동의 세계에서 우리는 화폐를 지불받는 대가로 비인격적 조직에 복속되며, 가정에서는 화폐 지불이 없어도 서비스를 주고받음으로써 유지되는 사적이고 친밀한 관계들을 통해 우리 스스로를 표현한다.

근대 자본주의 사회에서 개인들에게 모종의 통합적 자아를 배양하도록 장려한다면, 이렇게 이념형적인 두 극단을 날마다 오가는 것은 심각한 실존적 문제로 떠오르게 된다. 집 바깥에서 돈을 받고 육체관계를 부끄럼 없이 팔아 치우는 '직업여성들'이 도덕적 패닉을 불러일으키는 것은 어쩌면 당연한 일이다. 이런 식으로 문화적 범주들을 대놓고 뒤섞어 버리게 되면 여성, 섹스, 화폐를 저마다 걸맞은 위치에 묶어 두려는 거대한 제도적 노력 전체가 침식당하게 되기 때문이다. 데이는 이 여성 개개인이 자신들 삶의 공적인 차원과 사적인 차원을 어떻게 화해시키는지를 보여 준다. 데이의 민족지는 이 여성들이 인격적·비인격적 분리 상태에 대처하는 갖가지 전략을 다루는 것을 그 핵심 내용으로 삼는다. 이 여성들은 일상적으로 여러 결함과 혼동이 나타나는 여러 공적인 제도에 비판적일 수밖에 없지만, 또한 대단히 기발한 방식으로 이러한 분리의 사회적 규범들을 재생산한다. 이들은 자신들의 사적인 생활을 별개의 칸막이 안에 남겨 두어 비인격적인 섹스의 만남이 일정한 선을 넘지 않도록 하기 위해 상당히 공을 들인다. 하지만 다른 모든 이들과 마찬가지로, 이러한 노력들은 서로 모순을 일으킬 때가 많으며 결국 그러한 구분선도 희미해져 버릴 때가 많다고 한다.

21세기 초에 벌어진 경제 위기가 '공적' 사회를 '사적' 경제로 환원하려는 노력에 온갖 위험이 따른다는 것을 폭로했다면, 페미니즘을 비롯한 여러 이론적 전통으로 무장한 데이의 민족지는 자본주의의 개념적·현실적 모순과 새롭게 이론적으로 씨름하는 데 인류학자들이 어떻게 기여할 수 있는지를 보여 주었다고 하겠다.

문화로의 전환

1980년대에 이르자 폴라니학파는 이미 해체되었고, 주류 경제학에 큰 흥미를 느끼지 못한 많은 인류학자들이 순식간에 경제인류학 사체를 떠나 버리면서 경제인류학 분야는 무너지게 된다. 클리퍼드 기어츠가 모로코의 수크(suq)에 관한 에세이에서 이슬람 문명의 경제에 대한 폭넓은 성찰을 남기지만(바자bazaar를 비공식 경제의 선구자로 본다. 6장을 보라), 경제인류학 분야를 의식하고 쓴 글은 아니었다.《석기시대 경제학》을 출간한 이후 마셜 살린스는 비교 '인류학적 경제학'의 가능성 자체를 부인한다. 물질생활이란 어디서나 그 장소에 고유한 상징적 질서에 따라 구조가 마련되지만, 그 상징 질서는 동일한 척도로 환원할 수 있는 것이 아니며 부르주아 경제학 또한 그런 질서 가운데 하나일 뿐이라는 것이다(Sahlins 1976). 이 두 걸출한 인물은 최근 몇 십 년 동안 경제인류학에 나타난 '문화로의 전환'(cultural turn)의 충격을 잘 보여 주는 예이다.

기어츠와 살린스는 각기 다른 방향으로 나가 버렸지만, '인류학적 경제학'이라는 기획은 스티븐 구드먼이 이어 나갔다. 구드먼은《문화로서의 경제학》(1986)에서 '지역 모델'(local models)이라는 관점을 적용했다. 이는 본디 파나마에서 진행한 현장조사에서 나온 자료를 통해 고안된 것인데(Gudeman 1978), 그는 이 모델을 라틴아메리카와 아프리카, 태평양 지역의 여러 농촌 경제에도 적용했고 또 경제학이라는 학문 자체에도 적용했다. 그는 가정경제 특히 그 내부에서 이루어지는 검약의 관행들에 각별한 주의를 기울이면서, 장래를 위해 남겨 두고자 하는 동기와 이윤을 극대화하려는 동기를 명확히 구분했다. 나중에 나온 공동 저작에서 그는 민족지 현장조사를 통하여 오늘날의 사회야말로 예전에 고전파 경제학자들과 씨름했던 역사적 힘들이 일구어 낸 살아 있는 예로 보아야 한다는 정교한 논리를 편다. 구드먼은 인류학자들이 사용해 온 표준적인 도구들뿐 아니라 여기에 경제사상사에 대한 깊은 지식을 결합하도록 계속 도전을 던지고 있다. 비록 그가 무슨 학파를 만든 것은 아니지만 상당한 영향력을 행사해 왔다.

1960년대 이후 수렵채집인에 대한 연구는 크게 확장되어 왔는데, 여기에서도 '문화로의 전환'이 한몫했다. 살린스가 원시시대의 풍요로움에 관하여 유명한 에세이를 썼을 때(Sahlins 1968에 처음으로 출간), 그는 아주 단순한 기술밖에 없는 민족들은 생계 활동 이외의 시간이 더 많다는 점을 무엇보다 양적인 데이터로 보여 주었다. 특히 칼라하리사막에서 진행된 나중의 연구들은 이 민족들을 '원시 공산주의자들'이라는 마르크스주의 개념으로 보는 입장을 지지했다(Lee 1979). 집단 내부의 갖가지 교환과 '먹이량 최적화 전략들'(optimal foraging strategies)에 관해 수십 년 동안 축적된 데이터를 어떤 이들은 진화론적인 추론에 활용하기도 하지만, 또 어떤 이들은 오늘날의 수렵채집인 경제는 다른 집단들과의 역사적 상호작용의 결과이므로 그 이전 태고적 상태를 보여 주는 증거로 삼아서는 안 된다고 주장한다. 제임스 우드번은 칼라하리의 쿵산족(!Kung San)과 탄자니아에서 연구했던 하드자족(Hadza) 같은 '곧바로 얻는 수익'(immediate return)의 경제를 저장 시설이 있고 사회적 관계가 더욱 불평등한 '지연된 수익'(delayed return)의 경제와 구별한다(Woodburn 1982).

문화로의 전환을 가장 잘 보여 주는 것은 누리트 버드데이비드의 저작이다. 그녀는 인도에 대한 민족지에서 수렵채집인들이 가지고 있던 노동 윤리와 시간관념은 대부분이 공장 노동자로 전환한 이후까지도 오래도록 그들의 사회적 관계를 형성한다고 주장했다(Bird-David 1992). 그녀는 "자연환경은 아낌없이 준다"는 생각에 바탕을 둔 사람들의 우주론을 더욱 깊숙이 파고들이 감으로써 실린스의 주장을 더욱 확장시켰다. 선사시대를 연구하는 이들 가운데 몇몇은 초창기 인류의 사회적 관계에 대한 기본적 가정들을 재검토하기도 했다(Gamble 2007).

여성 노동에 대한 페미니스트의 연구와 마찬가지로, 이러한 문화로의 전환도 선례가 전혀 없는 것은 아니다. '원시 경제학'을 일구었던 독일의 선구자들도 원주민의 관점을 파악해야 한다고 강하게 주장했고, 말리노프스키도 마찬가지였다. 훗날 농촌 사회를 연구한 조지 포스터 같은 이들도 농촌 사회의 문화적 측면을 강조했다. '좋은 것은 제한되어 있다'(limited good)는 생각이 자본축적을 가로막는 주된 문화적 장벽이라고 이들은 주장했다. 농촌 공동체들은 유난히 리스크를 싫어하며 시장의 여러 신호에 '비탄력적'으로 대응한다고 한다. 이러한 윤리 관념을 잘 정리한 가장 설득력 있는 연구는 제임스 스콧의 '도덕 경제'라는 주장이다(Scott 1976). 본디 마르크스주의 역사가 E. P. 톰슨이 18세기 영국의 도시 군중들에게 적용했던 개념인데(Thompson 1991), 스콧은 이 개념을 차용하여 동남아시아의 촌락 생활자들은 이윤이 아니라 안전 제일주의와 생계유지의 윤리에서 동기를 찾는다고 주장했다. 그 직후 새뮤얼 폽킨은 폴라니학파에 대한 형식론자들의 비판과 비슷한 논리로 스콧을 공격했다(Popkin 1979). 농민들이 의사 결정자로서 갖게 되는 합리적 개인주의를 부인함으로써 스콧이 공동체를 낭만화시키는 어리석음을 저질렀다는 것이다.

그 어떤 경제에서도 자기 이익에 대한 계산뿐 아니라 도덕규범도 동시에 나타나는 게 아닐까 생각한다. 애덤 스미스가 푸줏간 주인들, 맥주 양조장 주인들, 빵집 주인들이 선심을 쓰는 게 아니라 자기 이익에 따라 행동하는 것이라고 주장했을 때도, 그는 여전히 이 사람들 저마다 자기 고객에게 인간의 소비에 합당한 양만큼 생산물을 내어주는 것을 당연하게 여겼다. 하지만 이윤 극대화에만 정신이 팔린 기회주의자라면 그러한 규범을 존중할 하등의 이유가 없지 않을까? 최근에 어떤 연구자는 자유시장에 대한 신자유주의적인 맹신 때문에 우간다에서는 여러 기본적인 도덕규범이 잠식되기에 이르렀다고 주장하기도 했다(Wiegratz 2010). 하지만 무슨 근본적인 변화 같은 게 이미 벌어졌다고는 확신하기 어렵다. 초기의 실체론 학자들은 마을 장터에서도 부정행위가 체계적으로 벌어진다는 사실을 제대로 보고하지 않았거니와, 이는 아마도 초기의 스콧 쿡 같은 비판자들이 주장하는 것처럼 이런 사회를 낭만적으로 보는 측면이 있었던 데에 상당한 원인이 있었을 것이다. 따지고 보면 교역을 행하는 자들이 거짓 저울과 거짓 측량 자를 사용한다는 비난은 고대 메소포타미아 때부터 늘 있었던 일이 아닌가.

'계급,' 심지어 '사회'의 개념까지 희생시켜 가면서 '문화'와 '도덕성'이 부각된 이런 현상은 좀 더 넓은 지적 흐름과 연관되어 있다. 문화로의 전환은 1980년대 이후를 지배해 온 신자유주의와 얼마나 관련되어 있을까? 조직 노동은 패배했고, 탈규제 바람이 불고, 공공 영역과 사적 영역 모두 사람들의 삶은 시장에 침범당하는 일이 벌어졌다. 이런 가운데 의미와 주관성의 문제가 새로이 주목을 받게 되었다. 마르크스주의자들과 페미니스트들이 생산과 재생산에 우선순위를 두었다면, 아르준 아파두라이는 한 세대 민족지 학자들 전체를 그전까지는 자본주의적 상업의 익명성 영역으로 여겨졌던 것에서 '주체-객체' 관계를 탐구하도록 이끌었다(Appadurai 1986). 그는 이고르 코피토프와 함께 일부 재화들, 심지어 소비자들이 가치를 부여하는 물건 대부분 또한 대단히 복잡한 '일대기'를 가지고 있다고 주의를 환기시켰다(Kopytoff 1986). 상품 형태를 얻게 될 수도 있지만, 그 물건들이 문화 공동체의 성물이 되거나 유산이 될 때에는 상품 영역을 떠날 수도 있다. 인격(주체)과 사물(객체)을 나누어 놓는 부르주아적 행태는 인격성(personhood)에 대한 새로운 연구가 이루어지면서 해체되었고, 여기에서 스트래던이 다시 한 번 전면에 부각되었다. 하지만 후기의 살린스와 마찬가지로, 특정한 문화 공동체에서 생겨나는 주체화의 여러 형태에 대한 이런 현학적인 접근은 경제인류학의 전통적인 관심사들로부터 등을 돌려 버리고 말았다.

자본주의 경제와 비자본주의 경제를 분리한 실체론의 입장은 끈질기게 살아남았다. '상품'과 '선물'의 대립은 최근 몇 십 년 동안 서구 자본주의의 교환과 그 나머지 세계의 교환 사이, 스트래던의 표현에 따르면 유로아메리카와 멜라네시아 사이의 대조를 보여 주는 것으로 여겨졌다(Strathern 1988). 이러한 대립 쌍을 처음으로 내건 이는 크리스 그레고리였다(Gregory 1982). 그는 이것을 논리적인 대조로 의도했을 뿐 지구상 모든 사회의 민족지를 나눌 두 범주로 의도한 것은 아니었고, 파푸아뉴기니에서는 현실적으로 이 둘이 결합되어 있음을 강조하기도 했다(Gregory 1997: chapter 2). 3장에서 살펴보았듯이 마르셀 모스가 《증여론》을 집필한 목적은 상업의 자기 이익과 선물의 이타주의를 대립시키는 부르주아적 관념을 논박하는 것이기도 했다. 모스가 보기에 고대의 선물은 두 극단의 혼종이었고, 오히려 문제는 우리가 어떻게 그 둘을 나누게 되었는지를 이해하는 것이었다(Parry 1986). 그런데 어떻게 하다 보니 크리스마스 선물을 순수한 증여로 보는 시장 이데올로기가 또 다시 모스의 텍스트에 투사되어 버렸고, 이것이 기반이 되어 모든 경제 전체를 '그들의 경제'와 '우리 서구인의 경제'로 대조시키게 되었음을 주의해야 한다.

예전의 마르크스주의자들 몇몇은 후기 저작에 오면서 이러한 문화로의 전환에 중대한 영향을 받고 있다. 모리스 고들리에는《증여의 수수께끼》에서 양도 불가능한 귀중품이라는 어넷 위너의 개념을(Weiner 1992) 채택하여 더욱 확장시키고 있다(Godelier 1999). 에티오피아 사회주의혁명을 분석한 도널드 도넘은 자신이 처음에 초점을 두었던 생산 영역으로부터 관심을 옮겨 새로운 종교적 신념이 말레인들에게 어떠한 충격을 주었는지를 다루었다(Donham 1999). 조너선 프리드먼은 고전적 마르크스주의가 초점을 두는 생산양식에서 벗어나 사회적 재생산과 전환 과정에서 국가의 역할이라는 좀 더 폭넓은 관심사로 옮겨 갔다(Friedman 1994). 여기에는 현대의 문화적 흐름에 관한 연구도 포함되었다. 예를 들어 파리에서 패션의 변화가 이주 노동자들을 통해 아프리카의 고향으로 옮겨 가면서 어떻게 초국가적 사회 질서를 재생산하는지를 살펴보았다. 프리드먼은 구조적 변화를 아주 큰 범위의 수준에서 다룰 수 있도록 주의를 기울이고 있는데, 스스로도 자신의 작업을 경제인류학 자체의 일부로 위치 짓지 않는 쪽을 택했다.

대니얼 밀러는 자신의 '물질문화' 프로젝트를 경제인류학의 확장을 통해 착실하게 구축해 왔다(Miller 1987, 1996). 프리드먼과 달리 민족지의 방법을 명시적으로 받아들인 밀러는 프랑스 사회학자 미셸 칼롱과 벌인 논쟁에서도 경험주의를 열렬히 지지했다. 칼롱은 경제학자들이 어떤 생각을 가지느냐가 자본주의 사회에서 시장이 실제로 작동하는 바를 결정해 왔다고 주장한 바 있다(Callon 1998). 곧이어 나온 트리니다드에 관한 일련의 연구는 이곳 사람들이 자본주의와 인터넷에 대해 어떤 의미를 부여하고 있는지를 탐구하며, 물질적인 것들의 획득과 사용에 초점을 맞추는 자신의 시각을 보충하는 것으로서 '가상주의'(virtualism)에 대한 이론적 관심으로 이어지고 있다(Carrier and Miller 1998). 밀러의 프로젝트는 미술사, 고고학, 디자인, 소비에 관한 문화 연구와 가교를 놓고 있지만, 경제인류학과의 얽히는 일은 의도적으로 피하고 있다. 주제가 상당히 겹치고 있음에도 그랬다. 이 점에 대해 8장에서 다시 논의해 볼 것이다.

문화적 접근은 두 가지 위험을 안고 있다. 첫째는 역사와 정치경제학을 무시하는 경향이며, 둘째는 특정 지역의 우주관에 너무 푹 빠진 채 비교나 일반화가 불가능할 지경에 이르는 위험이다. 분명히 스티븐 구드먼은 이 두 번째 비판에서는 면제되어야 할 것이다. 그가 최근에 내놓은 '인류학적 경제학'의 개괄은 '공동체'와 '시장' 개념 사이의 변증법적 대립을 기초로 하고 있다(Gudeman 2001, 2008). 여기에서 공동체는 그가 '토대'(base) 또는 '공유지'(commons)라고 부른 것과 동일하며(그 스스로에 가치를 부여하여 수행되는 활동들로서, 주로 한 가정이라는 틀 안에서 이루어진다), 시장은 목적-수단 관계의 '계산적 이성'으로서 교역에서 전형적으로 발견된다. 이는 우리가 2장에서 내놓았던 가정경제와 시장이라는 두 극단을 어떻게 화해시킬 것인가의 문제에 대한 해법이 된다. 구드먼은 신자유주의를 그전까지는 자신이 '상호성'(mutuality) 이라고 부르는 규범으로 규제되었던 영역들로까지 시장이 '단계적으로 쏟아지는'(cascading) 것이라고 묘사한다. 이러한 변증법적인 틀은 원리상 모든 곳의 인간적 경제에 적용될 수 있을 것이다. 최근의 한 비판자는 구드먼이 지역의 특수한 모델들을 버리고 인류학보다는 경제학 방법에서 영감을 얻은 보편주의로 옮겨 갔다고 주장했다(Löfving 2005). 또 다른 비판자는 그가 현실 인식이 없는 뺀질거리는 포스트모던주의자가 되어버렸다고 주장하기도 한다. 같은 책에 실린 구드먼의 힘찬 대응을 보면 1960년대의 논쟁이 떠오른다. 그때와 마찬가지로 오늘날에도 논쟁의 주역들은 같은 주제를 이야기하는 듯하면서도 서로 다른 이야기를 하고 있는 것 같다.

자연과학

20세기가 저물어 갈 무렵, 그 이전 세대에 벌어진 대논쟁의 양 진영 가운데 더 큰 지적 연속성을 유지한 쪽은 실체론 쪽이 아니라 형식론 쪽임이 판명되었다. '신제도학파 경제학'(NIE, New Institutional Economics)의 깃발 아래 집결하게 된 인류학자들이 스스로를 늘 형식론의 후신이라고 여긴 것은 아니지만, 경제 행위를 예측할 수 있는 모델을 열정적으로 구축하려 드는 '자연과학'에 대한 신념을 공유하고 있음은 분명하다. 베블런과 폴라니가 시장을 여러 경제 제도 가운데 하나로 여겼음에 반하여, 신제도학파 경제학자들은 온갖 경제 제도를 모두 시장으로 본다고 말할 수 있다. 이들은 이런저런 경제 제도를 전부 자신들의 형식 모델로 통합하는 것을 목표로 삼고 있다. 이제 제도란 단지 경제활동의 모습을 외생적으로 규정하는 것이 아니라 그 자체가 신고전파 경제학과 동일한 합리적 선택의 논리를 통해 진화되어 나온 것이라고까지 주장한다.

여기에서 '제도'란 무엇을 뜻하는가? 신제도학파 경제학자 더글러스

노스와 올리버 윌리엄슨, 그리고 인류학 쪽에서 이 두 사람을 따르는 진 엔스민저와 제임스 애치슨은 제도를 '게임의 규칙'이라고 정의한다. 예를 들어 하이에크가 즐겨 사용하는 소유라는 용어는 모든 경제에서 근원적인 동기 유발 구조를 제공하는 것이라고 여겨질 때가 많다. 오래 전에 발표한 연구에서 경제학자 해럴드 뎀세츠는 민족지 및 민족사 데이터를 활용하여 사적 소유의 여러 권리는 개인 의사 결정자들이 외부성을 내부화한 것으로 설명할 수 있다고 주장한 바 있다(Demsetz 1967). 다른 말로 하자면, 자기 땅에 울타리를 세우는 것은 수고스러운 일이지만 그렇게 함으로써 기대되는 편익이 비용보다 훨씬 많다면 그런 수고를 마다하지 않을 것이라는 얘기이다. 거의 동시에 '공유지의 비극'을 다룬 논문에서 개릿 하딘 또한 접근이 개방된 시스템은 반드시 환경의 악화를 불러오게 되어 있다고 주장했다(Hardin 1968). 이러한 주장을 떠받치는 방법론적 개인주의는 그 이후 논박을 당하게 된다. 엘리너 오스트롬은 지역의 공동체들도 공유지를 효율적으로 통치할 기회가 주어진다면 얼마든지 그렇게 할 수 있다는 것을 보여 줌으로써 정치학자임에도 노벨 경제학상을 수상했다(Ostrom 1990).

21세기로 넘어올 무렵 '소유'라는 주제는 뜨거운 관심을 끌고 있었다. 이 분야는 아주 논쟁이 활발하고 가장 기본적인 개념에 대해서도 의견 좀처럼 일치하지 않는다. 더글러스 노스와 해럴드 뎀세츠 같은 경제학자는 경제조직의 효율성이 결정적인 요소라고 보는 반면, 법학자들은 소유 시스템은 경제적 효율성만으로 환원할 수 없는 여러 사회적 기능이 있다는 점을 지적한다. 또 어떤 인류학자는 소유라는 개념 자체가 너무나 유럽 중심주의적인 것이라 멜라네시아 같은 지역을 연구하는 데에는 적합하지 않다고 본다.

경제인류학자들은 보통 이러한 논쟁에서 정확하게 중간 지대를 점하고 있다. 사람들이 다양한 물건을 보유하는 방식은 너무나 다양하지만, 소유가 생산과 소비를 제약한다는 점에서만큼은 어디에서나 중요한 의미를 가지고 있다. 많은 것을 결정하는 요소는 바로 그 대상이 되는 물건 자체이다. 사람들은 대부분 자전거나 컴퓨터는 남들에게 기꺼이 빌려주겠지만 칫솔은 빌려주지 않는다. 토지를 가정경제 단위에서 사적 소유로 대대손손 물려줄 수 있게 하면 아마도 가장 효율적으로 경작될 것이다. 그 가정이 물려받은 토지를 자기 자원으로 여겨 알뜰히 돌보고 열심히 일구어 나갈 것이기 때문이다. 하지만 삼림을 이용하는 것과 같은 문제에서는 일정하게 집단적 소유로 하는 것이 효율성이나 형평성에나 가장 적절할 때가 많다. 어느 경우라 하더라도, 오스트롬이 분석한 공동 소유의 여러 해법은 조심스럽게 세부적인 규칙을 두어 모든 구성원들이 존중할 때에만 작동할 수 있다.

신제도학파는 소유 말고도 여러 다른 주제를 다루었지만 그 세련화의 정도는 들쭉날쭉하다. 엔스민저는 케냐 북부의 목축인들을 연구한 영향력 있는 저작에서 시장의 충격으로 지역민들의 삶이 몇 십 년 동안 어떻게 변화(주로 좋은 방향으로)하는지 보여 주었다(Ensminger 1992). 새로운 제도가 출현함에 따라 행위자들의 불확실성은 물론 '거래 비용'도 줄여 주었다. 거래 비용이란, 예를 들어 구매 행위가 벌어지기 전에 정보를 수집하는 비용이라든가 계약을 맺기 전에 흥정하는 데에 들어가는 비용 같은 것들이다. 경제학자들은 거래 비용이란 애초에 어떤 재화를 스스로 생산하는 대신 시장에 오기로 선택한 결과라고 정의한다. 엔스민저가 보여 준 케냐의 사례에서는 집단적인 토지 보유를 해체한 결과 개개인에게 상당한 혜택이 돌아갔다. 그녀의 분석은 비록 사용 언어는 다르지만 슈나이더가 아프리카에서 근대적 상업이 재난을 가져왔다는 보해넌의 관점에 반대하여 여러 가지 혜택을 내세운 형식론자들의 연구와 같은 선상에 있다(Schneider 1974).

경제학자 제닛 타이 란다는 쿨라 교역을 연구한 말리노프스키의 고전을 재해석했는데 설득력은 떨어진다(Landa 1994). 란다는 트로브리안드 주민들의 이 의례적인 교환 행위가 그저 '김왈디'(gimwaldi)라고 불리는 공리주의적 무역을 촉진하기 위해 고안된 것에 불과하다고 주장한다. 중앙의 정치적·법적 제도가 결여된 환경에서 그러한 공리주의적 무역을 추구한다는 것은 너무 위험한 일이 될 수밖에 없고 결국 '쿨라' 형태를 취할 수밖에 없었다는 것이다(Janet Tai Landa 1994). 그런데 그 이전에도 J. P. S. 우베로이 같은 인류학자가 비슷한 주장을 내놓은 바 있다(Uberoi 1962). 사실 말리노프스키의 원래 묘사에서도 개인 행위자들이 교환을 할 때 합리적으로 계산한다는 점은 명쾌히 나타나 있다. 물론 말리노프스키의 묘사에는 좁은 경제 분석이 포용할 수 있는 것보다 훨씬 복합적인 정치적·사회적 숙고가 함축되어 있는 것은 분명하다. 란다는 2차적 합리성을 분명히 확인하고 있다. 섬사람들이 '쿨라' 원정에 참여할지 여부는 거기에서 오는 여러 혜택이 비용보다 많을 것인가에 달려 있다는 얘기이다.

신제도학과 경제학의 접근법은 이러한 방식으로 민족지 학자들로 하여금 단순한 묘사를 넘어서서 미시적 수준의 합리적 선택과 여러 진화 이론을 연결시키도록 해준다. 하지만 그 여러 결함 또한 명백하다. '게임의 규칙'을 찾아내는 것만으로는 거기에서 어떤 경제적 결과가 나올지 예측할 수가 없다. 우리는 또한 그런 규칙이 서로 다른 사회적 맥락, 경제 행위자들이 갖고 있는 여러 신앙과 가치에 따라서 어떻게 다르게 현실화되는지를 이해할 필요가 있다. 이러한 맥락을 밝혀 주는 민족지가 없다면, 형식론과 마찬가지로 신제도학과 경제학 모델도 예측의 힘은 거의 없는 것으로 판명된다.

이렇게 자연과학과 비슷해지고자 갈망하는 모습은 실험 경제학과 신경 경제학에서도 잘 나타난다. 게임이론이 발전하고 두뇌 스캐너가 발명되면서 일각에서는 19세기 이후 경제인류학자들을 괴롭혀 온 질문들에 마치 해결의 실마리를 찾은 것처럼 희망을 품기 시작했다. 그런 계기 가운데 하나는 한 미국 대학에서 경제학자와 심리학자들이 학생들에게 실험실에서 '최후통첩 게임'을 하도록 한 것이었다. 두 사람 중 한 사람에게 일정액의 돈을 주고서 상대방에게 그 가운데 얼마를 주라고 시킨다. 후자가 그 돈을 받으면 두 사람 모두 각자의 돈을 챙긴 채 실험실을 나가게 된다. 하지만 너무 적은 돈을 내놓아 받는 쪽이 기분 나빠 거부하게 되면 양쪽 모두 한 푼도 얻지 못하게 된다. 이 실험은 행위자들이 공정성을 고려하기 때문에 호모 이코노미쿠스의 모델로부터 이탈하게 된다는 사실을 보여 주었다. 조지프 헨리치는 전 세계 각지에서 똑같은 게임을 수행한다면 과연 '문화'라는 게 어떤 차이를 만들어 내는지 알 수 있을 것이라고 생각했다. 충분히 예상할 수 있는 바이지만, 시장경제의 작동에 익숙한 민족은 좀 더 '이기적' 방식으로 행동하는 경향이 있는 반면, 협동에 의존하는 경제에서 살고 있는 이들은 이 게임에서 돈을 좀 더 후하게 내놓는 경향을 보였다(Henrich 2004).

하지만 이런 실험이 비교 가능한 조건 아래에서 수행되도록 보장하기란 쉬운 일이 아니다. 뿐만 아니라 더 큰 사회와 격리된 소규모 사회라는 조건, 그것도 서양 사회과학자들의 통제 아래에서 수행되는 이 게임에서 과연 무엇을 측정할 수 있는지는 도무지 분명하지가 않다. 연구 대상이 되는 집단의 경제적 맥락이나 또 연구자들이 떠난 뒤 게임 수행자들이 돌아가야 할 일상에 관해서 독자들에게는 최소한의 정보만 주어질 뿐이다. 헨리치는 말리노프스키처럼 경제학자들과 대화하기를 원했고 자신의 연구 결과를 저명한 경제학 학술지에 발표했다. 그는 또한 생물 인류학자를 비롯한 여러 진화론자들과도 대화하고자 했다. 이렇게 19세기의 의제를 다시 살려 내려는 헨리치의 시도는 경제학과 심리학 사이에 이루어진 새로운 화해의 일부이지만, 아직 경제인류학자들에게는 큰 영향을 미치지 못하고 있다.

지금 빠르게 성장하고 있는 분야인 신경 경제학은 뇌 영상 촬영을 적용하여 의사 결정 과정을 분석하는 것을 주된 기법으로 삼고 있는데, 그 초기 결과물들 또한 신고전파 경제학의 여러 기본 가설에 갖가지 문제를 제기하고 있다. 예를 들어 신경 활동을 살펴보면 많은 사람들이 화폐적 이득을 통해 '직접' 효용을 얻는 것으로 관찰된다. 그런데 순수 경제학 이론에 따르면, 화폐는 다른 여러 욕구를 충족시키기 위한 목적에서 '간접적'으로 욕구되는 것이라고 여긴다. 신경 과학자들이 계산적 이성은 인간 두뇌의 작은 한 부분(앞부분)에만 제한되어 있다는 것을 보여 주게 되면 호모 이코노미쿠스라는 가설은 심각하게 무너지게 된다. 합리적 선택 이론은 비교적 단순하고 실용적인 단기적 선택에서는 그런대로 작동할지 모르지만, 인생에서 정말 중요한 결정은 다른 방식으로 결정된다. 설령 어떤 사람들과 그들을 연구하는 사회과학자들이 그럴 듯하지만 엉터리인 사후적 합리화를 덧붙인다고 해도 그렇다. 게다가 우리의 의식과 인지 과정에는 감정적인 요인들이 도무지 예측할 수 없는 방식으로 침범하여 왜곡을 일으키게 되어 있으므로, 이 단순하고 실용적인 단기적 선택들에서조차도 경제학 이론은 예측력을 가질 수가 없다. 이렇게 게임이론의 극대화라는 수칙은 깨어질 때가 많고, 파트너가 될 사람이 훌륭한 평판을 가진 이라고 여겨진다면 신뢰와 신용이 아주 쉽게 주어져 버리기도 한다.

인류학자들은 탐욕이나 편견 같은 강력한 감정적 충동을 조건 짓는 사회적 관계, 그리고 실제 생활에서 평판을 결정하는 요인들을 분석함으로써 이야기의 빈 곳을 메꿀 수가 있다. 우리는 사회와 사회 사이는 말할 것도 없고 한 사회 내부에서도 개인마다 상당한 편차가 있을 것이라고 본다. 예를 들어 전문직인 의사들은 자신의 결정이 지극히 합리적이며 오로지 환자들의 필요에만 기초를 두고 있다고 생각하려 한다. 하지만 뇌 영상 촬영의 도움을 얻으면 의사들이 내리는 처방이라는 것이 사실 제약회사에서 받은 선물에 영향을 받기 쉽고, 따라서 그 회사의 판촉 활동의 합리성을 그대로 확인해 주는 식이라는 사실을 보여줄 수가 있다. 만약 이 연구에 등장하는 의사들이 자기들은 외부의 영향력에서 자유롭다고 생각한다면 이는 자기기만이라는 것이다(Zaloom 2008).

화폐인류학

신용 팽창이 벌어진 몇 십 년 동안 일류대학 졸업생들은 직장으로 은행을 선택하는 경향이 있었다. 화폐인류학 또한 최근 들어 부활하는 행운을 얻었다. 종래의 인류학자들은 인간 세상을 근대 경제와 전통 경제로 나누고 그중 한쪽에만 안일하게 머물려고 했지만, 이제는 달라졌다. 또 인류학자들은 전통적으로 화폐의 문제를 회피하려고 했지만 이제는 보통 사람들에게 화폐가 차지하는 적극적인 기능을 어느 정도 인정하는 쪽으로 바뀌어 갔다. 인류학자나 사회학자들은 주류 경제학이 제시하는 화폐와 시장에 대한 비인격적 접근법을 오래도록 거부해 왔다. 보통 사람들은 자기 주머니 속의 현금을 획일적인 사물로 취급하기보다는 그 사물에 '용도 표시'를 해둔다. 얼마는 장보는 용도로 얼마는 휴일 외식비로 정해 두는 식이다(Zelizer 1994). 이런 모습은 특히 경제학자의 시야에 들어오지 않는 가정생활에서 그러하다. 사람들은 어디서나 화폐를 인격화시키며, 다양한 사회적 도구를 활용하여 자신의 목적에 맞게 변형시킨다. 이는 또한 조너선 페리와 모리스 블로흐의 영향력 있는 책 《화폐와 교환의 도덕성》(1989)이 내놓는 메시지이기도 하다.

여러 비서구 사회의 소규모 사례 연구를 모은 이 책에서, 두 저자는 토착 사회들이 근대 화폐의 비인격적 논리에 종속되지 않고 여유 있게 자신의 것으로 소화해 버린다는 생각을 공유하고 있다. 그 밑바탕을 이루는 논리는 뒤르켐한테서 익히 보아 온 것이다. 사회적 삶의 회로는 두 가지가 있다. 하나는 단기적이며, 개인적이며, 물질주의적인 일상의 회로이다. 다른 하나는 장기적이며, 집단적이며, 이상화되어 있고 심지어 영성적이기까지 한 사회적 회로이다. 시장 교환은 첫 번째 범주에 들어가지만, 무릇 모든 사회는 스스로를 재생산하는 조건인 두 번째 범주에 시장 교환을 복속시키려고 한다. 어떤 까닭인지 저자들이 살펴보고 있지는 않지만, 서구 사회에서 화폐는 스스로 독립적인 사회적 권력이 되었던 반면, 그 밖의 사회는 화폐를 제자리에 묶어 둘 능력을 그대로 보유했다. 따라서 여기에서도 우리가 발견하게 되는 가치의 위계에서 사회의 연속성을 보장하는 여러 제도들이 화폐보다 윗자리를 차지한다. 화폐와 시장을 오로지 비인격적이고 비사회적인 모델로만 이해할 경우 이러한 차원을 놓치게 되며, 이러한 사실을 의식하는 것은 분명코 중요한 의미가 있다. 하지만 경제는 개인이나 가족, 또는 지역 집단들보다 더 넓은 범위의 수준에서 존재하며, 이는 화폐와 시장이라는 비인격적인 제도가 없다면 작동할 수가 없다. 사회의 외연이 대단히 넓기 때문에 개인에게는 비인격적 성격을 띠게 되고 또 개인의 일상적 경험과도 필연적으로 격차가 생길 수밖에 없으니, 그 격차를 메우는 수단으로 종교가 등장하게 된다고 뒤르켐은 말한 바 있다(Durkheim 1912). 화폐도 뒤르켐이 말하는 종교와 마찬가지로, 우리 모두가 그 둘 사이의 간격을 메우는 으뜸가는 수단이다.

화폐란 사회의 증표로서, 개개인들을 그들이 귀속된 여러 관계의 우주와 연결하기 위해서는 비인격적 성격을 띠지 않을 수 없다. 하지만 사람들은 모든 것을 개인적이고 인격적인 것으로 만들려 하게 마련이며, 그들이 사회와 맺는 이런저런 관계도 예외가 아니다. 이러한 양면적 관계는 보편적이지만 그것의 발생은 대단히 다양하다. 사회를 인간화하려는 노력에 언제나 화폐가 중심적인 차리를 차지할 수밖에 없는 이유도 여기에 있다. 화폐는 우리가 사회 안에서 스스로 취약성을 느끼게 만드는 으뜸의 원천이기도 하지만, 또한 비인격적인 세상을 우리들 각자의 의미로 다시 만들도록 해주는 중요한 실제적 상징이기도 하다.

말리노프스키 이래 인류학자들은 먼 이국의 사실들과 서양 문명에서 내려오는 이론들을 대립적 위치에 놓고서 보편적 경제 현상이 존재한다는 점을 부인하는 경향이 나타났는데, 이는 당대의 역사가 자기들의 사상에 끼친 영향의 결과임을 인지하지 못했기 때문이다. 키스 하트는 폴라니의 견해(Polanyi 1944)를 반영하여 서구의 화폐 이론에 내재하는 두 가지 흐름을 잡아낸다(Hart 1986). 하나는 화폐를 국가가 발행하는 권위의 '증표'로 보는 흐름이고, 다른 하나는 시장이 만들어 낸 '상품'이라고 보는 흐름이다. 하트는 주화의 앞면과 뒷면이 바로 화폐의 두 측면 표상하는 것이라고 보았다. 앞면(heads)은 국가의 가상적 권위를 나타내고 있으니, 이는 사회의 증표이자 계산 화폐이다. 뒷면(tails)은 화폐 자체가 교역에 수치적 정밀성을 더해 주는 상품으로서 현실적인 사물이라고 말한다. 이 두 면은 마치 바닥과 꼭대기처럼 서로 연관되어 있다. 하지만 영어권 국가들의 경제정책은 이렇게 사회의 조직이라는 것이 위에서 내려오는 방향과 아래로부터 올라가는 방향이 서로 의존하고 있다는 사실을 인정하지 않고 되레 그 두 극단('앞면' 아니면 '뒷면') 사이를 거칠게 오고간다고 하트는 지적한다.

> 인류학자들은 우리들을 먹여 살리고 있는 산업 세계의 여러 현실과 생각들을 좀 더 근원적으로 그려 내야 한다. 그래서 그것을 자신들이 찾아낸 여러 이국적이고 낯선 모습들과 비교할 수 있어야만 한다. 전통적인 경제 논리는 너무나 일방적이고 일차원적이라서 우리에게 깨달음을 주지 못한다. 주화의 양면은 둘 다 절대로 없어서는 안 될 것들이고 주화에 그런 양면이 있는 것에는 충분한 이유가 있다. 화폐는 인간들 사이에 맺는 여러 관계의 한 측면이기도 하지만 한편으로 그 인간들과는 동떨어져 있는 사물이기도 하다(Hart 1986: 638).

화폐, 특히 귀금속 화폐는 자신들이 보유한 사적 소유물을 판매하고 구매하는 물물교환의 편리한 수단일 뿐이라는 게 지배적인 관점이다. 이에 대해 화폐의 발행은 항상 국가의 밑받침 위에서 이루어졌으며 주로 조세 지불을 보장하기 위한 하나의 방법이었다고 보는 소수 견해도 있다. 국가의 관료적 권력은 강제력에 의존하고 있다. 세수는 권력자들이 사람들에게 처벌 위협을 통하여 세금을 지불하도록 강제할 수 있는 능력에 달려 있고, 이를 위해서는 '주권'이라는 것이 반드시 있어야만 한다. 그렇다면 그게 아니라 화폐가 사람들로부터 바로 나온 것이라면? 독일 낭만주의 전통에서는 화폐란 한 민족(Volk)의 여러 관습을 표현하는 것이라고 주장한다. 또 여러 영국 자유주의자들도 은행 화폐란여러 공동체 내의 신뢰를 표현한 것이라고 생각해 왔으며, 개인들 사이에 신용과 부채의 관리를 보장하는 여러 제도적 장치들에서 가치를 찾았다. 이렇듯 인류학자들이 이 문제에 뛰어들기 오래 전부터 복잡한 여러 지적 전통들이 있었거니와, 인류학자들은 서양의 경제사상 중에서도 지나치게 단순화된 관념들에만 안주하면서 이러한 다양한 전통으로부터 배우는 데 실패했던 것이다.

최근에 들어와 화폐에 관한 인류학 연구는 그야말로 대홍수를 이루고 있으며, 또 금융기관에 관한 연구 성과도 엄청나게 터져 나오고 있다. 이러한 작업은 우리의 삶을 다스리는 익명의 제도들을 인간화하는 것을 목표로 하며, 그중에 일부는 실제로 독자들의 일상적 경험과 글로벌 경제 사이의 간격을 메우기 시작한다. 화폐에 대한 제인 가이어의광범위한 연구 조사는《한계 이득: 대서양 연안 아프리카의 화폐 거래》(2004)에서 절정을 이룬다. 그녀의 연구는 우리가 이 책에서 경제인류학의 나아갈 길이라고 제시하려는 바를 보여 주는 압권이라 할 수 있다. 카메룬과 나이지리아에서 장기간에 걸친 민족지 연구 조사의 기초로부터 시작하여 가이어는 서부 및 중부 아프리카 지역에 적어도 300년 전부터 토착 상업 문명이 존재해 온 사실을 밝혀 낸다. 이 문명의 기초에는 사람들의 신분 차이에 따라 다양한 순서표를 조작하는 것이 있었다. 상업을 이렇듯 독특하게 접근하는 방식 때문에 중상주의가 확산되던 시기에 유럽 역사가들도 그런 상업 문명의 존재를 눈치 채지 못했지만, 이는 민족지 학자들도 마찬가지였다. 이들 또한 협소한 개별 특수주의(particularism)에 빠져 있었던 데에다 깊이 있는 역사 지식도 부족했던지라 자신들이 마주치게 되는 지역 경제 시스템에 대해 외국 무역상들만큼이나 무지했던 것이다. 가이어는 '교환 영역들'이라는 보해넌의 담론을 거부하고(4장을 보라), 이후 자신이 아프리카에서 발견한 바에 바탕을 두고 미국과 영국 등 자기가 살던 나라들의 여러 경제 제도에 관한 광범위한 분석으로까지 발전시킨다.

　그런가 하면 화폐는 '기억의 은행'이기도 하다(Hart 2000). 개인들은 이를 창고로 삼아 자신들이 한 번 가늠하고 계산해 보고 싶었던 교환들의 기억을 저장하며, 또 개인을 넘어서서 공동체 전체의 경제적 기억을 끄집어내는 원천으로 삼기도 한다. 근대적 화폐 시스템을 통해 사람들은 자신이 이 세계와 벌인 여러 교환을 추적하고 또 공동체 안에서 자신이 보유한 부의 현재 가치를 계산해 볼 수 있는 수단을 충분히 얻을 수 있다. 이런 의미에서 보면 화폐의 주요 기능 가운데 하나는 '기억하기'이다. 오늘날 개인 신용의 확산을 경제생활에서 휴머니즘을 확장하는 한 걸음이라 볼 수도 있지만, 이런 추세는 비인격적인 정부와 법인 기업에 더 크게 의존하는 결과를 가져올 뿐 아니라 계산 조작과 관련된 종류의 비인격적 추상화와 계약적 교환을 위한 비인격적 표준 및 사회적 보장에 더 크게 의존하는 결과를 낳는다. 포스트모던 경제에서 인격적 존재인 개인들이 다시 돌아온다고 해도, 서로 얼굴을 맞대는 관계보다는 컴퓨터 모니터의 신호를 통한 관계일 것이고 언젠가는 홀로그램 기술을 통해 눈앞에 살아 있는 모습으로 나타나게 될 것이다. 그렇다면 우리는 화폐를 객관적 힘으로 보아 주눅만 들 것이 아니라 그것이 우리한 사람 한 사람이 발생시키는 복합적인 사회적 연결망을 추적하는 방식이라는 생각에 마음을 열어야 한다. 그렇게 되면 화폐는 마을과 지역은 물론 전 지구에 걸쳐 모든 수준에서 인간의 상호작용이나 개인의 행위 모두와 양립할 수 있는 다양한 형태를 띨 수 있게 될 것이다.

사람들은 이미 화폐와 교환을 자신들의 인격적 행위의 일부로 여겨여러 가지 통제를 행하고 있으며, 경제인류학자들은 이를 강조하는 것에 멈추어서는 안 된다. 이는 이미 우리들 대부분이 익숙하게 알고 있는 일상의 세계인 것이다. 또한 우리가 알지 못하는 거시경제의 여러 지점까지 도달할 수 있는 방법을 찾아야만 한다. 그렇게 하지 않는다면 그것들이 가져다주는 황폐와 파멸을 우리는 피할 길이 없을 것이다. 게오르크 지멜이, 화폐란 우리가 보편적 사회를 만들어 낼 잠재력이 있음을보여 주는 구체적 상징이라고 말했던 것도 바로 이를 두고 하는 말이다 (Simmel 1900).

결론

경제인류학의 '황금시대'에 벌어진 대논쟁은 1970년대에 들어오자여러 비판적 접근에 자리를 내어주었다. 그중에 가장 눈에 두드러진 흐름은 마르크스주의와 페미니즘이었다. 형식론자들은 주로 신제도학파경제학으로 변함없이 살아남았다. 이러한 종류의 제도주의는 '거래 비용'이라는 개념에 크게 의존하여 주로 시장의 여러 모델과 합리적 선택이론을 새로운 영역으로 확장하는 것을 내용으로 삼는다. 이는 베블런이나 폴라니 같은 옛날 제도학파 경제학과는 크게 동떨어진 것으로서, 학계에서는 오랫동안 신고전파 경제학이 대표해 온 '비즈니스' 패러다임의 변종으로 보는 것이 아마도 가장 적절할 것이다. 진 엔스민저는 신제노학파 경제학을 포스트모더니즘의 거센 물결에 맞서 과학의 항해를 계속 이끌어 가는 영웅적 전투라는 식으로 그려 낸다. 하지만 그녀의 작업은 멀리 레이먼드 퍼스에서 해럴드 슈나이더의 형식론과 프레더릭 바스의 '거래주의'를 거쳐 내려온 전통, 즉 민족지 학자들로 하여금 구체적인 민족지적 상황에서의 제도적 복잡성을 다루는 가운데에서도 합리적 선택의 수사학을 장려하는 전통의 연장선에 있다고 보는 것이 옳다. 게임이론을 여러 다른 문화에 적용함으로써 문화적 진화와 생물학적 진화 사이에 체계적 연관성을 확립하려는 시도도 꾸준히 이루어져 왔지만, 그 성과가 적어도 현재까지는 시원치가 않다. 호모 이코노미쿠스는 다시 한 번 충분한 인간관이 못 된다는 사실이 밝혀졌지만, 경제학에서 벗어나는 것들에 대한 관찰을 모조리 '문화'로 설명하는 것 또한 아주 공허한 일 같아 보인다.

수많은 인류학자들이 경제를 더 잘 들여다 볼 수 있는 틀로서 '문화'라는 블랙박스를 열어 보려고 노력했지만, 그 결과는 들쭉날쭉하다. 가장 뛰어난 연구의 경우, "만사만물은 사회 속에서 생명을 부여 받는다"(social life of things)는 민족지 학자의 감수성을 문화적 가치 평가 자체나 경제적 과정에서 재생산되는 지위, 권력, 부의 불평등으로 모습이 결정된다는 인식에 결합시킨다. 경제인류학자들은 마르크스주의자들이 공준으로 삼는 인과적 연쇄의 개념을 대부분 폐기한 바 있으며, 형식론과 실체론의 개념 틀까지 모두 버렸다. 사실 더 이상 단일한 지적 공동체로서 경제인류학이란 존재하지 않게 되었다. 하지만 좀 더 긍정적인 관점으로 보자면, 이러한 문화적 전환을 통하여 실체론자들의 열망이 실현되었다고 주장할 수도 있다. 부르주아 경제학의 범주라는 것이 그저 유럽 지역에 한정된 모델일 뿐이며 그것도 별로 매력이 없는 모델이라는 점을 민족지를 통해 증명함으로서 그러한 범주들이 우겨 대는 사이비 보편주의를 극복할 수 있었으니까 말이다. 이러한 관점에서 보자면, 오늘날 화폐와 일상적 도덕률에 대한 관심과 초점이 새롭게 살아난 흐름은 특히 희망적이다. 인간의 두뇌를 스캔하는 기술이 나오면서 평범한 사람들이 도저히 접근할 수 없는 영역까지 탐구할 수 있게 되었지만, 현실에서 인간이 보이는 경제적 행동에 대한 조사를 이것으로 대체할 수는 없다. 우리의 모든 활동을 제약하는 도덕규범들은 '영구 전자회로처럼 고정된'(hard-wired) 것이 아니라 끊임없이 변화하는 정치적·이데올로기적 맥락에 대응하여 함께 변화한다.

1970년대는 하나의 분수령이었다. 그런 분위기는 그 당시에도 확실히 느껴졌다. 1980년대에는 이미 그전부터 상당히 오랫동안 케인스주의의 헤게모니를 위협하던 신자유주의 이데올로기가 처음으로 적용되기 시작했다. 경제학 내부에서도 시카고대학의 밀턴 프리드먼이 '통화주의'와 '자유시장'의 으뜸가는 사도 역할을 하고 있었다. 마거릿 대처는 사유화를 끝없이 확장해 나가도록 부추겼다. 무엇보다 영어권 선진국들 내부에서 발생한 위기에 대응하기 위한 것이었지만, 이 새로운 정책들이 처음으로 실험된 곳은 발전도상국들이었다. 식민주의 시대는 공식적으로는 끝났다고 하지만 이러한 정책들은 '구조조정'이라는 딱지를 달고 시행되었다. 그리고 1989년이라는 기적의 해는 비록 '역사의 종말'까지는 아니라고 해도(Fukuyama 1992), 적어도 자본주의 세계시장의 실현 가능한 대안으로 제시되던 공산권의 경제상호원조회의(COMECON)는 확실하게 종식시켰다. 이것이 우리가 최근의 경제인류학 발전을 이해할 때 고려해야 할 맥락이다. 경제인류학을 다시 생기 있게 살려 내는 작업은 여러 차원에서 진행되고 있는 세계사적 변화 과정들과 직접 씨름할 능력이 있는가에 달려 있다.

이제 우리는 경제인류학이 우리 시대의 세계사가 내놓은 큰 질문들에 어떻게 비판적으로 씨름해 왔는지를 검토해 볼 시간이 되었다. 그런 큰 질문들은 곧 불평등한 발전, 사회주의적 내안, 글로벌 사본주의이다.

| 더 읽어 볼 자료 |

네오마르크스주의적 접근법에 대해서는 Bloch, M. (ed.) *Marxist Analyses and Social Anthropology* (1975)와 Bloch, M., *Marxism and Anthropology: The History of a Relationship* (1983) 그리고 Hart, K., "The contribution of Marxism to economic anthropology." In S. Ortiz (ed.) *Economic Anthropology: Topics and Theories* 105-44(1983)를 읽어 보라. 1960~1970년대 프랑스 마르크스주의 인류학의 주요 논문을 영어로 번역한 선집으로는 Seddon, D. (ed.) *Relations of Production: Marxist Approaches to Economic Anthropology* (1978) 가 있다. 인류학에 대한 페미니즘 학자들의 기여에 대한 개괄로는 Moore, H., *Feminism and Anthropology* (1988)가 있다. 여성 무역자들에 대한 더 많은 논의는 Seligmann, L. J. (ed.) *Women Traders in Cross-Cultural Perspective: Mediating Identities, Marketing Wares* (2001)를 참고하라. 터키에 관해서는 Stirling, P. (ed.) *Culture and Economy: Changes in Turkish Villages* (1993)가 좋겠다. Breidenbach, J. and Nyiri, P., *Seeing Culture Everywhere: From Genocide to Consumer Habits*(2009)는 어째서 요즘 '사방에서 문화 이야기'가 나오는 지를 설명하고 있다. Miller, D., *Stuff*(2010)는 '물질문화'에 대한 접근법에 관하여 열정적인 논의를 담고 있다. 스티븐 구드먼의 여러 중요한 기여에 대한 논의로는 Löfving, S. (ed.) *Peopled Economies: Conversations with Stephen Gudeman*(2005)을 참고하라. 신제도학파의 작업을 소개한 글로는 Acheson, J. (ed.) *Anthropology and Institutional Economics*(1994)가 있다. 소유에 대한 최근의 인류학 문헌의 선집으로는 Hann, C. (ed.) *Property Relations: Renewing the Anthropological Tradition*(1998)과 Hunt, R. and Gilman, A. (eds.) *Property in Economic Context*(1998)가 있다. 신자유주의에 대한 짧고 비판적인 입문서로는 Harvey, D., *A Brief History of Neoliberalism*(2005); 《신자유주의》(최병두 옮김, 한울, 2014)가 좋겠고, 초기에 나온 비판으로는 Friedland, R. and Robertson, A. F. (eds.) *Beyond the Marketplace: Rethinking Economy and Society*(1990)를 읽어 보라.

6장
발전과 불평등

근대 인류학을 출범시켰던 빅토리아 시대의 학자들은 당시의 세계가 급속히 변화하고 있음을 피부로 느끼고 있었다. 오늘날 우리는 그런 변화를 산업자본주의가 열어 놓은 기계 혁명의 결과라고 알고 있지만, 이 시대 학자들이 제기한 문제는 유럽 문명의 후손들이 비교적 쉽게 전 세계를 장악하게 된 이유를 설명하는 것이었다. 이들은 세계라는 사회가 여러 다른 피부색을 가진 민족들이 저마다 문화적 경쟁력에 따라 인종의 위계질서를 이루고 있다고 보았으며, 인류학은 이러한 위계가 나타나게 된 과정을 이해하는 방식 가운데 하나였다. 따라서 19세기 인류학의 주요한 관심은 인간 본성의 보편적 속성이 아니라 '진화' 곧 세계사를 하나의 전체로서 고찰해야만 이해할 수 있는 과정으로 다루는 것이었다. 이러한 방법은 인종주의적 제국주의와 결부되어 있음이 자명하다는 이유에서 많은 사람들의 불신을 받았다. 인류학이 20세기에 들어서서 민족지로 전환하게 된 것은 제국이 사라지고 모든 민족은 저마다 생활

방식을 지켜 나갈 권리를 갖고 있다는 원리에 바탕을 둔 독립적 국민국가들로 이루어진 세계 체제가 나타나는 과정과 연결되어 있다. 그런데 그 결과 인류학자들은 18~19세기의 선조들이 가지고 있던 지구적인 관점을 잃어버렸고, 또 현재를 더 나은 미래로 나아가는 이행기로 이해하는 비판적 능력까지 대부분 상실해 버리고 말았다.

지난 반세기 동안 이루어진 '발전'에 대한 인류학적 연구는 이러한 경향 가운데 보이는 예외이다. 우리가 이제부터 살펴보게 될 근대 경제사의 여러 문제와 마찬가지로, 발전이라는 문제 또한 인류학자들이 사회적 변화를 좀 더 포괄적인 수준에서 다룰 것을 요구한다. 발전 문제라는 이름 아래에 이루어진 모든 연구가 경제인류학이라고 할 수는 없지만, 인류학자들이 자신들이 연구하는 여러 민족들이 계속 변화하며 형성되는 세계 사회의 일부라는 생각을 받아들인다면, 예전에 식민지였던 세계의 발전이 어떻게 이루어지고 있는가는 경제인류학의 중심적 문제가 될 수밖에 없다. 우리는 5장에서 에릭 울프, 시드니 민츠, 잭 구디 같은 학자들이 저마다 전혀 다른 방식으로 우리의 불평등한 세계가 나타나게 된 과정을 설명해 주는 인류학적 역사 프로젝트를 고안하여 주목받았음을 보았다. 마르크스주의와 페미니즘이 시작한 급진적 비판 또한 나름의 방식으로 기여했다. 하지만 이들은 마르크스와 엥겔스가 품고 있던 세계사적인 비전을 갖지는 못했다.

전후 몇 십 년 동안 '발전'을 추동한 궁극적인 목적은, 부자 나라들이 가난한 나라들과 함께 힘을 합쳐 그들의 경제적 전망을 개선시킬 방법을 찾아 더 좋은 세상을 만들자는 것이었다. 이러한 면에서 보자면 '발전'이란 빅토리아 시대의 진화주의가 다시 살아난 것으로 볼 수도 있다. 이제 우리는 먼저 이 '발전'이라는 말이 뜻하는 바가 무엇인지를 묻고,

우리의 불평등한 세계를 연구 대상으로 삼기 위해서는 어떠한 접근법을 취해야 할지 검토할 것이다. 우리는 발전 연구 그리고 좀 더 포괄적으로 발전과 관련된 전체 산업 지형에서 인류학이 차지하는 위치를 전체적으로 살펴볼 것이다. 그다음으로는 아프리카를 좀 더 자세히 들여다보면서 인류학자들이 기여한 개념으로서 가장 영향력이 큰 '비공식 경제'라는 개념을 다룰 것이다. 마지막으로는 이 세계가 과연 '발전 너머'로 이동해 왔는지 질문을 던질 것이다.

불평등한 세계

1800년 무렵 세계 인구는 10억 명가량이었다. 도시에서 거주하는 사람은 40명 가운데 1명꼴에 불과했고, 나머지는 토지로부터 생계를 이어 가고 있었다. 인간이 생산하고 소비하는 거의 모든 에너지는 동물과 식물에서 나온 것이었다. 그런데 불과 두 세기가 지나자 세계 인구는 6십억 명에 도달했고 그중에 도시 거주자의 비율은 거의 절반이나 되었다. 기계를 통해 무생물로부터 얻는 전환 에너지는 이제 생산과 소비에서 큰 몫을 차지하게 되었다. 이 기간 내내 인구는 연평균 1.5퍼센트 비율로 증가했고, 도시는 연간 2퍼센트, 에너지 생산은 약 3퍼센트 정도씩 성장했다. 특히 인구 증가율의 곱절이나 되는 에너지 생산 증가율은 지난 2백 년 동안의 경제적 팽창이 어떠했는지를 보여 주는 강력한 지표이기도 하다. 오늘날 더 많은 사람들이 예전보다 더 오래 살고, 더 적게 일하면서도 더 많은 에너지를 쓴다. 그럼에도 이 남아도는 에너지의 분배는 지독하게 불평등하다. 전체 인류의 약 3분의 1은 여전히 아무런 장비도 없이 맨손으로 들판에서 일하고 있다. 미국인들 개개인이 사용하는 에너지는 평균적인 우간다의 개인과 비교하면 무려 400배나 된다.

'발전'이란 무엇보다도 이렇게 인류가 시골 마을에서 도시로 바쁘게 몰려온 현상을 가리킨다. 이러한 경제성장과 그에 따른 불평등을 촉진한 원동력이 바로 '자본주의'라는 점에는 거의 모두가 동의한다(이 문제는 8장에서 살펴보기로 한다). 어쨌든 그렇다면 '발전'이란 곧 자본주의적 성장이 어떻게 발생했고, 동시에 자본주의가 창조와 파괴(슘페터가 '창조적 파괴'라고 부른 바 있다)라는 순환 주기를 반복하면서 불러온 피해와 손상을 어떻게 보상하게 되는지를 이해하려는 노력이라고 말할 수 있다. 세 번째 의미로는 20세기 중반의 '발전 국가'를 들 수 있다. 이는 지속적인 경제성장과 재분배를 만들어 내는 최상의 존재가 바로 국가라는 생각이다. 파시즘 국가와 공산주의 국가들이 처음 개척한 이 모델은 제2차 세계대전 무렵이 되면 여러 식민 제국에 뿌리를 내리게 된다. '발전 국가'는 적어도 1970년대까지는 선진국이나 신생 독립국 할 것 없이 세계의 중심적인 규범으로 자리 잡게 된다.

하지만 지난 반세기 동안 이 '발전'이라는 말의 가장 흔한 용법은 부자 나라들이 가난한 나라들을 도와 부유해지도록 만든다는 책임과 약속을 뜻하는 것이었다. 식민지 해방운동의 여파로 이러한 약속과 책임은 아주 현실적인 의미를 띠고 있었지만, 그것을 실현하기 위해 선택된 방법은 결함투성이일 때가 많았다. 하지만 1970년대라는 분수령을 거친 후에는 이러한 약속과 책임마저 자취를 감추었다. 세계경제가 급속히 성장하던 1950~1960년대에 부자 나라들은, 가난한 나라들도 스스로를 부유하게 만드는 작업에 착수할 수 있다는 믿음을 장려했다. 하지만 1980년대 이후가 되면 '발전'이라는 이데올로기가 지구화의 물결 속에 시장을 개방하도록 압력을 가하는 한편, 착취와 무시로 곪아터진 상처에 회반죽을 칠하여 은폐하는 미화 작업을 뜻하는 경우가 많았다. 발전이란 이렇게 식민 제국이 사라진 이후 부자 나라들과 가난한 나라들 사이의 정치적 관계를 가리기는 말이 되었다. 처음 몇 십 년 동안에는 이 말이 '원조'(aid)라는 말과 함께 붙여 있는 경우가 많았지만, 오늘날에는 '협력 관계'라는 말을 더 많이 사용하고 있다.

유럽 제국들이 무너진 이래 발전의 경험은 지역마다 편차가 대단히 크다. 제2차 세계대전으로 터져 나온 식민지 해방 혁명 이후 수많은 아시아 나라들이 서방의 도움을 받거나 또 받지 않으면서 성공적인 자본주의 경제를 건설했다. 그리하여 마침내 전 지구적인 경제 권력의 균형을 동쪽으로 이동시켰으며, 이 추세는 최근 들어서 속도가 더 빨라지고 있다. 하지만 다른 지역 특히 아프리카, 중동, 라틴아메리카의 여러 나라들은 1970년대 이래 침체 또는 쇠퇴를 겪어 왔다. 이렇게 여러 나라들이 밟아 온 경로가 다양하기 때문에 '발전 모델의 다양성'이라는 개념이 유행하기에 이르렀다. 아시아에서는 서구 자유주의 모델과 달리 권위주의적인 국가(특히 중국, 7장을 보라)에 방점을 찍는 경향이 있으며, 급진적인 정치적 대안 형태들은 특히 라틴아메리카 나라들에서 찾아볼 수 있다는 것이다.

제2차 세계대전이 끝나고 20년 동안(1950~1960년대)은 전반적으로 경제가 성장하고 비교적 강력한 국가들이 나타났지만, 그 뒤 몇 십 년 동안은 경제 침체와 약화된 국가가 나타났다. 1980년대로 넘어오면, 1970년대의 석유 위기와 '스태그플레이션'의 여파가 남아 있었던 데다가 신자유주의 보수파들이 권력을 잡게 되면서 발전이라는 문제가 더 이상 주요 의제로 진지하게 다루어지지 못했다. 대신 다른 동력이 나타났으니, 전 세계 모든 나라 경제를 자본의 흐름에 개방해야 한다는 주장(구조조정)이었다. 그 목적에 필요하다면 국가의 통치 권한을 희생시키는 일도 감수해야 한다는 것이었다. 또 가난한 나라들은 외채에 대한 이자를 지불하느라 소득에서 엄청난 누출을 감수해야만 했다.

1945년 유엔이 창설된 이래로 전 세계 인구를 대상으로 각종 통계를 수집하는 것은 하나의 규범이 되었지만, 인류 전체를 단일한 단위로 사고하는 습관은 오늘날까지도 아직 분명히 자리 잡은 것은 아니다. 하지만 시간문제일 뿐이다. 오늘날의 세계 사회는 근대 혁명이 휩쓸기 이전 농업 문명에 존재하던 여러 발달된 중심지들과 비슷하다(Hart 2002). 두 세기 이상 정치적 투쟁과 경제 발전이 이어진 결과 전 세계는 장자크 루소가 불평등에 대한 논고를 쓰고 있을 무렵인 프랑스 '앙시앵레짐'과 흡사한 상태에 놓여 있게 되었다. 다수의 대중들은 빈곤 상태에 빠져 있으며 보잘것없는 생활비가 무력한 그들의 상태를 보여 주는 척도가 될 지경에 이르렀다. 이 다수 대중에 대한 통제력은 사회적으로 한 줌도 안 되는 소수의 손에 들어가 있지 않은가. 이러한 상황을 '앙시앵레짐'이라는 이름 말고 달리 무어라고 부를 수 있단 말인가. 최근에 벌어진 기계 혁명의 물결 덕분에 한 개인이 글로벌 정보 산업을 지배하면서 4백억 달러나 되는 순자산을 거머쥐는 일도 벌어지는 반면, 수십억 명이나 되는 사람들은 인터넷은 고사하고 꼭 필요한 생필품조차 없어서 쩔쩔매고 있는 상황이다.

우리가 살고 있는 세상에는 두 가지 중요한 특징이 있다. 제2차 세계대전 이후로 시장의 팽창이 역사상 유례를 찾아볼 수 없는 수준에 도달했다는 사실, 그리고 부자 나라와 가난한 나라 사이의 경제적 불평등이 극에 달했다는 사실이다. 이렇게 모든 나라들이 시장을 통해 한결 가까워졌음에도 불구하고 그들 사이의 불평등이 더욱 심해진 상황은 실로 일촉즉발의 위험한 조합이다. 《포브스》의 2009년 3월 보도에 따르면, 전 세계의 가장 부유한 개인 10명의 순자산을 합치면 2천5백억 달러나 된다고 한다. 대략 핀란드(인구 5백만)나 베네수엘라(인구 2천8백만), 남아프리카공화국(인구 4천9백만), 이란(인구 7천2백만) 같은 중간 정도의 지역 강대국들의 연간 소득과 맞먹는다고 한다. 이 액수는 사하라 사막 이남의 아프리카 26개국(인구를 모두 합치면 거의 5억 명으로 세계 전체 인구의 12분의 1)의 연간소득을 모두 합친 것과 같다.

가장 가난한 사람들에게 충분한 식량과 깨끗한 물, 기초 교육을 제공하는 데 들어가는 돈보다 서양 사람들이 해마다 화장품과 아이스크림, 애완동물 사료 같은 것을 사는 데 쓰는 돈이 더 많다. 선진국의 경우 자가용 소유는 1천 명당 4백 대에 달하지만 발전도상국에서는 20대에도 미치지 못한다. 부자들은 가난한 사람들보다 세계의 환경을 50배나 더 많이 오염시키지만 오염 때문에 죽을 확률은 더 낮다. 유엔개발계획(UNDP)에서 나온 《인류 발전 보고서》(1998)에 따르면, 지난 20년 동안 전 세계의 소비는 6배가 늘었지만, 지출 가운데 86퍼센트는 상위 20퍼센트 사람들이 차지했고 하위 20퍼센트의 사람들이 차지한 비율을 1.3퍼센트에 불과했다. 아프리카의 인구는 전 세계 인구의 7분의 1이지만 구매력은 불과 2퍼센트밖에 되지 않는다.

가난한 사람들과 부자들을 공간적으로 갈라놓는다는 분리 정책(apartheid)의 원리는 지역적 차별 시스템 어디에서나 모습을 드러내고 있으며, 상당히 노골적일 때가 많다. 한편 카리브 해 출신의 노벨 경제학상 수상자인 아서 루이스는 20세기의 세계 사회는 특별한 역사적 국면에서 인종적 노선에 따라 구축되었다는 주장을 설득력 있게 제시한 바 있다(Lewis 1978). 제1차 세계대전 이전 30년 동안 5천만 명의 유럽인들이 고국을 떠나 온대지방의 새로운 정착지로 이주했다(그중 75퍼센트는 미국에 정착했다). 또 그만큼의 인도인과 중국인들이 계약 노동자인 '쿨리'로 여러 식민지로 이주했다. 하지만 이 두 부류의 이민자 흐름은 철저하게 분리되었다. 일과 숙련도 면에서 서로 비슷할 때가 많았지만, 백인들은 평균 9실링의 일당을 받았던 반면 아시아 노동자들은 1실링밖에 받지 못했다. 아시아 노동자들이 정착하도록 허용된 지역에서는 임금 수준도 아시아 노동자들의 수준으로 떨어져 버렸다. 서구 제국주의가 이 시절에 이렇게 세계를 비싼 노동과 값싼 노동의 나라로 갈라놓았던 것이 그 나라들의 이후 경제 발전에 심대한 영향을 끼치게 되었다. 임금이 높은 나라에서는 임금이 낮은 무역 상대국들보다 총수요가 더 높을 수밖에 없었고, 그 뒤로 세계무역은 임금이 높은 나라들의 이해관계에 따라 조직되어 왔다. 이렇게 임금이 높은 나라들에서는 세금도 더 많이 걷히기 때문에 국가는 그 돈으로 자국 농부들에게 보조금을 줄 수 있고, 또 그렇게 해서 생산된 값싼 식량을 외국에다 퍼부어 한 나라의 농업 발전을 쑥대밭으로 만들어 버리기도 한다. 나아가 가난한 나라의 제조업자들이 자국 산업 노동자들의 임금을 잠식하지 못하게 막아 버리기도 한다.

인류학자와 발전

학문적 노동 분업이 갈수록 공고해져 가는 오늘날, 발전 연구는 지금껏 반세기 동안 여러 학문 분야 학자들이 어우러질 수 있는 공간을 제공해 왔다. 그리고 이 분야를 움직여 온 이론들 또한 세계사의 흐름에 맞추어 변화해 왔다. 1950~1960년대에는 지배적인 접근법은 '근대화,' 곧 가난한 민족들이 부유한 민족들처럼 조금이라도 더 닮아 가야 한다는 이론이었다. 이는 곧 온갖 '전통적' 제도를 '근대적' 제도로 탈바꿈시키고, 도시와 자본, 과학기술, 민주주의, 법치주의, 대중교육 제도 등으로 이루어진 '부르주아 종합 세트'를 받아들여야 한다는 것을 뜻한다. 비록 이런저런 불평등이 커지기는 하지만, 진보가 가져올 여러 혜택이 결국 '낙수 효과'를 일으켜 전반적인 생활수준을 개선할 터이니 이 논리를 마땅히 받아들여야 한다는 주장이 나왔다. 하지만 1970년대가 되면 이런 식으로 굴러갈 수는 없다는 점이 명확해졌고, 대신 여러 마르크스주의 이론들이 널리 받아들여지게 된다. 마르크스주의 이론들은 부유한 자본주의 국가들을 위해 그들에게 통제되는 세계 체제에 가난한 나라들이 가담하는 바람에 '저발전'과 '종속'이 생겨나는 것이라고 보았다. 이러한 상황에서 발전을 이루려면 주변부에서 중심부 쪽으로 부를 재분배하는 제로섬게임을 본질로 삼는 이 체제로부터 가난한 나라들이 빠져나와야만 한다는 것이다. 이 이론은 조지 포스터의 말처럼, '이 세상의 좋은 것들은 제한되어 있다'는 농민들의 정서를 담고 있기도 하다(Foster 1965).

1980년대 이후 신자유주의가 발흥하면서 발전 이론의 초점 또한 일국 자본주의를 설계하고 운영하는 과정에서 국가의 역할이라든가 중앙 관료 조직을 통해 시장과 화폐, 자본축적을 모든 시민들에게 혜택이 돌아가도록 통제하는 것 등으로부터 멀어지게 되었다(2장을 보라). 이제 그 초점은 어떻게 하면 시장을 잘 작동시키고 제대로 된 가격이 형성되도록 만들 것인가로 이동하게 된 것이다. 이런 흐름은 발전 연구 분야의 경향과 관행이 초창기 여러 학문이 서로 교류하던 방식에서 벗어나 경제학의 힘이 확대되는 쪽으로 이동하는 신호이기도 했다. 1950년대만 해도 발전과 관련하여 산업 전반을 통제하는 것은 건설과 엔지니어링 기업들이었다. 이 무렵에 발전이란 암반에 구멍을 뚫고 거기에 물을 채우는 것으로 여겨졌기 때문이다. 1960년대가 되면 경제학자들(대부분 회계 분야에서 일하고 있었다)이, 발전이란 비용이 들어가고 경제적 수익을 낳는 일이라는 점을 지적함에 따라 비용편익분석이 도입된다. 그러자 발전의 수혜자도 사람들이지만 계획이 번번이 실패로 돌아가는 원인도 바로 사람들 때문이라는 사실이 밝혀졌다. 그리하여 1970년대부터는 인류학자를 비롯한 '소프트' 사회과학자들도 '인간적 요소'를 관찰·감시하도록 채용되었다. 그렇지만 1980년대 들어 신자유주의 혁명이 벌어지자 경제학자들이 완전히 통제권을 쥐게 되었고, 발전 연구의 학제적 기풍은 사실상 무시당하고 밀려나게 된다. 심지어 '발전'이라는 이름이 붙은 학문 분과를 굳이 따로 둘 필요가 있는지조차 의문을 품는 상태에 처하게 된다.

그야말로 신고전파 경제학의 승리라고 볼 수 있다. 그중에서도 수리모델과 계량경제학을 무조건 최우선으로 두어야 한다고 우기며 경제현상의 측량('빈곤'의 수량화를 향할 때가 많다)이라는 지극히 기술적인 관심에만 몰두하는 신고전파 경제학이 승리를 거둔 것이다. 산업혁명이 일어난 이래로 엘리트들은 항상 물질적 진보뿐 아니라 도시 빈민들의 생활수준 악화를 측량하는 데에 관심을 두어 왔다. 이러한 관심이 이제는 독특한 기술적 형태를 취하게 된 것이다. 수학이나 모델, 측량은 모두 저마다 쓸모가 있지만 그것들의 여러 한계 또한 분명히 인식해야만 한다. 또 다른 노벨 경제학상 수상자인 바실리 레온티에프는 "아무런 비판적 정신없이 수학 공식에 열광하다가 그 주장하는 내용이 얼마나 덧없는 것인지 은폐되어 버리는 경향이 종종 나타난다"고 불만을 토로한 바 있다(Leontief 1977: 25).

발전이라는 문제의 영역은 국제 국내 관료들과 시민들 사이에 계급 투쟁이 벌어지는 장이었다고 해도 과언이 아니다. 관료들이 내놓은 경제계획의 해법이라는 것이 사람들의 현실적인 관행과 이해관계를 전혀 담고 있지 못할 때가 많았고, 이 때문에 인간의 생존마저 짓밟히는 일까지 벌어졌다. 신자유주의 시대 분위기에서는 이러한 현실의 관찰을 관료 질서의 핵심이라 할 국가에 대한 비판과 하나가 되어 버릴 수 있었다. 그 결과 국가는 부패하고 비효율적인 존재로 무시당하게 되었고 그 자리를 각종 비정부 기구들이 차지하게 되었다. 하지만 이러한 조직들도 국가는 아니지만 관료적이라는 점에서는 마찬가지였다. 발전 정책을 조정하고 통합하는 작업을 맡기로 나선 다자간 기구들도 있었다. 이 기구들은 사람들이 스스로를 조직하는 인간적 창의력과 선도적 노력이 논리적 통제 탓에 질식해 버리기 일쑤라는 점을 잘 알고 있었고 그러한 창의력과 노력을 자극하고 일깨우려는 야심을 갖고 있었지만, 이들 또한 마찬가지로 관료적 성격을 갖고 있었기에 늘 스스로 모순에 빠져 버리곤 했다.

이 모든 과정에서 세상이 바뀌면서 인류학자들이 맡은 역할도 함께 변해 갔다. 말리노프스키는 런던경제대학에서 꾸린 세미나에 참여한 연구자들에게 응용 인류학을 공부하라고 장려했다. 또 몇몇 영국 인류학자들은 실제로 식민지 행정에서 중요한 역할을 맡기도 했다. 하지만 식민지의 독립이 전성기를 맞던 시절 제국의 통치에 조금이라도 부역하는 것이 인류학자들에게는 창피한 일이 되었으며, 인류학자들은 일반적으로 이 발전 문제와 관련된 일에서 배제되었다. 이러한 상황은 1960년대 들어 레이먼드 앱소피 같은 학자가 앞장서서 다시 인류학을 응용 사회과학으로 집어넣게 되면서 바뀌게 된다(Apthorpe, 1970). 이들은 장기간에 걸쳐 현장조사에 몰입하는 방법, 연구하고자 하는 사람들이 살아가는 현장에 실제로 들어가야 한다는 신념, 전 세계에서 수집된 여러 민족지에서 도출된 개념들, 문자 기록과 숫자 같은 관료제의 온갖 기법에 대한 무관심 또는 적대감을 가지고 들어왔다.

물론 지배적인 자리를 차지한 것은 경제학자와 공학자들의 작업이었고, 인류학자들은 그저 그들의 작업에서 공백으로 남게 되는 발전의 인간적 차원을 메우도록 요청받았다. 요청은 충분히 생각할 여유도 없이 연구에 들어가기 직전에 이루어고 허용되는 연구 기간도 짧게 단축되는 것이 보통이었다. 그러면서도 인류학자들에게 기대하는 발표 수준은 전혀 가능성이 전혀 없을 만큼 높았다. 하지만 인류학자들은 현지 주민들을 직접 관찰했다는 점을 자신들의 발판으로 삼을 수 있었다("당신들은 안 가 보았지만 저는 직접 가 보았습니다"). 어떤 경우는 이 인류학자들이 이미 잘 알고 있는 장소들을 짧게 방문하는 경우도 있었는데, 이런 절차는 단기간 연구가 안고 있는 온갖 문제를 덜어 주었다. 이는 나중에 통상적인 관행이 되고 만다. 짧은 시간을 주고 현장조사를 하라고 시키는 대신, 처음부터 해당 지역에서 오랫동안 현장조사를 한 기록이 있는 중견 학자들에게 의지하게 되었던 것이다.

인류학자들은 불현듯 자신들이 계급 전쟁의 한복판에 서 있다는 사실을 깨닫게 된다. 그런 상황에서 그들이 취할 수 있는 입장은 세 가지였다. 우선 현지의 주민들에게 관료제가 어떤 혜택을 가져다주는지를 알려줄 수가 있다. 또 현지 주민들 편에 서서 그들의 이익을 옹호할 수도 있다. 그게 아니면 그냥 관료들과 현지 주민들 사이에 양다리를 걸치고서 서로의 생각과 뜻을 상대방에게 해석해 주는 중개자가 될 수도 있다. 인류학자들이 대개 취하는 입장은 세 번째이다. 이런 입장은 스스로를 고독한 징찰뱅꾼으로 여기는 인류학사를의 낭만적인 성향과도 가장 잘 어울리는 것이었다. 이들은 개인주의자였으므로 누구의 편에도 서지 않고 모든 이들 사이에 서 있는 것이 가장 자연스럽기도 했다.

이러한 정치적 제약 말고도 다른 문제가 있었다. 민족지 연구라는 패러다임은 발전이라는 과정 자체와 완전히 모순되는 것이었다. 따지고 보면 발전이라는 것은 20세기 초 민족지 학자들이 그토록 단호하게 거부했던 빅토리아 시대의 진화주의가 다시 살아난 것이 아닌가. 사람들로 하여금 현실의 사회적 조건들 속에서 새로운 가능성들을 깨닫도록 돕는 연구 방법이란 쉽게 만들 수 있는 것이 아니다. 식민지 해방이 이루어진 뒤 몇 십 년 동안 수많은 인류학자들은 좁은 지역을 연구하면서도 그 지역을 포괄하는 국민국가와 자본주의의 역사까지 연구에 통합시키려고 분투했다. 하지만 이는 현대사회에 대한 비판적 관점을 조장하게 되었고, 이 때문에 발전과 관련된 제도나 기관들의 세계는 더욱 더 낯설게 보이게 되었다. 그 결과 참으로 어색한 상황이 벌어지고 말았다. 전통적인 민족지 학자들은 발전과 관련된 문제를 다룰 수 있는 수단이 없었고, 역사유물론과 변증법적 방법을 수용하는 비판적 인류학자들은 이 발전이라는 것 자체를 의심의 눈초리로 보아 아예 참여할 생각조차 하지 않는 경우가 많았던 것이다.

1980년대 이후가 되면 상황은 또 달라진다. 낯선 나라에서 현장조사를 해본 경험이 있는 (또는 그럴 가능성에 대비하여 훈련만 받은) 인류학자들이 이제는 전 세계적으로 발전의 관리와 행정에 적합한 인적 자원이라고 여겨지게 된 것이다. 이는 발전 프로그램의 규모가 상당히 특수화된 국지적 프로젝트로 축소되는 상황과 궤를 같이하는 것으로서, 이때가 되면 부자 나라와 가난한 나라의 격차 해소를 진지하게 추구한다는 책임과 약속은 이미 폐기된 지 오래였다. 그리하여 '발전인류학'이라고 일컫는 새로운 전공이 생겨났으며, 발전과 관련된 관료 조직들에 인류학자들의 참여를 공식화하고자 했다. '신속한 농촌 평가'(Rapid Rural Appraisal) 같은 기법이 도입되었고, 그 방법이 전통적인 현지조사 방법을 마구 침해한다는 점은 무시되었다. '참여적 발전'이라는 이름 아래 인류학자들은 현지 주민들의 공동체에 근본적 변화를 가져올 프로젝트에 그들 스스로가 발언할 수 있도록 만들기 위해 최선을 다했다. 특히 가난한 이들과 주변화된 집단들 그리고 여성들의 필요에 대해 각별한 주의를 기울였다.

아프리카와 발전인류학

아프리카를 발전시킨다는 프로젝트는 식민 지배 후기인 제2차 세계대전 기간 및 그 직후 시기에 자리 잡게 된다. 하지만 식민 통치에서 여러 나라가 독립하게 됨으로써 그런 지역의 경제 발전이 새로운 차원으로 접어들게 된다. 1960년에 가나는 경제 규모가 인도네시아보다 크고 1인당 소득은 한국과 비슷했다. 하지만 그 뒤 몇 십 년에 걸친 경제 파탄으로 오늘날 아프리카는 우리 세계에서 으뜸가는 빈곤과 무질서의 상징이 되고 말았다.

서아프리카는 근대 경제사에서 자생적인 토착 자본주의의 가장 충격적인 사례가 되었다. 1880년부터 제1차 세계대전에 이르는 기간 동안에는 여러 상품의 대량생산과 소비가 폭발적으로 나타났던바, 그 대다수는 당시 서구 국가들이 빠르게 식민지로 획득하고 있던 지역의 원자재에 기반을 둔 것이었다. 이는 곧 유럽인들이 소유한 광산(금, 구리, 보크사이트)과 플랜테이션 농장(차, 고무, 야자수)이었고, 고용된 사람은 현지의 노동자들뿐 아니라 아시아에서 온 계약 이민 노동자들도 있었다. 여기에 예외가 있었다면 비로 코코아 산업이다. 이 산업은 식민 제제의 도움이나 지식이 사용되는 일 없이 골드코스트(오늘날의 가나)의 열대림에서 자생한 것이었다. 나중에는 여러 다른 나라도 코코아 산업에 뛰어들게 되지만, 가나가 독립하던 시기에는 이 나라가 세계시장에 거의 절반을 공급하고 있었다.

그럼에도 토착 생산자들에 관해서는 알려진 것이 거의 없다. 그들은 아마도 아프리카의 '농민'으로서, 스스로 자급자족하는 농지를 경작하면서 가외로 코코아를 길러 약간의 부수입을 얻는 것으로 여겨졌을 뿐이다. 폴리 힐은《남부 가나의 이주민 코코아 농부들》(1963)이라는 책에서 코코아 산업이 발원한 20세기 초까지 거슬러 올라가 추적했다. 힐은 그 코코아 농부들이 진짜로 근대적 계급이며 이주한 혁신 기업가들임을 보여 주고 있다. 그들은 아무도 손대지 못한 원시림을 개척했으며, 그들이 세운 회사들은 필요함에도 식민 당국이 제공해 주지 못하는 기간시설을 건설하기 위해서 스위스의 기업들을 고용하기도 했다. 이 연구는 역사적 기록과 현장조사를 결합하여 그 사회조직의 복잡성을 기록으로 남겼다. 모두 이주민인 새로운 농부들은 대부분 초창기에 노예와 고무를 수출하는 무역으로 부를 축적한 가문 출신이었고, 교육 수준도 높은 경우가 많았다. 이들은 '아부사'(abusa)라는 새로운 제도를 창안했는데, 이는 작물을 1 대 2로 나누는 것을 기초로 하여 이주 노동자들을 채용하는 수단이었다. 주류 경제학자들은 단순화된 모델들을 통해 소작농은 '자유로운' 노동시장의 농민보다 생산에서 효율성이 떨어진다고 보았는데, 그럼에도 어째서 소작제가 현실에 존재하는지를 설명하지 못해서 곤욕을 치르고 있었다. 그런 가운데 인류학자들은 그 이유를 밝혀냈던 것이다. 위기에 취약하고 위험을 회피하려고 하는 경작자들은 공평한 해결책에 높은 가치를 부여하게 되어 있으므로 이들에게는 소작제가 경제적으로나 사회적으로나 더 유리하다는 것이다 (Robertson 1987). 폴리 힐은 가나의 경우에 코코아 산업이 애초부터 자본주의적이었다고 확신하지만, 이 자본가계급이 국가를 포획하지는 않았다고 본다. 독립 이후 최초로 들어선 콰메 은크루마 정부는 코코아 농부들 대부분이 살고 있던 아샨티 지역과는 반대되는 이익 집단들의 동맹에 기반을 두고 있었다. 이 새로운 지배계급은 코코아 농부들이 이룩한 부를 마구 써 버렸고, 코코아 산업이 쇠퇴하자 가나의 경제는 무너졌고 아주 최근까지도 쇠락 상태에 빠져 있었다.

폴리 힐이 발견한 바는 그때나 지금이나 변함없는 발전 경제학자나 행정가들의 사고방식과 놀랄 만큼 대비된다. 그녀는 이 점을 《시험대에 오른 발전 경제학》(1986)에서 잘 보여 주고 있다. 그런데 이 연구 성과는 인류학자들에게도 거의 받아들여지지 못했다. 경제학자들도 경제의 지도력은 서구에서 나오는 것이며 아프리카는 후진적일 뿐이라는 인종주의적 확신을 마음 깊이 간직하고 있었고, 이것이 힐의 주장과 모순을 일으켰기 때문이다. 차라리 옛날 진화론자들의 주장은 노골적인 형태를 띠고 있었기에 비판하기가 수월한 편이었지만, 이렇게 깊숙이 숨겨진 인종주의 편견은 버리기가 훨씬 더 어려운 것임이 입증된 셈이다.

그런 가운데 서아프리카 농업의 침체와 역동성의 근원을 탐구하고자 했던 좀 더 젊은 인류학자들이 폴리 힐의 사례에 주목했다. 키스 하트는 식민 통치에서의 해방이 모종의 모순된 전제에 기초한 것이었다고 주장했다(Hart 1982). 세계시장을 위한 생산에 적용되기는 했지만 여전히 전통적 형태를 유지하고 있는 소규모 농업에 기반을 두고서도 근대 국가를 세우는 일이 가능하다는 생각이다. 이러한 전제에서 나라를 세우게 되면, 벌어질 일은 이 새로운 국가들을 지탱해 줄 수 있도록 자본주의가 핵심적인 농업과 공업 부문에서 신속하게 자라나든가, 아니면 두 세기 전 아이티혁명 때 벌어진 것처럼 결국에는 후진적인 경제 수준으로 침몰하든가, 둘 가운데 하나가 될 수밖에 없다는 것이다. 그 이후에 벌어진 일은 두 번째의 비관적 시나리오가 현실로 나타났음을 보여 준다.

폴 리처즈의 연구는 정치경제학보다는 생태학과 지리학에 가깝다(Richards 1985). 그는 서아프리카 농부들이 '녹색혁명'의 기술 관료들에 의해 외부에서 주입된 미리 만들어진 해법에 의존하지 않고도 스스로의 지식 시스템과 실험 방법을 통해 생산과 관련된 여러 문제를 극복할 능력이 있다는 좀 더 긍정적인 관점을 취한다. 하지만 불행하게도 그가 현장조사를 실시한 시에라리온은 곧 '실패한 국가'가 되었고, 참혹한 내전이 짓밟아 버린 땅에서 토착 과학이 큰 쓸모를 가질 수도 없었다.

애초부터 발전과 관련된 관료 조직들은 권력이나 계급, 정치 같은 문제를 고려하지 않는 경향이 있었다. 발전 과정의 특징은 폭력적인 사회 혼란과 투쟁이다. 따라서 이러한 문제들을 간과하게 되면 아프리카뿐 아니라 남반구에 전형적으로 나타나는 야만적인 불평등은 이해하기 어려워진다. 제임스 퍼거슨은 이런 관료 조직들의 경향을 '정치 배제 장치'(anti-politics machine)라는 적절한 말로 표현한 바 있다(Ferguson 1990). 퍼거슨은 사방이 막힌 내륙의 오지 레소토에 대한 인류학적 연구를 바탕으로, 세계은행이 이 작은 나라를 산악 지형과 문화적 전통 때문에 세계와 단절된 절망적이고 고립된 장소가 되었다고 그려 내고 있다고 주장한다. 하지만 레소토는 남아프리카공화국과 강하게 연결되어 있으며, 특히 광산에서 일할 이주 노동자들의 산실과도 같은 역할을 한다는 사실 또한 밝혀냈다(cf. Schapera 1947). 세계은행은 안전하게 멸균 처리된 자신들의 발전 전략에 따라 스리랑카나 페루를 위해 고안된 정책들을 여기에도 적용해야 한다고 주장한다. 하지만 정치적 관계를 보면 이 나라들은 모두 서로 다르다고 한다. 그런데도 빈곤을 개선한다는 문제로만 협소하게 초점을 두다 보면 이러한 정치 차원이 규범적으로 배제당하게 된다는 것이다.

서방세계의 매체에서 아프리카는 거의 묵시록에 나오는 말 탄 네 사나이(돌림병, 전쟁, 기근, 죽음)의 놀이터인양 그려진다. 하지만 대륙 전체의 인구는 연간 2.5퍼센트 비율로 늘어나고 있고, 2050년에는 전 세계 인류의 4분의 1에 해당하는 18억 명에 이를 것으로 전망된다. 20세기가 시작될 때만 해도 가장 인구밀도가 낮고 도시화의 진행도 뒤처진 지역이던 아프리카가 폭발적인 인구 증가와 전례 없는 속도와 규모로 도시 혁명을 겪으면서 이제는 두 가지 측면 모두에서 글로벌 평균에 근접하고 있다. 아시아의 공산품 수출업자들은 세계시장에서 아프리카가 차지하는 잠재력을 서구보다 더 빨리 간파했다. 앞으로 반세기 동안 대륙 전체의 발전 전방은 크게 개선될 가능성이 높고, 대륙의 유일한 자본주의 강국인 남아프리카공화국과 중국을 비롯한 신규 진출국들이 주된 역할을 맡게 될 것이다.

비공식 경제

한때 '제3세계'라고 불리던 지역은 1945년 이후 전 지구 차원의 도시화에서 큰 몫을 차지했는데, 그 과정에서 무계획적으로 마구 팽창한 도시들을 갖게 되었다. 이 도시들을 방문하게 되면 마이크 데이비스가 '슬럼의 행성'이라고 불렀던 까닭을 생생하게 실감하게 된다(Davis 2006). 삶이 넘쳐나는 이 도시들의 길거리에는 행상인, 짐꾼, 택시 운전수, 걸인, 삐끼, 소매치기, 사기꾼이 항상 떼를 지어 몰려다니고 있다. 이런 사람들 모두 '진짜 직업'의 혜택 없이 살아가는 이들이다. 유럽에서도 근대 초기의 길거리에는 이러한 종류의 경제가 존재했다. 부르는 이름이 얼마나 많은지는 찰스 디킨스의 소설을 읽은 이라면 잘 알 것이다. '지하 경제,' '방치된 경제,' '은폐된 경제,' '암시장 경제,' '제2경제'에 이르기까지 용어는 참으로 다양하다. 인류학자들은 발전 문제와 맞붙었다가 관료적 채용, 민족지 기술, 비판 등 모순된 요소들을 어정쩡하게 참아 내야 하는 처지가 되었지만, 그래도 발전 문제의 이론과 실천에 확실하게 기여한 개념이 하나 있다. 바로 '비공식 경제'라는 개념이다.

인류학 분야에서 '문화로의 전환'을 이끈 클리퍼드 기어츠는 그 이전 1950~1960년대에 경제 발전에 관한 책을 네 권이나 저술한 바 있다. 그중에 가장 유명한 책은 인도네시아 기업가 정신의 두 얼굴을 검토한 《행상인과 군주들》(1963)이다. 자바 섬 도시의 주민 가운데 다수는 기어츠가 시골의 지배적인 경제 제도인 '수크'(suq)를 두고 붙인 '바자 유형'(bazaar-type)이라고 이름붙인 길거리 경제에 종사하고 있다. 한편 '기업 유형'(firm-type)의 경제는 대개 서양식 법인들로 이루어져 있고 국가의 법적 보호라는 혜택을 입는다. 이러한 기업들은 베버가 말한 '합리적 기업'의 형식을 취하고 있으며, 규칙과 계산, 리스크 회피 같은 원리에 기초를 두고 있다(Weber 1922a). 국가의 관료 조직은 이 기업들에게 경쟁으로부터 일정한 보호를 제공하며 그를 통해 체계적으로 자본을 축적할 수 있도록 해 준다. 한편 '바자' 쪽 경제는 개인들로 이루어져 있으며, 경쟁이 심하기 때문에 자본축적이란 게 사실상 불가능하다.

기어츠는 개혁 무슬림 기업가들로 이루어진 한 집단을 찾아냈다. 이들은 이데올로기 면에서 볼 때 막스 베버가 제시한 조건들을 충족시킬 만큼 합리적이고 계산에 능하지만, 국가 관료 조직은 기존의 법인 기업들처럼 보호해 주지 않으며 따라서 그들 방식의 자본주의는 전혀 자라나지 못했다고 한다. 기어츠는 자바 섬뿐 아니라 모로코의 수크를 다룬 나중의 저작(Geertz 1979)에서도, 현대 경제학은 경쟁적 시장에서 개인들의 의사 결정을 연구하는 가운데 바로 이 바자 모델을 사용하는 반면 국가 관료가 보호하는 지배적 독점체들은 예외적인 것으로 다룬다는 점을 지적했다. 경제학자들이 이 바자 모델을 발견한 19세기는 역설적이게도 모종의 관료 혁명이 일어나 대기업 중심으로 대량생산과 소비의 변화가 벌어지고 더욱 강력해진 국가가 일국 차원의 국가자본주의를 확립하던 때였다는 것이다.

기어츠가 발리 사람들을 다룬 연구는 자바 사람들의 바자를 다룬 자신의 연구와 짝을 이룬다. 발리에서는 왕족 신분의 성원들 가운데 일부가 자기 소유의 공장을 운영하고 있는데, 그 주된 목적은 자신의 정치적 지지자들 무리에게 일자리를 보장하는 것이라고 한다. 이런 기업을 경영하는 그들의 방식을 보면 경제원론에서 말하는 것과 비슷한 점이라고는 거의 없다. 이들은 어떤 상황에서도 노동자들을 해고하지 않으며, 심지어 이윤조차 신경 쓰지 않는다. 중요한 것은 바로 추종자들을 유지하는 것이기 때문이다. 이 이야기는 냉전 시대의 다른 쪽 세계 사회주의(다음 장에서 살펴볼 것이다)를 암시하는 역설적인 비유라고 볼 수도 있다.

우리 독자 여러분들은 대부분 공식적 경제라 할 만한 부문에 폭 싸여서 살아가고 있을 것이다. 이는 봉급, 교부금, 집세, 주택담보대출, 우량 신용대출, 국세청에 대한 두려움, 삼시세끼, 적당한 각성제 사용, 튼실한 건강보험 따위로 이루어진 세계이다. 물론 집집마다 이따금 가계 위기를 겪기도 하며 어떤 이들은 늘상 경제적 불안감(특히 학생들)을 느끼기도 한다. 하지만 이러한 생활 스타일이 '공식적'이 되는 이유는 그 질서가 규칙적이고 정규적인 성격을 띠고 있기 때문이다. 그 리듬은 예측 가능할 뿐 아니라 당사자들 스스로 통제력을 갖고 있다는 느낌을 당연시할 때가 많다.

키스 하트는 서아프리카의 도시 빈민가에서 진행한 현장조사를 기초로 박사 학위를 받은 뒤 발전 경제학자들과 자신의 민족지 연구 경험을 공유하고자 했다(Hart 1973). 당시에는 발전도상국에 대한 아서 루이스의 이중구조 모델이 대단히 큰 영향력을 갖고 있었으며(Lewis 1978), 농업 노동자가 도시로 이주하여 산업자본주의가 그저 미약하게만 조직해 놓은 그곳 시장으로 들어갈 때 어떤 일이 벌어지는지를 이해하려는 노력에서 '공식과 비공식'이라는 개념 쌍이 생겨난 상태였다. 물론 '비공식'이라는 개념 자체가 사회를 공식 부문으로 조직하고자 하는 제도적 노력에서 생겨난 것이므로, 한 경제의 공식적 측면과 비공식적 측면은 깊이 연관되어 있다. 4장에서 형식론을 이야기하면서 살펴본 것처럼, '형식'(공식)은 하나의 규칙이다. 곧 사회생활에서 보편적으로 적용되어야 하는 게 어떤 것인가에 대한 관념이다. 20세기 내내 지배적 형식(공식)은 곧 관료제, 특히 국가 관료제였다. 대체로 사회를 국민국가와 동일한 것으로 여겨 왔기 때문이다.

1970년대 초 글로벌 경제 위기가 벌어졌을 때, 발전 정책을 담당하는 집단들 속에서는 이 위기가 '제3세계 도시 지역 실업'에 대한 공포의 모습을 띠게 되었다. 제3세계에서 도시들은 빠르게 성장하고 있었지만, 그에 상응하는 만큼 '일자리'(정부와 대기업이 제공하는 정규직) 창출은 이루어지지 않고 있었다. 케인스주의자, 마르크스주의자 할 것 없이 발전과 성장으로 경제를 이끄는 일은 오로지 국가만이 할 수 있다고 한목소리로 주장했다. 따라서 발전이라는 문제는 사람들에게 필요한 일자리와 의료, 주거 등을 제공하기 위해서는 '우리'(관료와 자문 학자들)가 무엇을 해야 하고 또 그렇게 하지 못할 경우 어떤 일이 벌어질 것인가라는 형태로 제기되고 있었다. 도시 폭동은 물론 심지어 혁명까지도 고개를 들고 있었다. '실업'은 1930년대 대공황과 뒷골목에서 빈둥거리는 망가진 남자들 무리 같은 이미지를 불러일으키고 있었다.

이 모든 이야기는 가나의 도시 아크라의 빈민가에서 2년 넘게 현장 조사를 벌이면서 하트가 경험한 바와는 들어맞지 않았다. 그는 발전 경제학자들로 하여금 '실업' 모델을 포기하고, 그 대신에 실제 풀뿌리 경제에서는 관료적 상상력이 허용하는 것보다 훨씬 많은 일들이 벌어진다는 생각을 받아들이도록 설득하고자 했다. 그는 새로운 개념을 고안하겠다는 야심 따위는 없었고, 그저 비정규 경제활동에 관한 민족지 연구 작업의 특별한 비전을 발전 문제를 다루는 진영에서 계속되던 논쟁에 보태고자 했을 따름이었다. 하지만 국제노동사무국(International Labour Office)을 위해 작성된 〈케냐 보고서〉(1972)에는 새로운 용어를 만들어 내려는 야심이 뚜렷하게 나타난다. 훗날 '비공식 부문'으로 알려지게 되는 이 열쇠 말은 학자들과 정책 결정 관료들 일부를 조직하는 데에 도움을 주게 된다. 그러므로 이 '비공식 경제'라는 개념의 뿌리 자체가 국제노동사무국이라는 관료 조직과 민족지로 표현된 일반 사람들이라는 빌진의 두 측면 노무를 만영하고 있다고 할 것이다.

하지만 그다음에 어떤 일이 벌어질지는 아무도 예측하지 못했다. '자유시장'에 대한 국가의 장악력을 줄여야만 한다는 신자유주의의 지상 명령이 지배하게 되었고, 그 가운데 여러 나라의 국내 경제는 물론 세계 경제 자체마저도 근본적인 변화를 겪어야 했다. 화폐자본의 관리만 국제화된 것이 아니었다. 대기업들은 아웃소싱을 도입했고, 이를 통해 자신들이 거느리던 노동력을 정리해고하고 비정규직화했다. 공공 부문이 맡고 있던 갖가지 기능들은 사유화되었는데, 그것도 급작스럽게 그렇게 될 때가 많았다. 마약 무역과 불법 무기 거래가 폭발적으로 늘었고, 더 많은 이윤을 챙기겠다는 욕망에서 '지적재산권'에 대한 지구적 전쟁이 중심적 위치를 차지하게 되었다. 심지어 모부투 정권의 자이르(콩고민주공화국)처럼 아예 경제 문제에서 형식과 공식이라는 외양을 완전히 포기해 버린 나라들까지 출현했다. 이제 비공식 경제조차 법망의 틈새에 기생하면서 '구멍가게식' 영업으로만 국한될 이유가 없었다. 고삐 풀린 시장의 광기 속에서 오히려 비공식 경제의 '지도부'가 국가가 만들어 낸 관료 조직을 접수하는 일까지 벌어졌다. 그리하여 오늘날 아프리카 나라들 경제의 70~90퍼센트는 '비공식'이라고 할 수 있다. 합법 형태의 자본주의와 비합법 형태의 자본주의는 너무나 높은 수준으로 수렴되어 있어서 이제는 그 둘을 구별하는 것마저 힘든 지경이 되었다. 2006년에는 일본 바깥의 범죄 조직들이 아예 일본의 전자 기업인 NEC(일본전기회사)의 이름을 그대로 딴 기업을 세워 비슷한 규모로 영업 활동을 벌이다가 적발되었다. 이 범죄 조직들의 NEC는 완전히 불법 조직이었기 때문에 오히려 진짜 NEC보다 더욱 큰 이윤을 누릴 수 있었다(Johns 2009).

신자유주의 지구화의 결과로 이러한 비공식 경제 또한 우여곡절을 겪어 왔다. 비정규 경제활동들 또한 좀 더 세밀하게 구별하는 접근법이 필요해 졌다. 하지만 그렇다고 해도, '발전'이라는 것이 전 세계에 걸쳐 사람들의 생활수준을 올리고자 하는 열망을 뜻한다고 한다면, 여러 가지를 조화시켜 낼 수 있는 관료 조직의 힘을 사람들이 스스로를 조직해 내는 활력에 복무하는 도구로 활용하기 위해 노력할 필요가 있다 할 것이다(Guha-Khasnobis et al. 2006).

발전을 넘어서?

부자 나라들은 처음에는 식민지 종주국으로서의 권능으로, 그다음에는 민족 독립이라는 틀 안에서 가난한 나라의 '발전'을 돕는다는 명분으로 발전 문제에 접근했다. 이러한 생각이 제2차 세계대전 후 몇 십년 동안은 분명한 힘을 가지고 있었다. 하지만 신자유주의 지구화가 진행된 지난 30년 동안 이러한 생각은 완전히 자취를 감추게 되었다. 가난한 나라들은 부채를 갚는 데 소득이 다 빠져나가 버렸고, 시민들을 보호할 정부의 역량도 구조조정 탓에 심하게 침식당했을 뿐 아니라 원조의 규모 또한 상징적인 수준으로 줄어들어 버렸다. 이러한 상황에서 많은 사람들이 이제 발전이라는 것은 우리 세계의 경제적 현실을 은폐하는 동시에 부자 나라의 도덕적 우월성을 과시하는 위선적인 수사일 뿐이라고 보게 되었다.

그래서 '탈발전'(post-development)이라는 접근법을 옹호하는 이들은 이제 발전은 끝났다고 주장한다(Rahnema and Bawtree 1997). 그 대신에 여러 사회운동에 초점을 두는 쪽을 선호한다. 이를테면 지난 10년 동안 신자유주의 지구화의 전제와 관행에 도전해 온 여러 차례의 세계사회포럼에 함께 모인 사회운동 같은 것들이다. 제임스 퍼거슨이나 아르투로 에스코바르 같은 비판적 인류학자들은 '발전'이란 그저 하는 이야기일 뿐 현실 사회에는 아무런 실질적인 영향을 끼치지 못하며, 몇몇 부자들은 어마어마한 부를 축적하는 반면에 가난한 사람들은 전혀 빈곤을 개선하지 못하는 현재 상태를 냉소적으로 유지하는 구실만 될 뿐이라고 주장했다(Ferguson 1990; Escobar 1996).

대공황 기간에 케인스는 경제 붕괴가 만들어 낸 빈곤과 실업으로 국가가 제압당할 것을 두려워한 국가 엘리트들에게 현실적 해법 하나를 제안한 바 있다(Keynes 1936). 대중들의 구매력을 확대시키라는 이야기였다. 부자 나라들 또한 이와 비슷하다. 오늘날 인류는 생존해 있는 사람들 대부분을 집어삼킨 빈곤의 바다에 빠져 있으며, 부자 나라들은 이 비참한 바다 위에 아슬아슬하게 둥둥 떠 있는 배와 같다. 마르크스는 일찍이 생산의 여러 사회적 관계가 생산력 발전을 가로막는 무수한 족쇄로 작용하게 된다고 주장한 바 있다. 곧 자본주의 시장으로는 기계제 생산을 사회 전체의 해택을 위해 조직할 수가 없다는 말이다. 오늘날 인간의 경제를 발전시키는 데에 주요 족쇄가 되는 것은 여러 국민국가의 행정 권력인데, 아주 최근에 나타나기 시작한 새로운 형태의 세계 경제 출현을 가로막고 있는 것이 바로 이것이다. 이는 또한 구매력을 국가를 뛰어넘어 재분배함으로써 전 세계의 빈곤을 경감시킬 수 있는 케인스주의 프로그램이 시행되는 것을 가로막고 있기도 하다.

근대의 정치경제학은 그 핵심에 거대한 거짓이 들어앉아 있다. 우리가 살고 있는 세상은 스스로를 만민평등의 보편적 원리가 지배하는 민주주의라고 주장한다. 하지만 아무리 우리가 정당화하려고 기를 쓴다고 해도 일부 구성원들에게는 오직 열등한 권리만이 부여되고 있는 게 틀림없는 사실이다. 그렇지 않다면 경제가 작동하기 위해서 반드시 필요한 온갖 불평등이 사라지는 위험한 사태가 벌어질 테니까. 이러한 위선적인 사고방식이 근대 국민국가의 DNA 자체에 깊이 새겨져 있다. 민족주의는 체계적이거나 보편적인 척하는 법이 없는 인종주의이다. 이른바 민족이라는 것 자체가 여러 세기에 걸친 불평등 투쟁의 결과물일 때가 많으며, 사람들의 문화적 차이를 출생과 연결시키고 모든 이민자와 외국인들을 대립물로 삼아서 자국 시민들의 권리를 규정한다. 그 결과로 주어지는 정체성이란 영토 분할과 국경선을 넘나드는 이동에 대한 규제를 근거로 삼고 있으며, 시민이 아닌 존재들에 대한 차별 대우를 정당화하고 사람들로 하여금 인류 공통의 이익을 보지 못하게 만든다.

오늘날 사람들이 얻게 되는 삶의 기회는 근본적으로 불평등하다. 또 이들을 그런 기회에 따라 갈라놓을 필요가 생겨나기 때문에 근대의 경제에는 이중구조가 속속들이 침투해 있다. 엥겔스가 맨체스터에 도착해서 목격한 것은 부자들이 삶은 교외에서, 일은 도심에서 영위한다는 사실이었다. 이 부자들이 집과 사업장을 오가는 대로변에는 멋진 가게들이 죽 늘어서 있지만, 거기에 가려진 뒤쪽에는 끔찍한 주거 조건의 빈민가가 펼쳐져 있었다. 인종분리 정책(apartheid)이 폐지된 뒤에도 남아프리카공화국의 요하네스버그는 이런 경관을 극단으로까지 밀고 나갔다. 북쪽의 교외에 사는 부유한 백인 마을에는 커다란 대문이 달려 있고 사설 보안업체가 경호와 순찰을 맡고 있는 반면, 가난한 흑인들은 여전히 칙칙한 도심에서 우글거리며 산다. 인종분리의 원리는 지역 규모에서 작동하는 차별 시스템으로 내려가 보면 어디에서나 존재하며, 상당히 노골서으로 나타나고 있다.

부자 나라 사람들과 가난한 나라 사람들은 역사상 쌍방향으로 이동하는 관계였다. 제1차 세계대전 이전 몇 십 년 동안은 유럽인들이 온대 지방의 새로운 정착지로 대량 이주하는 한편, 아시아의 '쿨리들'이 열대 지방으로 대량 이주한 '지구화' 시대였다면, 우리 시대에는 가난한 나라의 주민들이 서방세계의 주요 도시들로 몰려가는 현상이 벌어지고 있다. 옛날 서양의 자본으로 세계경제가 통일되고 대규모 기계공업이 발흥하던 시절에 서양 국가의 내부에서는 식민지에서 온 값싼 노동력과 분리된 고임금 경제가 출현했다. 오늘날에는 가장 값싼 농산물은 브라질에서, 가장 저렴한 공산품은 중국에서, 가장 저렴한 정보 서비스는 인도에서, 가장 저렴한 고학력 노동력은 옛 소련의 몰락으로 폐허가 된 지역에서 유입되고 있다. 30년에 걸친 신자유주의 경제 정책이 이렇게 가난한 나라들로부터 이민 물결을 장려하자, 그 결과 서양의 노동자들은 나라 안팎에서 심한 경쟁에 직면하고 있으며, 이와 궤를 같이 하여 자본 또한 축적과 생산 지역을 확산(특히 아시아로)시킴으로서 처음으로 진정한 지구화를 이루게 되었다. 하지만 체계적인 인종차별을 통해 고임금 노동의 흐름과 저임금 노동의 흐름이 서로 섞이지 않게 분리시키는 것은 세계 사회의 보편적 원리로 격상되었고, 공공연하게 지역과 국가, 지방에 이르는 모든 수준에서 이런 현상이 복제되기에 이르렀다.

결론

　조만간 여러 경제적·정치적 위기에 맞닥뜨려 전 세계에 걸친 인간의 경제를 조직하는 여러 원리를 재검토하지 않을 수 없게 될 것이다. 인류학자들은 오늘날의 글로벌 불평등에 맞서서 사람들이 지역 차원에서 스스로를 어떻게 조직하는지도 보여 주어야 하지만, 한편으로는 더 정의로운 사회가 어떻게 가능한지도 보여 줄 필요가 있다. '발전'이라는 이름 아래에 통용되고 있는 생각과 관행을 근본적으로 비판하는 작업까지 여기에 포함된다. 최근에는 부유한 나라들 안에서 생태나 환경 차원에서 무조건 받아들여야 할 지상과제들이 있다는 주장이 커졌고, 이를 보통 '지속 가능한 발전'이라고 부르고 있다. 그 전제는 가난한 나라들이 부자 나라처럼 될 수가 없다는 것이다. 모두에게 다 돌아갈 만큼 모든 것이 충분치 않기 때문이라는 것이다. 서양 나라들과 일부 아시아 나라들은 자기네 나라의 경제적 하락과 인구 감소를 무슨 업적이나 되는 양 내세우면서, 1970년대에 처음으로 울려 퍼진 이른바 '성장의 한계' 같은 논리를 다시 부활시켰다(Meadows et al. 1972). 엘리트들은 가난한 나라들의 인구가 통제 없이 팽창하는 것은 자신들의 안전에 위협이 된다는 불안감을 늘 가지고 있었는데, 이런 걱정이 이제는 지구적 규모까지 확장된 것이다.

　부유한 나라들은 발전도상국들의 온실가스 배출을 미국과 유럽연합보다 낮은 수준으로 제한할 것을 제안하고 있다. 브라질, 인도, 중국, 남아프리카공화국을 비롯하여 오늘날 글로벌 차원의 자본주의 재편성에서 주역이 되는 몇몇 나라는 이미 대기권에 존재하는 이산화탄소의 대부분을 서양이 뿜어냈다는 점을 들어 반대하고 있다. 이런 주장에는 분명히 타당성이 있다. 2009년 코펜하겐에서 열린 '지구 온난화' 정상회의에서 브라질과 중국의 지도자들은 이런 농담을 던졌다. 미국은 잔치판을 벌여 신나게 먹어 치운 뒤 이웃들을 불러 커피를 마시게 하고서 식사비를 나눠 내자는 부자와 같지 않느냐고. 만약 영국이 세계경제에서 지배적 위치를 잃자마자 그 무렵 막 떠오르고 있던 독일이나 미국에게 '지속 가능성'을 명분으로 발전에 고삐를 채워야 한다고 주장했다면 두 나라는 과연 어떤 반응을 보였을까.

발전이라는 문제의 오래된 전제는 오늘날 살아가는 사람들 대부분에게 여전히 유효하다. 모두들 저마다 텔레비전에 나오는 온갖 특권을 모두 누리는 어엿한 시민이 되고 싶어 한다. 이들은 자신들이 이미 가지고 있는 것보다 더 많은 것을 원하며, "허리띠를 졸라맬 때가 왔다"는 말을 이제는 더 이상 듣고 싶어 하지 않는다. 아프리카에서는 영아와 아동 사망률이 높기 때문에 여전히 많은 아이들을 낳고 있다. 만약 이곳의 인구가 30년마다 두 배로 증가한다면, 이는 이들을 전쟁, 기근, 질병으로부터 보호하고자 하는 개선 노력이 제한적이나마 성공했다는 사실을 반영하는 것이다. 하지만 이들은 또한 서양 세계에서 당연하게 여겨지는 현대의 갖가지 경제 혜택을 누리려면 여전히 갈 길이 멀다는 점을 알고 있다(물론 서양에서도 영원히 지속되지 않을 수 있다). 그날이 올 때까지는 환경을 위해 발전에 제한을 두어야 한다고 촉구하는 목소리는 발전을 추동하는 목소리에 계속 억눌려 힘을 쓰지 못할 것이다.

| 더 읽어 볼 자료 |

불균등 발전을 주변부에서 바라본 에릭 울프의 인류학적 역사는 반드시 읽어 보아야 할 것이다. Wolf, E., *Europe and the People Without History*(1982); 《유럽과 역사 없는 사람들》(박광식 옮김, 뿌리와이파리, 2015). Lewis, W. A., *The Evolution of the International Economic Order*(1978)는 20세기의 지구적 발전에 대해 이해하기 쉽게 개괄하고 있다. 세계은행과 유엔발전프로그램(UNDP) 모두 연례 보고서를 발간하고 있는데, 여기에는 유용한 갖가지 비교 통계 자료가 가득하다. 이 분야에서 인류학자들의 역할에 대한 일반적 입문서로는 Gardner, K. and Lewis, D., *Anthropology, Development and the Post-Modern Challenge*(1996)가 있다. 정치적 문제와 제도적 문제는 Robertson, A. F., *People and the State: An Anthropology of Planned Development*(1984)에서 검토되고 있는데, 특히 말레이시아에 초점을 두고 있다. Mosse, D., *Cultivating Development: An Ethnography of Aid Policy and Practice*(2004)는 원조 사업의 민족지를 제공한다. 참여적 방법의 가장 영향력 있는 개척자는 로버트 챔버스이다. Chambers, R., *Rural Development: Putting the Last First*(1983). 또한 Harriss, J., (ed.) *Rural Development: Theories of Peasant Economy and Agrarian Change*(1982). Harriss, J., *Depoliticizing Development: The World Bank and Social Capital*(2001). Padayachee, V., (ed.) The Political Economy of Africa(2010)는 아프리카의 발전에 관해 폭넓고 흥미로운 글들을 담고 있다. Guha-Khasnobis, B., Kanbur, R. and Ostrom, E. (eds.) *Linking the Formal and Informal Economy: Concepts and Policies*(2006)는 공식 경제와 비공식 경제의 관계에 대한 학제적 입문의 글이다. Escobar, A., *Encountering Development: The Making and Unmaking of the Third World*(1996)와 Ferguson, J., *The Anti-Politics Machine: 'Development,' Depoliticization and Bureaucratic Power in Lesotho*(1990)와 Ferguson, J., *Global Shadows: Africa in the Neoliberal*

World Order(2006)는 발전에 관한 가장 저명한 인류학적 비판이며, Rahnema, M. and Bawtree, V., *The Post-Development Reader*(1997)은 탈발전주의의 중요한 글을 모은 선집이다.

7장
사회주의적 대안

우리는 경제인류학이 학문적 모양새를 갖춘 19세기부터 1960~1970년대 서구 마르크스주의에 이르기까지 경제인류학을 형성하는 데 자본주의 시장경제에 큰 영향을 끼친 사회주의적 비판을 살펴본 바 있다. 대부분 사회주의의 여러 개념이나 그와 관련된 서양의 사상들을 다양한 비서구 사회에 적용하는 형태를 띠고 있었다. 아시아적 생산양식이란 게 과연 존재했던가? 아프리카에는 봉건적 생산양식이 존재했던가? 크로폿킨의 상호부조 이론(Kropotkin 1902)은 부시먼족의 상호 교환을 해명하는 데 도움을 줄 수 있을까? 현대의 농민들을 '소상품 생산자'로 이론화할 수 있는가?

이런 질문과 달리, 앞으로 살펴볼 내용은 시장 자본주의라는 사회경제적 형태를 대체하는 방안으로서 사회주의 형태를 상당히 체계적으로 추구해 온 나라들에 관한 것이다. 1917년 러시아혁명 이래 '현실 사회주의'의 인간적 경제에서 벌어지는 일상생활은 서양의 사회과학 연구자들이 사실상 접근할 수 없는 영역이었다. 따라서 냉전 기간에 펼쳐진 반공 선전은 물론이고, 심지어 서구 마르크스주의 진영 내부의 분파 투쟁마저도 세계에서 가장 큰 국가인 소련에서 실제로 무슨 일이 벌어지고 있는지를 모르는 상태에서 진행되었다. 제2차 세계대전 이후 공산주의의 국제적 동맹에서 소련은 누구도 넘볼 수 없는 지도적 지위에 있었다. 경제인류학의 황금시대는 서구에서 '사회에 묻어들어간 자유주의'(embedded liberalism, Ruggie 1982)가 일구어 낸 장기 호황과 시기가 겹쳤을 뿐 아니라, 유라시아 대륙의 북쪽을 온통 지배하던 사회주의 대안 체제가 정점에 도달한 기간이기도 했다. 1960년대가 되면 소련 정부는 생활수준의 향상, 미국과 벌인 '우주 경쟁,' 아프리카를 비롯하여 신생 독립국에 대한 기술과 자원 지원을 통해 체제의 우월성을 뽐낼 수 있었다.

이런 '제2세계'의 대부분 지역에서 경제 발전이라는 과제에서 부딪혔던 문제들도 우리가 앞에서 살펴본 것들과 다르지 않았다. 하지만 이 지역에서는 자본주의라는 패러다임을 거부했고 무역이나 화폐 따위는 농경 시대 사람들이 그랬던 것처럼 의심적은 것으로 치부되었다. 생산수단은 집단 소유로 넘어갔다. 그리고 집단 소유의 주된 형태는 국가 소유와 노동자들이 스스로 일하는 공장과 농장에 대해 갖는 협동적 소유 두 가지가 있었지만, 이 가운데 국가 소유 쪽이 이념적으로 우월한 것이라고 여겨졌다. 소련에서는 깜짝 놀랄 만큼 빠른 속도로 공업 경제가 나타났다. 이런 면모는 서구의 산업경제와는 여러 면에서 분명히 다른 점이 있었는데, 그중 하나는 여성을 노동력에 끌어들여 가정 내의 관계까지 변화시킨 것이었다. 서구의 사회과학자들은 이러한 형태의 사회주의를 파악하기 위해 다양한 이론을 개발했는데, 그중에 가장 널리 퍼진 것은 '전체주의'라는 이론이다. 사회주의의 중앙계획과 자본주의 생산 형태는 도시의 공장보다 농촌에서 확실히 더 강한 대조를 보였지만, 어디에서든 사회주의 당국에서 이상으로 내걸었던 '새로운 소비에트형 인간'이라는 것이 비슷하게나마 실제로 나타났다는 증거는 없었다. 오히려 그 반대로 중앙계획의 여러 비효율성 때문에 사회주의의 테두리 안에서나마 경제주의 행위가 장려되었다. 그 결과 호모 이코노미쿠스가 다시 '호모 소비에티쿠스'(Homo sovieticus)라는 옷을 둘러쓴 채 횡행하게 되었고, 이것이 일상의 현실에 가장 근접하는 개념이 되는 고약한 상황이 벌어지고 말았다.

우리는 먼저 사회주의에 관한 문헌들을 개괄하고 그다음에는 지난 20년 동안 벌어진 소비에트 블록의 변화, 특히 소유관계를 주의 깊게 살펴볼 것이다. 마지막에는 오늘날의 동아시아에 나타난 혼합된 사회주의, 즉 일당 독재를 광범위한 시장 도입과 성공적으로 결합해 온 형태를 살펴보려고 한다. 나아가 이것이 과연 사회주의라는 대안이 확실하게 종말을 고했음을 뜻하는 것인지, 아니면 21세기에도 실현 가능한 사회주의의 쇄신이 이루어질 수 있음을 뜻하는 것인지 묻고자 한다.

사회주의 경제

사회주의 나라들은 거의 예외 없이 사회주의 사회가 되기 전부터 내려온 나름의 인류학 전통을 가지고 있었다. 중국이나 러시아처럼 낯선 소수민족들에 초점을 두든가, 아니면 동유럽에서처럼 '국민 민족지'에서 민족의 정수를 보존해 온 공업화 이전 농민들의 민속 문화에 초점을 두는 경향이 있었다. 어느 쪽이든 경제인류학에 우선성을 두지도 않았고, 사회주의 변혁이 가져온 충격을 살펴볼 만한 위치에 있지도 못했다. 중국과 러시아에서는 경제인류학이 마르크스주의 역사유물론에 잘 맞아떨어지도록 더욱 엄격하게 변형되었지만, 동유럽에서는 국민 민족지라는 것이 놀랄 정도로 오래 지속되었다. 인류학은 '민족학'(ethnology)이라는 이름으로 통용되었으며, 원시적이거나 후진적이어서 사회주의라는 진보가 이루어짐에 따라 극복되어야 할 생활을 이어 가는 사람들에 대한 연구로 연결되었다. 인류학자들이 사회주의라는 문제 자체를 다루는 것은 전혀 불가능한 일이 아니었다. 다만 예외라면 전혀 다른 주제를 다룬 저작에서 풍자적인 논평을 하는 경우가 종종 있었다. 이렇게 사회주의 체제에 대한 전복적인 의도를 담고 있는 우화들은 몇 안 되는 동료 학자들만 이해할 수 있는 것이었다. 하지만 소련의 인류학 문헌들을 면밀하게 연구한 어니스트 겔너만큼은 영국에 살면서도 그런 맥락을 이해할 수 있었다(Gellner 1988). 러시아의 학문 전통 가운데에서 경제인류학에 가장 크게 기여할 수 있었던 분야는 농촌의 농업 통계였다. 하지만 이 분야의 뛰어난 인물인 알렉산드르 차야노프가 처형(1937년)되기 전에 벌써 맥이 끊어진 상태였다.

서양 학자들의 초기 연구는 인류학자들이 마땅히 깃들어야 할 서식지라고 여기던 먼 농촌 지역에서 이루어졌다. 소비에트 집단농장(콜호즈)에 관한 가장 구체적인 연구로서 시베리아 부랴트공화국에 관한 캐럴라인 험프리의 저작이 있다(Humphrey 1983). 이 연구는 집단농장화가 시작된 지 한 세대 밖에 지나지 않은 1960년대에 수행된 현장조사를 바탕으로 하고 있다. 그녀는 농장의 관료들이 상부에서 내려온 목표 생산량을 놓고 어떻게 협상의 여지를 찾아낼 수 있었는지를 보여 주었고, 좀 더 일반적으로는 '카를마르크스집단농장'이라는 곳에서 근대 관료 제도들이 알고 보면 동네의 친척 관계나 종교적 관습들로 꽉 차 있었다는 사실도 보여 주었다. 나중에 가면 동유럽의 집단화된 농업 제도들에 관한 연구는 평범한 시골 사람들이 사적인 이익을 추구하기 위해 여러 전략을 동원하고 또 상당한 성공을 거둔다는 데 좀 더 많은 관심을 두게 된다. 이들은 그러한 전략을 추구하는 과정에서 집단농장의 경영자들과 협력함으로써 좋은 결과를 맺기도 했으며, 그 과정에서 중앙계획 당국에서 설정했던 목표들을 다 뒤집는 경우까지 벌어졌다. 1980년대 소련의 우즈베키스탄에서 벌어진 '면화 스캔들'은 극단적인 경우였다. 몇몇 외부 관찰자들은 물론 심지어 중앙아시아 학자들 가운데 다수도 모스크바 정권이 이 지역을 식민지로 지배하는 권력이라고 주장했지만, 중앙계획에 관련된 여러 통계를 거짓으로 꾸미기 위해 다양한 수준에서 공모가 이루어진 덕에 여러 자원의 상당량이 중앙에서 주변부로 흘러가게 만드는 일도 가능했다. 항상 그렇듯이 이 경우에서도 중앙계획이란 생태와 환경의 측면에서 보면 하나의 재앙이었지만, 이러한 낙수 효과 덕분에 여러 자원의 혜택이 지역의 공동체들에게 꽤 많이 돌아간 것은 분명하다.

동유럽에서는 '농촌 공장'이라는 스탈린주의의 비전이 실현되지 못했고 서유럽이나 남유럽의 경우에 인류학자들이 문서로 기록한 바 있는 근대화 과정들, 즉 결혼 선택의 '개인화'와 이농 현상이 거의 비슷하게 벌어졌다. 맨 처음에는 옛날 엘리트들로부터 토지를 빼앗는 등 여러 격변을 겪지만, 시간이 흐르면서 사회주의혁명이 "길들여지고 만다" (Creed 1998). 놀랍게도 이 새 시스템이 농촌에 가져온 번영은 전혀 균등하지 않았다. 사회주의 이데올로기에 따르면 집단화된 농장의 농부들조차 기껏해야 도시의 공업 프롤레타리아트와 계급 동맹에서는 종속적 존재일 뿐이었다. 하지만 현실에서는 달랐다. 협동농장의 농부들은 보통 개인적인 상업 활동을 벌여 나갈 여지를 어느 정도 찾아낼 수가 있었던 것이다. 정부로서도 중앙계획 외부의 시장이라는 채널을 완전히 폐쇄했다가는 급속하게 불어나는 도시 인구의 식량 공급을 위태롭게 할 위험이 있었기에 섣불리 손을 댈 수가 없었다. 도시화가 덜 된 사회주의 나라들도 주택 건축과 사치품 같은 분야에서는 서양 쪽에서 보통 생각하는 것보다 개인의 경제적 동기를 부여할 여지를 훨씬 더 많이 허용했다.

이렇게 사회주의혁명을 길들이는 과정이 중국에서는 좀 더 오래 걸렸지만, 여기에서도 1979년 이후 마침내 집단 생산 대신 '농가 책임제'가 도입되면서 농촌의 생활수준이 급속하게 향상되기 시작했다. 인간의 경제가 다시 활력을 되찾을 수 있었던 것은 생산에서 가정경제를 제거하고, '노동 점수제'를 통해 보상을 결정하고, 시장을 폐지하는 등 당초의 사회주의적 목표를 모두 포기한 다음에야 가능해졌다.

헝가리는 공산권 대부분의 나라들보다 외국인들이 접근하기 쉬웠기 때문에 이 나라 사회주의의 마지막 몇 십 년에 관해서는 예외적이라 할 만큼 문헌이 풍부하다. 헝가리 국내의 민족지 학자들 또한 농촌의 사회주의적 변화 드라마를 비교적 자유롭게 문서로 남길 수 있었다. 1956년에 사회주의에 반대하여 벌어진 '반혁명'을 진압한 지 10년 남짓 지난 1968년부터 부다페스트의 권력자들은 농촌에 가장 큰 충격을 가져올 개혁을 시행했다. 1968년 이후 농촌의 가정경제에 여러 인센티브가 제공됨에 따라 '자기 착취'가 높은 비율로 치솟고 말았다(Chayanov 1925). 옛날 농부들의 경제주의적 행태는 도시의 지적인 속물들에게는 경멸의 대상이었지만, 얼마 지나지 않아 지식층 다수도 개인의 재산 축적 기회가 새로 열리면 마찬가지로 너 나 할 것 없이 이용하려 든다는 점을 보여 주었다. 옛날 사회주의 시절 헝가리의 경우를 보면, 좀 더 효율적인 생산 시스템을 위한 인센티브가 오로지 사유재산권이 보장될 때에만 생겨난다는 주장(주류 경제학자들이 당연한 것으로 받아들이는 생각)은 설득력을 잃고 만다. 헝가리의 농촌 사람들은 토지, 심지어 자기네 '텃밭'에 대해서도 명확히 정해진 권리가 없었지만, 그들의 노동 윤리가 여기에서 눈에 띄게 영향을 받는 것은 아니었다. 여러 사회주의 기관은 농민들의 노동력을 자기네 뜻대로 조종할 수가 있었다. 그런 과정을 그려 보면 이러하다. 집단농장은 집단화된 농지에서 현대적 기술을 사용하여 효율적으로 곡식을 생산하고 그 일부를 가정에 판매한다. 그러면 가정에서는 그 곡식을 사료로 먹여 가축을 사육하는 노동 집약적 과정에 들어간다. 이렇게 해서 길러진 가축들은 사회주의 기관들에서 매입하거나 직접 시장에 나가 판매하도록 장려된다. 이러한 사회주의 경제와 농촌 가정경제의 '공생'은 생산수단의 소유권에 의존하는 것이 아니었다. 과거 사회주의 시절 농촌에서 이러한 활동이 활발하게 나타나게 된 동기는, 당시의 환경이 주택과 자동차를 비롯한 갖가지 소비재를 얻을 수 있는 기회들이 막 생겨나고 있었다는 데 있었다(Hann 1980; Lampland 1995).

서양인들이 동유럽을 다룬 첫 번째 민족지가 출간될 무렵에는 칼 폴라니의 개념 틀이 이미 유행이 지난 상태였다. 하지만 이러한 사회주의 농촌 경제를 묘사하는 데 폴라니식 범주들은 대단히 적합하다. '재분배'는 가장 두드러진 '통합 양식'이었다. 사회주의 관료들은 새로운 계급을 형성하였고, 이러한 상층의 막강한 '노멘클라투라'(nomenklatura)

는 자기들 텃밭이나 가꾸는 국영 사업체나 집단농장의 하급 관료들과
는 분명히 다른 계층이었다. 하지만 사회주의의 재분배는 세월이 흐르
면서 '시장' 요소가 도입됨으로써 약화되었다. 노동 점수 대신 봉급과
임금이 나타났고, 개인들의 시장 접근성도 확장되었다. 텃밭을 관대하게
배분했던 덕에 '가정경제'는 여전히 소비와 생산에서 결정적인 단위로
남아 있었다. 마지막으로 여러 복잡한 '상호성'의 패턴을 통하여 가정경
제들이 사회주의 이전부터 내려오는 여러 상호부조의 패턴에 따라 서로
연결되기도 했으며, 또 '제2경제' 또는 '그림자 경제'를 통해 사회주의 관
료들과 연결되기도 했다. 이 후자는 다시 재분배 양식으로 연결되며, 다
른 곳에서는 '비공식 경제'라고 불렀을 만한 것이 사회주의에서 변형된
형태로 나타나는 데 중요한 특징을 이루기도 했다. 그런 형태를 결정하
는 것은 어디에서나 인맥을 통해 일을 처리하는 방법에 대한 그 지역 고
유의 규범들이었으며, 이를 포착하는 개념들은 중국의 '관시'(关系) 라든
가 러시아의 '블라트'(blat)*처럼 아예 번역이 불가능한 경우가 많다.

산업화된 도시에서는 사회주의적 노동이라는 것이 일반적으로 가정
생활과는 좀 더 뚜렷이 구분된 상태로 남아 있었다. 하지만 여기에서도
상호성의 네트워크는 똑같이 중요했다. 다른 이유를 댈 것도 없이, 식료
품을 비롯한 소비재 부족이 너무나 일반적이었기 때문이다. 체코슬로
바키아 같은 나라에서는 민족지 학자들로 하여금 광부들 같은 노동계
급 집단의 '민속 문화'를 연구하도록 요청했지만, 공장 생활을 놓고 현
장조사를 벌이는 법은 없었다. 나라 안팎의 인류학자들을 통틀어 보아

---

* '블라트'는 어원이 불명확하지만 일종의 '연줄'을 뜻하는 말인데, 러시아 공산주의
  시절부터 대학 입학이나 승진, 물품 수령과 관련하여 서로 호의를 주고받는 인간관
  계를 말한다.

도, 사회주의 나라에서 공장의 조건이 어떠한지 가장 잘 보여 주는 연구는 학자가 아니라 마오쩌둥주의를 신봉하는 저항 운동가로서 1960년대 말 부다페스트의 '붉은 별 트랙터 공장'에서 근무한 미클로시 허러스티였다(Haraszti 1977). 그가 경험한 공장의 소선은 서의 보는 년에서 비인간적이었다. 하지만 노동자들은 노동시간이 아니라 완성품의 수에 따라 보수를 받았기 때문에, 적어도 자기들 노동에 대한 통제력 가운데 한 가지 요소는 보유하고 있었던 셈이다. 마르크스주의의 관점에서 보자면, 이러한 '성과급' 시스템에서는 비록 착취율은 높아도 노동자들이 기계에 대해 어느 정도 자율성을 확보한다는 점에서 소외는 줄어든다. 게다가 공장의 장비와 남은 찌꺼기 재료로 '호머'(homers)를 만들어 공장 밖으로 빼돌릴 가능성도 있었다고 한다. 이 호머란 노동자 자신의 개인적 용도로 쓸모가 있든가 아니면 단순히 미학적 즐거움을 위해 만들어진 것들이다. 허러스티는 여기에서 유토피아적 환상에 빠져든다. 헝가리 경제 전체를 이렇게 호머의 생산으로 충족시키도록 공급을 조직한다면 어떻게 될까?

하지만 중앙계획경제에서 공장 생활의 현실은 그가 꿈꾸는 '거대한 호머'(Great Homers)의 시대와는 상당히 달랐으며, 오히려 전 세계 다른 곳에 존재하는 공장의 삶과 크게 다르지 않았다. 하지만 농촌에서 올라온 사람들에게는 이러한 공장의 일자리가 대단히 매력적이었다. 공산주의가 무너진 뒤에 나온 연구들을 보면, 노동자 대부분은 동료 노동자들과 만족스런 사회적 관계를 즐겼다는 것을 확인할 수가 있다. 작업단은 일체감을 느낄 수 있는 원천이기도 했으며, 주거지를 중심으로 형성되는 어떤 집단보다 더 중요한 경우가 많았다. 사회주의 세계의 어떤 부분에서는 이 두 가지가 일치하기도 했다. 그런 주목할 만한 예는 중국의 '단웨이'(単位)이다. 이는 일본의 공장 공동체와 아주 유사하고 평생 일자리를 보장받는다.

사회주의의 '결핍 경제'(shortage economy)는 헝가리 경제학자 야노시 코르나이의 고전적 연구 주제였다(Kornai 1980). 코르나이는 1960년대 과도하게 중앙 집중화된 경제에 대한 개혁을 이론화하는 데 도움을 준 바가 있다. 그가 가장 중요한 목표로 삼았던 것은, 사회주의 중앙계획과 자본주의 시장경제 사이의 제도적 대조점들을 이해하는 것이었다. 처음에는 충성스런 공산당 당원이었던 코르나이는 갈수록 사회주의에 대해 비판적으로 바뀌어 갔고, 사회주의 기업들이 노동을 축장하는 경향이 있다는 사실과 '연성 예산제약'(soft budget constraint) 때문에 거의 파산을 피할 길이 없다는 점에 주의를 환기시켰다. 이렇게 예산제약이 물러 터지게 되는 원인은 이 기업들을 규제하는 것이 시장의 질서가 아니라 관료들이라는 사실에 있었다. 이런 관료들에게 경제적 효율성은 기껏해야 아득한 희망사항에 불과하다는 것이다. 그 때문에 일상생활에 쓰이는 갖가지 재화는 항상 부족해졌고 이것이 여러 사회 네트워크에 영향을 끼친다는 점에 의심의 여지가 없었다. 경제적 필요와 상호 이익에서 비롯된 계약 관계라면 좀 더 공평한 여러 형태의 우정이 생겨날 수도 있지만 그 반대일 수도 있다.

러시아의 '블라트'는 주는 사람과 받는 사람 사이에 진정한 친밀 관계가 성립하는 것을 완전히 가로막는 장벽이 될 수 있다. 어떤 사람들은 이러한 네트워크 시스템으로부터 될 수 있으면 멀리 떨어져서 '국내 이민자'의 질박한 삶을 이어 가기도 한다. 그런데 심지어 그러한 별종들마저도 그들 주변에서 벌어지는 네트워크 형성이 긴밀해질수록 혜택을 보게 되어 있다고 할 수 있다. 이는 서구 사회에서 시민들의 참여율이 높아지게 되면 결사체나 시민단체에 참여하지 않는 개인들도 혜택을 보는 것과 마찬가지인 셈이다. 어찌 되었건 사회주의 체제에서 일상적 소비의 거래 비용이 높다는 점은 여러 정치적 결과를 불러오곤 했다. 이러한 상황 때문에 사람들 사이에는 연대김이 조성되었고, 이러한 심성은 재화가 풍족해 보이는 지배 엘리트에 대한 반감으로 얼마든지 전환될 수 있었다. 1989부터 1991년까지 동유럽 여러 나라에서 공산주의를 무너뜨린 혁명에는 여러 원인이 있었고 그중에는 인권 옹호라는 이상주의적 목표에서 나온 용감한 활동도 있었음에 틀림없다. 하지만 베를린 장벽을 무너뜨리는 데 힘을 합친 시위자들 다수의 주된 동기가 더 좋은 소비품을 더 많이 살 수 있는 자유를 갈망했다는 점 또한 의심의 여지가 없다.

한 가지 아이러니가 있다. 마오쩌둥주의 저항 운동가 허러스티와 시장 근본주의자 코르나이가 정반대 각도에서 사회주의 비판을 펼치던 헝가리가 사실은 사회주의 국가 가운데 시장을 개방하고 새로운 소비 패턴을 장려하기 위해 가장 노력을 많이 한 나라였다는 점이다. 고전적인 중앙계획 모델에서는 공급이 부족한 재화가 다른 재화들과 물물교환으로 거래되기 때문에, 생산자든 소비자든 통화를 가지고 있다고 해도 별로 도움이 되지 않는다. 그래서 외국 통화(보통 미국 달러나 독일 마르크)가 일종의 '만능 화폐'처럼 여러 기능을 떠맡고, 국내 통화는 유통 범위가 대단히 제한되어 있는 나라가 많았다. 하지만 헝가리의 시장 사회주의에서는 달러 암시장이 쇠퇴했고 소비자들은 돈을 포린트로 축적했다. 헝가리 통화인 포린트는 1968년 이후 다양한 재화와 서비스를 마음대로 구매할 수 있는 화폐로 자리 잡았고, 다른 자본주의 사회에서 보이는 화폐와 실제로 다르지 않았다.

심지어 과거에는 화폐가 배제되었던 부문들까지 이 화폐가 침투하게 되자, 오히려 사용 범위가 서유럽보다 더 넓은 듯 보이는 때도 있었다. 가장 유명한 예는 옛 사회주의 헝가리 시절의 의료 서비스였다. 큰 병원에 근무하는 의사들 다수가 개인 병원도 운영했는데, 돈이 많은 환자들은 여기에서 아마도 더 빨리 더 좋은 진료를 받을 수 있었을 것이다. 하지만 국립 병원에서조차 의사와 간호사에게 '사례금'(hálapénz, 보통 흰 봉투에 포린트 지폐를 넣는다)이라는 이름으로 현금을 건네는 것이 관행이 되어 있었다. 말할 것도 없이 이런 행위는 도덕적으로 문제가 많다. 어떤 이들은 이러한 관행이 심히 잘못된 것이며 사회주의의 모든 원리에 반대되는 것이라고 보기도 했다(하지만 이런 이들도 막상 자기 가족이 병원에 가게 되면 적절한 액수를 지불하는 것은 마찬가지였다). 또 다른 이들은 의료 분야에서 사회주의 체제가 주는 봉급이 다른 분야에 비해 너무 낮게 책정되어 있으므로 이러한 비공식적 지불이 정당한 보상이라고 볼 수 있다고 주장하기도 했다.

이 '사례금'과 같은 관행이 야노시 코르나이 같은 시장 사회주의 비판자들의 시야에 들어가자 이것이야말로 시장 사회주의라는 경로가 근본적으로 지속 가능할 수 없음을 보여 주는 증거로 활용되게 된다. 중앙계획경제가 지배하던 시절의 갖가지 부패 관행은 시스템 자체가 완전히 마비되는 것을 막기 위해 불가피한 윤활유라는 식으로 변호할 수도 있었다. 하지만 훗날 시장 사회주의가 확장되자, 돈을 찔러 주는 뇌물의 확산은 일부 시장만 계속해서 규제를 하고 또 사유재산권에 여러 제한을 가하는 데에서 필연적으로 나타난 부작용인 듯 보이게 되었다. 코르나이는 진짜 자본주의를 들여오게 되면 이런 식의 잘못된 관행들이 사라질 거라고 확신했다. 사실상 이러한 관행이 과연 사라졌는지야말로 자본주의로 이행이 제대로 완성되었는지를 판별하는 리트머스 시험지라는 얘기이다(Kornai 2001).

사회주의에 대해 좀 더 일반적인 이론을 시도한 서구의 인류학자는 캐서린 버너리가 유일하나(Verdery 1996). 그녀는 코르나이를 비롯한 동유럽의 비판적 지식인들의 작업뿐 아니라 루마니아에서 직접 실시한 현장조사를 근거로 삼았다. 그녀는 사회주의 시스템 전체를 추동하는 것이 서구의 기업들처럼 화폐와 자본의 극대화가 아니라 스스로 이름 붙인 국가 관료들의 '배분 권력'(allocative power)을 극대화하려는 충동이라고 주장했다. 이러한 방식으로 자유시장의 반대쪽이라 할 사회주의 체제를 연구하면서도 형식론 경제인류학의 공리를 고수했던 셈이다. 이런 분석은 간명하고 논리 정연했고 차우셰스쿠의 루마니아에는 잘 적용이 되었지만, 1970~1980년대에 이미 시장을 개방함으로써 기초 소비재의 만성적 부족 문제를 어느 정도 극복한 다른 사회주의 국가들에는 잘 들어맞지 않았다. 우리는 뒤에서 동아시아의 맥락에서 '사회주의 혼합경제'의 가능성을 살펴볼 것이다. 우선은 1989~1991년 소비에트 블록에서 구체제가 급작스럽게 무너진 뒤로 어떤 일들이 있었는지 살펴보기로 한다.

포스트사회주의 변혁

1990년대가 되면 경제인류학은 더 이상 대립되는 학파들이 열띤 논쟁을 벌이는 그런 학문 분야가 아니었다. 이제 옛날보다 서방의 학자들이 옛 공산권에서 연구 조사를 실시하기가 쉬워졌던바, 이들의 연구 조사 또한 전체 경제인류학 내부의 여러 흐름들을 반영하고 있었다. 여기에서도 관심은 새로운 형태의 소비에 집중되어 노동시장에서 나타난 극적인 변화들은 상대적으로 주목받지 못했지만, 시장, 소유관계, 개인의 생존 전략 등은 모두 철저하게 연구되었다. 사회주의에서 균열은 다당제 민주주의의 도입이나 시민사회의 팽창과 함께 중앙계획에서 시장경제로, 집단 소유에서 개인 소유로 이행하는 데에서 비롯된다고 주장되었다. 서구의 신자유주의와 궤를 같이하여 그전까지는 대체로 경제와 아무 상관도 없다고 여겨지던 영역들까지 시장의 사고방식이 확장되었다. 많은 서방의 자문가들은 (인권의 수사학까지 동원해 가면서) 외국에 기반을 둔 종교 조직들이 마음껏 전도할 수 있도록 허용함으로써 '영혼을 위한 시장'을 개방하는 데 큰 중요성을 부여했다. 게다가 일자리가 불안정하고 사회가 전반적으로 해체되는 와중이었으니, 개신교 부흥회 집단의 메시지가 사람들의 마음을 파고들만 한 환경이 조성기도 했다 (Pelkmans 2009).

초기의 분석가들은 포스트사회주의 시장경제로 나아가는 두 가지 경로를 구별했다. 첫째는 미국의 경제학자 제프리 삭스가 1989년 폴란드에 대해 내놓은 조언으로 집약되는 이른바 '충격 요법'이었다(Lipton and Sachs 1990). 삭스가 추천한 바는 그저 애매한 메시지나 절충적 조치가 아니었다. 국가 자산의 완전하고도 즉각적인 사유화 그리고 모든 경제 행위자들에게 '경성' 예산제약을 강제하지 않는다면 시장이 가져다 줄 혜택은 모두 사라질 것이라는 얘기였다. 폴란드는 이 조언을 글자 그대로 받아들이다가 값비싼 대가를 치러야 했지만, 결국에는 생산이 회복되었고 사회주의 이후 10년이 지나면서 성장률도 비교적 높아졌다. 나머지 다른 경로는 이른바 '점진주의'였다. 이 경로를 옹호하는 이들은 국가가 자산을 좀 더 천천히 처분하고 고용 수준을 유지하도록 경제에 개입할 것과 외국자본의 유입을 제한하거나 늦추는 쪽을 선호했다. 그런데 현실에서는 곧 이 두 경로의 차이점이 분별하기 어려워졌다. 주된 관심은 여러 개혁 조치의 순서를 어떻게 할 것인가라는 기술적 문제에 맞추어졌고, 또 어떤 나라든 세계시장에 그냥 내던져진 상태였으므로 그 질서에 적응하지 않을 수가 없었기 때문이었다.

'이행' 과정을 보면, 좀 더 오랫동안 시장 원리가 좀 더 일관되게 억제되었던 나라들이 더 가혹한 혼란을 겪는 경향이 나타났다. 그래서 1990년대의 어떤 논평가들은 소련이 자본주의가 아니라 봉건제로 가고 있는 듯 보인다고 말하기도 했다. 사회주의 시절의 경영자들이 법적으로 또는 적어도 사실상의 사유 재산가들이 되었지만, 이들의 행태는 마피아 두목을 더 닮는 쪽으로 갈 수밖에 없었다는 것이다. 중앙계획을 대체한 것은 화폐라는 윤활유로 돌아가는 시장 메커니즘이 아니라 새로운 형태의 후견주의와 부패로 매개되는 물물교환 거래였다. 인류학자들은 이러한 과정을 다양한 방식으로 기록했다. 제이나인 웨이덜은 서방에서 러시아와 폴란드로 들어가는 원조와 정책자문의 흐름을 추적하면서 국가 간 수준에 초점을 맞추었다(Wedel 1999). 그녀는 기부자와 수혜자 사이의 연결이 계속 끊어진 일과 그 과정에서 현지 관료들이 자금을 오남용하고 여기에 미국도 광범위하게 공모한 자료를 근거로 보여주었다. 또 다른 하나는 이데올로기적인 이유에서 원조 물자 전달을 비정부기구들에게 맡기라고 요구하면서, 이를 이용하여 자기 배를 불리던 개인들의 사례였다.

인류학자들은 밑바닥 수준에서 시장의 작동을 기록하거나 이론화하는 일에 집중할 때가 많다. 실체론 쪽 경제인류학자들은 산업화 이전의 사회에서 중심적 제도였던 '장터'(market place)가 산업사회에 들어 시장 원리가 지배적 위치를 차지하게 되면서 그 중요성을 잃는 경향이 나타난다고 주장한 바 있다. 하지만 구소련의 경우 작은 시장들이 엄청나게 늘어났을 뿐 아니라, 1990년대에 들어 조지아와 불가리아 사람들이 자본주의 터키로 관광버스 여행을 허가받은 이후에는 심지어 해외 무역 원정까지 빈번하게 벌어졌다. 이러한 '보따리장수 관광객들' 다수는 집단농장의 해체와 공장 폐쇄의 피해자들이었고, 기본적인 생계의 필요를 위해서 작업장과 심지어 자기들 아파트에서도 무엇이든 가져다가 팔아야 했던 이들이다(Konstantinov 1997). 소규모 시장은 일종의 생존 전략이었다. 또 다른 경우는 도시 인구의 많은 부분에서도 중요해진 현상으로서, 가정의 텃밭이나 도시의 할당된 토지들을 이용하여 식자재 생산에 열을 올리는 것이었다. 잠비아 구리 광산 지대의 경우에서처럼(8장을 보라), 이러한 사태가 전개됨에 따라 수백만 명의 사람들은 현대적이고 진보적인 것이라고는 모두 인정사정없이 자기들을 따돌리게 된다는 경험으로 상처를 받게 되었다.

시장과 화폐는 물론 수십 년에 걸쳐 사회주의가 부정적으로 선전해 온 표적이다. 이런 선전은 정직한 노동 이외의 것으로 얻은 부를 깔보는, 그보다 훨씬 더 오래된 전통을 바탕으로 삼고 있다. 민족지 학자들은 이 새로운 국면을 이용하여 큰돈을 벌 수 있었던 '비즈니스맨'들의 출현을 기록하고 있지만, 또한 '투기'(spekuatsiia)에 대한 도덕적 비판이 변함없이 힘을 유지한다는 사실도 지적하고 있다. 민족지 학자들은 새로이 계층과 서열의 패턴이 나타나게 되자 사람들이 오히려 지난날의 사회주의 제도들을 긍정적으로 재평가하게 되는 상황을 발견했다. 이런 현상이 특히 뚜렷하게 드러난 것은, 서양의 기업들이 수많은 회사

를 인수하여 도입한 새로운 경영 관행이 가족에 대한 현지인들의 가치
와 서로 충돌했을 때였다(Dunn 2004). 동독 노동자들은 자기들 작업
장에 (이것도 운 좋게 일자리를 잡았을 때 이야기이지만) 옛날 사회주의 시
절의 직업단과 같은 끈끈한 인산애가 전혀 없다는 사실을 깨닫게 되자
이 새로운 시장경제에 대해 금세 '환멸'을 느꼈다(Müller 2007). '오스탈
기'(Ostalgie, 트라반트 같은 옛날 자동차가 굴러다니던 통일 이전의 동독 시
절에 대한 향수) 현상이 소비자들의 기호나 예술 표현 등에서도 광범위
하게 나타났다. 그렇다고 해서 사람들이 옛날 사회주의로 되돌아가는
쪽을 선호했다는 얘기는 아니지만, 이는 새로 나타난 엘리트들과 서방
의 제품들이 지배하는 세상에 대한 저항을 반영하는 것이다(Berdahl
1999). 동독의 경우에는 아예 국가 자체가 사라져 버렸으므로 극단적인
경우라고 할 수 있겠지만, 다른 곳에서도 비슷한 향수의 감정 그리고 신
자유주의적 자본주의에 대한 저항이 광범위하게 나타났다는 연구들이
있다.

이 새로운 시장경제에 활력을 불어넣은 것은 국가와 그보다 하위 형
태의 집산체가 소유하던 자산을 상당히 급속하게 사유화해 가는 과정
이었다. 이 과정에서 기대와 현실이 엄청난 격차를 보일 때가 많았다. 인
류학자들도 농촌에 관심을 집중시켰으며, 그중 몇몇은 자신들이 사회주
의 시절에 연구한 바 있는 촌락과 집단농장으로 되돌아오기도 했다. 농
촌 부문에서 사유화는 여러 형태를 띠었다. 불가리아와 루마니아는 토
지가 사회주의 시절 이전의 소유주들에게 사유화되고 그 과정에서 본
래의 경계선을 그대로 인정했다. 반면에 집단화가 비교적 성공을 거둔
헝가리의 경우 실컷 정리해 놓은 대규모 농지가 모두 분해될 경우 경제
적으로 부정적인 결과가 나타날 것을 피하기 위해 그러한 원칙을 수정

했다. 이와 대조적으로 옛 소련의 대부분 지역에서는 토지를 직접 경작했던 협동농장 성원들과 노동자들에게 똑같은 몫으로 나누어 주었다. 동유럽 대부분의 지역에서 이제 생산의 책임은 새로운 소유자들에게 있었고, 그 소유권은 가족을 기초로 하는 것이 보통이었다. 하지만 옛 소련 지역에서는 전반적으로 생산 단위에 변화가 없었다. 비록 러시아 정부는 가족형 농업을 장려하려고 했지만, 새로이 토지 소유주가 된 이들 가운데 사회주의 몰락 이후의 사업체들로부터 자기들 몫의 토지만 빼내려 했던 부류는 거의 없었다. 이렇게 공동체가 성원들에게 제재를 가한 동기는 시샘의 감정이었던 듯한데, 심지어 '좋은 것은 제한되어 있다'(limited good)라는 생각 때문이기도 했던 것으로 보인다. 사람들은 혁신 기업가 정신을 스스로 억눌렀고, '개인 농업가'(fermery)로서 운명을 시험해 볼 여력이 되는 이들은 오직 정치적으로 연줄이 있는 사람들뿐이었다.

농촌의 생산 수준과 토지 생산성은 거의 어디에서나 줄어들었다. 동유럽 농부들은 보조금을 듬뿍 받는 유럽연합의 농업 생산과 감히 경쟁할 수가 없었다. 사회주의 시절에 지급되던 각종 보조금이 없어지자 비료도 못 사고 기계도 유지 보수할 수 없는 이들이 속출했다. 새로운 소유주들이 자기들에게 배분된 땅을 사용하지 못하게 되자 경작지의 태반이 그냥 놀게 되었다. 얼핏 보면 이들의 행동은 비합리적인 것처럼 보인다. 어째서 자기들의 새로운 자산을 경제적으로 충분히 활용하지 못하고 그냥 텃밭만 가꾸거나 아니면 서유럽 국가 어딘가로 떠나서 허드렛일이나 하려 했던 것일까? 하지만 농업에 들어가는 투입물들은 가격이 높았고 그들 스스로가 가진 자본과 노동의 자원도 충분하지 않았으므로, 자기들 땅을 활용하지 않았던 이들은 현실주의자들이었을 뿐이다(어떤 이들은 아예 그 땅이 어디 있는지 확인조차 하지 않았다).

　이러한 상황 전개에 대한 신자유주의자들의 논평을 보면, 관계 당국에서 시장이 제대로 기능하기 위한 전제 조건들을 창출하지 못했다고 안탄하는 모습이 선형석으로 나타난다. 예를 들어 효율적인 지적(地籍) 측량이 있었다면 토지를 좀 더 효과적으로 측량할 수 있었을 것이며, 효율적인 법률 시스템이 있었더라면 소유권 등기가 제대로 되었을 것이며, 효율적인 은행 시스템이 있었더라면 새로운 소유자들이 상업적 농업에 착수하는 과정에 필요한 자금 대출을 받을 수 있었을 것이라는 얘기들이다. 이 모든 게 틀린 말은 아니지만, 그보다 더 중요한 것 하나가 완전히 빠져 있다. 바로 농촌 공동체의 도덕적 가치들이다. 토지와 노동은 칼 폴라니가 말하는 '허구적 상품'에 들어가는 것이며, 그의 통찰력은 사회주의 이후의 농촌 지역에서 거듭 옳은 것으로 확인되었다. 예를 들어 새로 토지 소유주가 된 헝가리 사람들 다수는 나이가 많은 촌락민들로서, 이들은 그 토지로 무슨 경제적 수익을 볼 가능성 때문이 아니라 그저 자기네 조상에 대한 예의에서 소유권을 등기해야만 한다는 정서를 가지고 있었다. 많은 곳에서 농경지는 자산이 아니라 부채임이 판명되었다. 농장에서 일할 사람들을 자유시장에서 사 온다는 생각도 마찬가지로 도덕적 공동체로서는 도저히 이해할 수 없는 것이었다. 이 대목에서 우리는 가장 발전한 자본주의 경제에서도 농업 부문에서 핵심적 역할을 하는 것은 오늘날까지도 가족 내부의 지불받지 않는 노동이라는 점을 기억해야 한다.

　과거 시스템의 폐허로부터 새로운 엘리트들이 곧 출현했고, 보통 사람들뿐 아니라 때로는 학계의 관찰자들도 이들을 새로운 계급으로 인정했다. 가장 수지맞는 자산을 획득한 쪽은 옛날의 공산주의자들일 때가 많았으니, 그들은 정보뿐 아니라 이 새로운 재산으로 큰돈을 벌 수 있게 해줄 '사회적 자본'까지 가지고 있었다. 헝가리의 농촌에서 핵심적 역할을 한 이들은 바로 '녹색 귀족'(Green Barons)이었다. 이들은 교육을 잘 받고서 여러 사회주의 제도와 기관을 운영하던 이들이었는데, 이제 그런 제도와 기관들을 해체하라는 명령이 또 자신에게 떨어진 상황이었다. 헝가리 농촌에서 이행이 비교적 부드럽게 이루어진 것은 어느 정도는 이미 사회주의 끝물이던 몇 십 년 동안 이들이 앞으로 맡게 될 새로운 기업가 역할에 대해 적절한 훈련을 받았다는 데에서 비롯된다. 하지만 유라시아 전체에 걸쳐 농촌의 집단농장 해체와 사적 소유지 입법은 전체적으로 보아 경제조직의 효율성 증대에도 더 매력적인 형태의 공동체 생활에도 기여하지 못했다. 특히 중앙아시아의 경우 새로운 형태의 후견주의가 나타났던 바, 이는 옛날의 사회주의 관료제보다 훨씬 더 억압적이었다. 하지만 막상 지역 주민들에게 낙수 효과로 떨어지는 떡고물은 그전보다 훨씬 작아졌다고 한다(Trevisani 2010).

사회주의 이후의 사회에 관해 그 나라 시민들에게 물어보면 이렇게 삐딱하게 말할 것이다. "도시에서나 농촌에서나 이제 대부분의 재화는 실제로 쉽게 얻을 수 있게 되었지만, 돈을 낼 수 있는 자에게만 그렇게 되었다. 이제는 좋은 연줄을 갖고 있다고 해서 새 차나 트랙터를 얻을 수 있는 것도 아니요, 벌러톤 호수나 홍해에서 휴가를 보낼 수 있는 것도 아니다. 이런저런 재화를 부릴 수 있는 것은 이제 오로지 돈 뿐이다." 여러 가정경제에서는 생존 자체가 심각한 도전이 되었다. 절대 빈곤이 증가하지 않은 곳이라고 해도, 졸부들이 몰려들어 고급 저택을 세우고 동네 사람들은 거의 구경할 형편도 못 되는 도시 쇼핑몰이 새로 생기는 것을 보게 되면 쓰디쓴 소외감과 상대적 박탈감이 생겨나게 된다. 유고

슬라비아연방공화국의 붕괴는 쇼핑의 변화를 날카롭게 보여 주는 사례이다. 사회주의 시절에는 여성들이 그럭저럭 물건이 갖추어져 있는 백화점에서 쇼핑하는 데 익숙해져 있었지만, 근년에 들어오자 그런 모습은 사라지고 대신 사치스런 새 쇼핑과 보따리장수, 벼룩시장이 생겨나게 되었다. 한 보스니아 여성은 인류학자 라리사 야사레비치에게 솔직히 털어놓았다. "나는 식료품 가게에서 파는 스타킹은 사고 싶은 마음이 안 들어요!"(Jasarevic 2009).

사회주의 시대 이래로 가족과 여러 사회적 네트워크의 성격이 크게 변했다는 것을 보여 주는 무수한 민족지 연구들이 있다. 날품팔이 노동 이민만 해도 얼마나 큰 결과를 가져왔는지는 공식 통계에 전혀 포착되지 않고 있다. 하지만 여전히 좀 더 부유한 자본주의 국가의 지배적인 패턴과는 여러 중요한 차이점들이 보인다. 모든 재화가 부족하던 옛 사회주의 시절의 '결핍 경제'에서는 어떤 재화를 살 수 있는지에 대한 정보가 결정적인 자원이었다. 하지만 오늘날에는 일자리 정보나 서유럽의 대도시에 일시적으로 머물 수 있는 기회에 관한 정보가 결정적인 것이되었다. 그때나 지금이나 사람들은 사치품을 풍족하게 누리는 것 같은 엘리트들에 대해 분개하고 있다. 하지만 이러한 새로운 부의 원천이 무엇인지는 옛 사회주의 시절 '노멘클라투라'가 누리던 여러 특권보다도 더욱 불투명하다.

인류학자들은 옛 사회주의 국가들이 서양의 선진 민주주의 국가들의 규범에 빠르게 수렴해 갈 것이라는 단순한 기대에 의문을 제기한 최초의 집단이었다. 우리는 '이행'(transition)보다는 '변형'(transformation)이라는 용어를 더 선호했다. '이행'은 무언가 안정된 상태로 넘어간다는 의미가 담긴 말이기 때문이다. 20년이 지난 오늘날에도 그러한 안정성은 아직 어디에서도 보이지 않는다. 다른 학문 분야에서는 여러 나라의 궤적이 시간이 지날수록 서로 벌어지는 현상을 설명해 줄 수단으로서 '경로 의존성'이라는 개념을 발전시켜 왔다. 인류학자들은 아직 스스로 고유한 핵심 개념을 고안해 내지는 못했다. 5장에서 살펴본 '문화로의 전환'과 궤를 같이하여 인류학자들은 특정한 상징적 질서들에 초점을 두어 왔으며, 빈곤과 주변화 같은 절박한 문제들을 다룰 때조차 현지의 세부적 사실을 넘어 더 깊은 차원으로 꿰뚫는 연구는 거의 나온 바가 없다. 아마도 인류학자들의 큰 성취가 있다면 이는 '회복력'(resilience) 을 기록해 냈다는 점일 것이다. 다른 학문들이 소홀히 하고 무시해 온 사회주의 시절과 그 이후의 여러 연속성을 탐구했고, 여기에는 여전히 사회주의의 흔적이 담긴 규범적 열망이 여전히 힘을 가지고 있다. 사회 주의 이후의 경제 또한 예전과 마찬가지로 복잡하게 여러 가지가 혼합 되어 전체를 이루는 상태이며, 여기에서 칼 폴라니의 여러 통합 형태 하 나하나가 적실성을 가지고 있다. 비인격적 시장들 및 그와 결부된 도덕 적 규범들이 크게 팽창하는 과정에서 다른 형태들은 희생되어야만 했 다. 이는 폴라니가 19세기 영국에서 벌어진 과정을 밝혀낸 것과 같은 형태로서, 경제가 사회에서 '뽑혀 나오는'(disembedding) 경험이었다. 하지만 물질적인 것에서 사회문화적인 것과 도덕적인 것에 이르는 다양 한 형태의 박탈에 대해 사람들이 보여 준 여러 대응은 마냥 유쾌하고 고분고분한 것은 아니었다. 옛 사회주의 진영에서 나타난 폴라니식 '이 중 운동'은 대중적 반동과 외국인 혐오증의 성격을 띨 때가 많았다.

앞서 야노시 코르나이는 헝가리의 병원에서 의사와 간호사에게 주는 사례금 봉투가 사라지는 것이야말로 이행의 성공을 가늠하는 리트머스 시험지라고 말한 바 있다. 지금은 과연 어떻게 되었을까? 사회주의가 몰락한 지 20년이 지났고 또 의사와 간호사들의 봉급과 임금이 크게 개선되었음에도, 헝가리 사람들은 여전히 그 '사례금'을 지불하고 있다. 받는 자들은 이것이 환자들에게 베푸는 의료 서비스와 아무런 관련이 없다고 주장하지만, 환자들 입장에서는 감히 이 봉투를 건네지 않았다가 무슨 일이 벌어질지 위험을 감수할 수 없는 처지이다. 그리고 이렇게 해서 젊고 능력 있는 의사들 손에 들어온 봉투 가운데 일부는 다시 북유럽 외국어 학원의 수중으로 들어간다. 많은 의사들이 북유럽의 의료 시장에서 훨씬 더 높은 봉급을 받을 수 있다는 점을 알고 유혹을 느끼기 때문이다.

개혁 사회주의

옛 소비에트 블록의 사회주의 몰락이 인류학자들에게 수많은 문제를 던지고 있지만, 어떤 곳에서는 사회주의가 지속되고 있다는 점 또한 풀어야 할 문제를 내놓고 있다. 쿠바는 아주 흥미로운 경우이다. 소련의 지원이 끊긴 이후 이 섬나라는 시장의 범위를 여러 영역으로 확장해야만 했다. 중국과 베트남은 나라의 규모뿐 아니라 최근 몇 십 년 동안 보여준 놀라운 경제성장으로 볼 때 더욱 흥미로운 사례이다. 일부 관찰자들의 눈에는 마오쩌둥 주석이 사망한 지 불과 3년 후인 1979년부터 시작된 중국의 광범위한 개혁들, 그리고 마찬가지로 베트남에서 1980년대에 열정적으로 펼쳐진 개혁들 때문에 두 나라에서 사회주의적 성격이 꾸준히 사라져 갔다고 본다. 하지만 이런 생각은 너무 성급한 진단인 것 같다. 두 나라 모두 공산당이 여전히 국가권력을 독점하고 있고, 대부분의 생산 자원은 사적 소유가 아닌 집단적 소유 아래에 있으며, 중앙계획 관료들이 여전히 모든 수준에서 경제활동의 모양새를 결정할 수 있기 때문이다. 게다가 이 나라 국민들은 일반적으로 자기네 나라를 국가자본주의 따위가 아니라 사회주의 사회라고 이해하고 있다. 중국의 경우 지난 30년 동안 사람들이 선호해 온 이름은 바로 '개혁 사회주의'였다. 우리도 이렇게 부르고자 한다.

그렇다면 개혁된 것은 무엇인가? 중국과 베트남에서 사회주의 처음 10년은 소련과 마찬가지로 재분배 권력이 엄청난 규모로 공고화되고 시장이 억제되는 특징들이 나타났다. 국가는 사회생활의 모든 영역을 통제하고자 했다. 그 결과 시장뿐 아니라 종교 집회와 자발적 결사체들까지 모두 억압당했다. 게다가 두 나라 모두 폭력적인 갈등에 휘말려 있었다. 베트남에서는 프랑스 식민주의에 맞선 투쟁이 그대로 미국에 대한 전쟁으로 이어졌다. 중국에서는 마오쩌둥이 혁명의 열기를 유지하고 또 자신의 권력을 지속시키기 위해 대약진(1958년)과 문화대혁명(1966년)을 감행했다. 이런 조치의 결과로 수백만 명이 죄다 사회주의의 이름으로 죽어 가야만 했다. 이러한 재앙을 겪은 후에 '사회주의 상품경제'를 세우려는 것은 참으로 놀라운 모험이었다. 정치기구들은 여전히 어마어마한 규모를 유지하고 있었다. 하지만 개혁 시대 국가와 당 간부들은 캐서린 버더리가 말한 것과 같이 스스로의 '배분 권력'을 극대화하려 들지 않았고, 대신에 혁신 기업가들의 자율성과 시민 소비자들의 권리를 존중하도록 교육받았다. 그 사이에 많은 간부들이 스스로 혁신 기업가가 되기도 했다. 그 때문에 부패가 창궐했을 뿐 아니라 중국의 새로운 소비주의가 안고 있는 온갖 아름답지 못한 측면이 나타났다. 이런 현상에 관해서는 수많은 관찰자들이 기록한 바 있다. 루소와 폴라니 또한 이렇듯 엄청나게 벌어져만 가는 불평등을 좋아하지 않았을 것이다.

하지만 이러한 정책들이 수많은 사람들을 절대 빈곤이라는 과거 상태로부터 끌어냈다는 사실을 인식할 필요가 있다(과거의 빈곤은 말리노프스키의 제자 페이샤오퉁이 이미 1930년대에 기록한 바 있다). 모든 영역을 시장 원리가 지배하도록 허용하지는 않았고, 사유화는 느린 속도로 이루어지며, 에너지를 비롯한 공공의 이익에 핵심이 되는 부문에서 큰 기업들은 여전히 국가 소유로 남아 있다. 국가는 사회보장 계획을 도입하여 도시의 피고용자들에게 '최소한'의 생활수준을 보장한다. 무엇보다도, 농지는 여전히 지역의 여러 공동체들이 소유하고 있다. 물론 경작은 가정경제에 맡겨져 있다. 경험적으로 이 부문에 가장 효율적인 생산 단위가 가정경제라는 것이 입증되었기 때문이다. 하지만 토지는 장기 임대라는 형태로 보유되고 있으며, 많은 지역에서 평등을 유지하기 위해 주기적으로 세심한 땅 필지에 대한 구획 재분배가 이루어져 모든 이들이 생계의 수요를 보장받는다. 중국의 농촌은 여전히 엄청난 규모의 경제적·인구학적 도전에 직면해 있다. 하지만 토지와 노동을 전면적으로 상품화하지 않으면서도 현대화로 나아가는 중대한 전진을 이루어 온 것 또한 분명한 사실이다.

농촌에 나타나는 변화 가운데 결정적인 특징 하나는 엄청난 노동력이 농촌을 탈출하여 도시의 '유동' 인구를 형성했다는 점이다. 저개발 지역 어디에서나 볼 수 있는 이주 현상과 마찬가지로, 베이징에 새로이 유입된 사람들은 자신들이 가지고 있는 여러 비공식적 네트워크에 의지한다. 이들은 공식적인 사회보장 프로그램에 포함되어 있지도 않으며, 지방정부 간부들의 억압에 취약한 상태로 남아 있다(Zhang 2001). 하지만 이 새로운 수백만 명에 이르는 이주민들은 새로운 공장에서 일자리를 얻었으며, 이 공장들 가운데 다수는 세계시장에 내다팔 상품을 생산하는 외국인 소유 공장들이다. 노동조건은 참으로 가혹하지만 이 공장들은 세계시장의 경쟁력을 일상적으로 꺼내들며 이를 정당화시킨다. 많은 사람들은 결국 고향 마을로 되돌아오지만 적어도 소액의 연금이라도 챙겨올 때가 많다. 도시의 사회보장 시스템은 더 이상 '단웨이'(單位)의 책임이 아니다. 주택 공급도 민영화되었고 이직률 또한 크게 늘었다. 새로운 소비 습관이 나타나면서 개혁 사회주의 도시들 또한 서양 도시와 상당히 비슷한 모습을 띠게 된다. 데이비드 하비는 '중국식 특색을 띤 신자유주의'에 관해 글을 쓴 바 있다(Harvey 2005).

하지만 다른 진단도 얼마든지 가능하다. 마르크스주의의 관점에서 보자면, 중국의 생산자 대다수는 아직 생산수단에서 분리되지 않았다. 분명히 지배적 위치를 차지한 것은 시장이지만, 그 으뜸가는 기능은 스미스와 리카도가 말하는 의미의 노동 분업을 촉진하는 것이며 이는 모든 시민들의 안녕에 도움이 되는 것이라고 주장할 수 있다. 점진주의 전략이 상당한 대중적 지지를 받고 있다는 점은 명백하고, 중국 공산당은 여러 참변을 낳은 마오쩌둥 시절보다 오늘날에 더 큰 존경을 받고 있는 게 분명해 보인다. 우리는 이러한 중국의 경로를 폴라니의 용어로 이론화한다면, 경제를 사회에 다시 묻어들어 가게 만드는 여러 형태 가운데 혁명적 사회주의의 경험에 고유하게 나타나는 형태라고 말할 수 있다(Hahn 2009). 선진 자본주의 국가들이 사회민주주의를 실현하기 위해 1945년 이후 시장에 고삐를 채웠던 반면, 20세기 끝 무렵 동아시아의 사회주의 국가들은 급진적 재분배 원리에다가 고삐를 채우는 쪽을 선택한 셈이다. 동양이나 서양이나 경제가 사회에서 극단적으로 '뽑혀 나오는 disembedding' 폭력적인 경험을 거친 다음에 새로운 균형점을 찾아야만 했던 것이다. 이는 불가피하게 상당한 정도로 수렴될 수밖에 없다. 하지만 양쪽이 완전히 동일한 체제가 될 것이라고 결론을 내리기에는 아직 너무 이르다.

결론

제2세계의 경제인류학자들이 '비공식 경제'에 해당하는 개념을 고안하지는 않았지만, 제럴드 크리드의 '혁명 길들이기'(domesticating revolution) 개념은 전체주의라는 표준적 모델이 여러 부족함을 안고 있다는 사실과 가정경제가 상당한 회복력을 가지고 있다는 사실에 주목하게 한다(Creed 1998). 현실 사회주의 국가들의 경제는 저마다 크게 달랐지만 대부분 복합적인 혼합경제라는 형태를 띠었다. 중앙계획의 여러 교리나 '사회주의와 집단적 소유' 대 '자본주의와 사적 소유'라는 이항 대립으로는 전체 그림의 아주 작은 부분밖에 담을 수가 없었다. 1968년 이후의 헝가리 같은 경우에는 '시장 사회주의'라는 명칭이 더 적절한 것이었지만, 이 또한 가정경제가 수행한 결정적 역할이나 여러 사회 네트워크와 자발적 협동이라는 독특한 측면을 볼 수 없게 만들었던 것은 마찬가지이다.

1989년에 터져 나온 여러 혁명의 이유는 어느 정도, 수많은 시민들이 서방 국가의 시장에서 얻을 수 있는 풍부한 소비재 공급과 자기네 나라 경제의 비효율적인 기능을 비교하면서 자신들의 처지에 환멸을 느낀 데에서 비롯되었다. 하지만 여러 면에서 볼 때 신자유주의 혁명을 길들이는 것도 공산주의혁명을 길들이는 것과 비교한다면 똑같이 어려운 일이라는 점이 판명되었다. 자본주의로 이행을 열망했던 바로 그 시민들이 이제 자신들이 얻게 된 '이행'에 환멸을 느끼고 있으며, 20년이 지난 오늘날 '오스탈기' 현상은 결코 동독 지역에만 국한되지 않는다. 소비에트 블록에서 벌어진 사회주의 실험의 실패와 시장 자본주의를 세우기 위해 엄청난 사회공학을 실행에 옮겼던 쓰라린 경험은 모두 인간의 경제가 갖는 복합적인 본성과 유토피아주의의 폐해에 대해 큰 혜안을 가져다준다. 중국과 베트남의 공산주의 지배자들은 권력을 유지하면서도 오히려 1968년 이후 헝가리의 선구적인 시장 사회주의 실험 때보다도 더 큰 정도로 시장의 범위를 확장했다. 이러한 여러 개혁을 합쳐보면, 제2차 세계대전 이후 서구에서 자본주의 경제를 다시 사회로 묻어들어가게 만들었던 것과 마찬가지로 사회주의를 '묻어들어가게 만들었던 embedding' 것이 된다. 칼 폴라니라면 이렇게 말했을 지도 모른다. "둘 다 문제가 되는 것은 시장 교환과 재분배 사이에 새로운 균형점을 확립하는 것이다."

하지만 사회민주주의를 통해 사회에 묻어들어간 자유주의를 얻고자 했던 서구의 실험은 생명이 길지 못한 것으로 판명되었다. 그 뒤에는 신자유주의의 반동이 나타났고 이는 다시 위기를 낳고 말았다. 옛 사회주의 국가들과 개혁 사회주의 국가들은 모두 오늘날 글로벌 경제에 완전히 통합되어 있기에 이 나라들도 이러한 신자유주의의 위기에 영향을 받고 있다. 소련식 사회주의 모델과 마오쩌둥식 사회주의 모델이 과거로 물러나면서, 인류학자들 또한 '사회주의 이후'라는 용어에서 벗어나고 있다. 어떤 이들은 도시와 촌락 모두에서 반동적인 정치적 관점이 나타나는 현상을 설명하기 위하여 '강탈'(dispossession)이라는 개념에 입각한 분석을 내놓고 있다. 또 다른 이들은 '탈식민주의'의 경험과 비교하여, 전 세계의 모든 곳이 서양 제국주의에 영향을 받은 것과 마찬가지로 사회주의에도 모두 영향을 받았다는 점을 강조하기도 했다. 냉전이 끝남에 따라, 우리가 '제2세계'에 대해 가지고 있던 이미지가 대개는 결코 진정한 비교를 허락하지 않았던 서구 제국주의가 유지해 온 허상이었음이 드러났다.

하지만 막상 그 세계에 살고 있는 시민들 다수에게 이런 허상은 단순한 겉모습을 넘어서는 무언가였다. 이들은 사회주의가 성취해 낸 것 가운데 일부에 적극적인 가치를 부여했으며, 사회주의 경제가 마침내 해체되자 성취한 것들까지 망실되는 점을 안타까워했다. 소비에트 블록의 최근 역사는 참으로 극적이다. 아마도 스티븐 구드먼이 말한 것처럼 시장이 그전까지 상호 관계의 특징을 띠던 여러 영역으로 '단계를 이루며 덮치는'(cascading) 과정이라고 할 수 있으며, 아니면 경제학자들이 사용하는 좀 더 전문적인 어휘를 쓰자면 '집단행동 문제'(collective action problem)의 독특한 형태라고 해석할 수 있을 것이다. 시민들 개개인에게 저마다 원하는 대로 선택할 수 있는 기회를 부여하고 하는 이들 대다수는 일당 독재를 끝내는 쪽에 표를 던졌다. 그들이 중앙계획이라는 것을 현실에 존재하지도 않는 상호성과 혼동하는 법이 없었던 것이다. 하지만 새로운 상황이 도래하자, 자기들의 가장 깊은 가치와 일치하면서도 현실에 실현될 수 있는 집단적 제도를 창출하는 일에서 민주주의가 오랫동안 확립된 서양의 시민들보다 더 힘든 처지에 놓이고 말았다. 이러한 관점에서 보자면, 민주주의를 택하지 않은 동아시아 나라들의 경로가 오늘날 더 정당성이 있을 뿐 아니라 심지어 더 희망적인 대안을 보여 주고 있다고 볼 수 있다.

| 더 읽어 볼 자료 |

사회주의와 사회주의 이후를 탐구한 인류학 문헌 선집으로는 Hann, C. (ed.) *Socialism: Ideals, Ideologies, Practices*(1991)와 Hann, C., (ed.) *Postsocialism: Ideals, Ideologies, Local Practices*(2002)가 있다. Humphrey, C., *The Unmaking of the Soviet Economy: Everyday Economies after Socialism*(2002)는 소비에트 경제의 해체를 여러 각도에서 기록하고 있다. 개혁 이전의 중국 농촌에 대해서는 Parish, W. L. and Whyte, M. K., *Village and Family in Contemporary China*(1978)를 보라. 도시의 삶에 대해서는 Whyte, M. K. and Parish, W. L., *Urban Life in Contemporary China*(1984)를 보라. 중국에서 나타난 신자유주의의 충격에 관해서는 Fleischer, F., *Housing China's Emerging Classes: Conflicting Interests in a Beijing Suburb*(2010), Kipnis, A., *China and Postsocialist Anthropology: Theorizing Power and Society after Communism*(2008), Rofel, L., *Other Modernities: Gendered Yearnings in China after Socialism*(1999)를 참고하라. 중국을 '자본주의'라고 부르기는 아직 이르다는 주장이 Arrighi, G., *Adam Smith in Beijing: Lineages of the Twenty-first Century*(2007);《베이징의 애덤 스미스》(강진아 옮김, 2009, 길)에 잘 설명되어 있다. 동유럽의 농지 사유화에 대해서는 Hann, C., "From production to property; decollectivization and the family-land relationship in contemporary Hungary." *Man* 28 (3): 299-320(1993), Hann, C. and the 'Property Relations' Group, *The Postsocialist Agrarian Question: Property Relations and the Rural Condition*(2003), Verdery, K., *The Vanishing Hectare: Property and Value in Postsocialist Transylvania*(2003)를 참고하라. 사회주의 이후에 벌어진 강탈과 그것이 노동계급에 가져온 결과에 대한 분석으로는 Kalb, D. and Halmai, G. (eds.) *Headlines of Nation, Subtext of Class: Anthropologies of Neopopulism in Neoliberal Europe*(forthcoming)를 보라. Creed, G.W., *Masquerade and Postsocialism:*

Ritual and Cultural Dispossession in Bulgaria(2010)는 불가리아 촌락에서 벌어진 사회-문화적 강탈을 분석한다. West, H.W. and Raman, P. (eds.) *Enduring Socialism: Explorations of Revolution and Transformation, Restoration and Continuation*(2009)은 사회주의가 남긴 긴 지구적 유산을 탐구하고 있다. 포스트사회주의와 포스트식민주의 사이의 비교로는 Chari, S. and Verdery, K., "Thinking between the posts: postcolonialism, postsocialism and ethnography after the Cold War." *Comparative Studies in Society and History* 51 (1): 6-34(2009)를 추천할 만하다.

8장
글로벌 자본주의

1980년대 이후로 인류학자들은 '원시사회'(나중에는 '비산업 사회'라는 용어를 썼다)에만 관심을 쏟던 태도를 드디어 벗어던졌다. 이제 우리는 모두 자본주의로 통일된 단일한 세계에 살고 있음이 분명해 보였고, 그렇게 됨에 따라 인류학자들도 비로소 자본주의를 연구하게 된 것이다. 연구 조사의 장소도 이 학문이 태어난 서양의 중심지로 되돌아오는 경향이 역력했지만, 동시에 이 세계가 좁아지고 있음을 실감한 일부 인류학자들은 전 세계 곳곳에서 벌어지고 있는 '지구화'를 연구하는 새로운 방법을 발전시켜 나가기도 했다. 이러한 변화의 밑바탕이 된 역사적 상황은 세 가지가 있었다.

첫째는 냉전의 종식인데, 여기서 승리한 자들은 '역사의 종말'이라고까지 치켜세우며 환영했다(Fukuyama 1992). 둘째는 중국과 인도가 자본주의 강국으로 등장함에 따라 서양의 패권에 대한 아시아 쪽의 심각한 도전이 시작되었다고 여겨졌다(Frank 1998). 셋째는 의사소통에서 나타난 디지털 혁명인데 가장 눈에 띄는 상징물은 바로 인터넷이었다 (Castells 1996).

그런가 하면 마셜 살린스가 '이후학'(afterology)이라고 부른 것들이 우르르 나타났다(Sahlins 2002). 포스트모더니즘, 포스트구조주의, 포스트포드주의, 포스트사회주의, 포스트식민주의, 포스트발전주의에 이르기까지. 이런 흐름은 '발전을 넘어서' 나아갈 수 있다는 가능성과 연결되어 있었다. 자본주의라는 맥락에서 보자면, 공업시대의 계급 시스템이 이제는 사라져 버렸다는 주장이 나오게 되었다. 부유한 나라 사람들은 더 이상 노동자로서가 아니라 소비자로서 갖는 구매력을 통해서 자본주의에 복무하게 되었다는 얘기이다. 바야흐로 가치라는 지난날의 질문은 이제 '사람들이 돈을 쓰는 방식은 어떻게 결정되는가?'라는 물음으로 바뀌어 갔다. 경제인류학의 흐름 가운데에는 이 질문을 통해서 가정의 소비라는 물질문화를 연구하는 쪽으로 나아간 것도 있다. 동시에 자본주의의 지구적 노동력 또한 계속해서 팽창했다. 인류학자들은 이런 흐름을 분석하여 산업 노동을 비롯한 여러 형태의 노동에 관해 뛰어난 민족지를 내놓기도 했다.

2장에서 우리는 경제라는 말 자체에 담긴 생각이 역사적으로 집안일과 공공의 일, 농촌과 도시, 가정과 시장이라는 두 축을 오갔음을 살펴보았다. 이러한 여러 양대 축 사이의 관계가 무엇인지는 여전히 논란거리이며, 최근에 나타난 새로운 형태의 자본주의도 정해지지 않은 상태이다. 이제 경제인류학은 그러한 두 축의 극단을 오갈 것이 아니라 모종의 종합을 이루기 위해 노력해야 할 때이다. 따라서 이 장에서 우리는 자본주의의 발전에 관한 전통적인 이론과 민족지를 개략적으로 제시하고, 그다음으로 산업 노동과 소비의 문제를 살펴볼 것이다. 이어서 기업

자본주의와 금융 문제를 살펴보고 마지막으로 이 책을 쓰고 있는 동안 터져 나온 글로벌 경제 위기에 관해 성찰해 보면서 이 장을 마무리할까 한다.

자본주의

인류는 대단히 빠른 속도로 농촌에서 도시로 이주해 왔고, 오늘날 수많은 사람들에게 세계경제라는 것은 하나의 현실이 되어 있다. 이 놀라운 속도의 행진을 조직하는 기술과 사회의 형태는 무엇인가? 이러한 경제적 역동성을 일컫는 데 즐겨 쓰이는 이름이 바로 '자본주의'라는 것이다. 현상에 대한 묘사인 동시에 그에 대한 설명이기도 하다. 이 용어는 이미 1850년대부터 사람들 사이에 통용되기는 했지만, 마르크스와 엥겔스는 이 말을 쓴 적이 없다. 이 말이 사회 이론에 도입된 것은 지금부터 100여 년 전에 베르너 좀바르트(Sombart 1902)와 막스 베버(Weber 1904-05)의 저작을 통해서이다. 세계를 둘로 찢어 놓는 여러 경향들의 밑바탕에 바로 화폐와 기계의 결합이 버티고 있다고 여겨질 때가 많다.

자본이란 더 많은 부를 창출하는 데에 쓰이는 부이다. 부란 경제적 가치를 가진 모든 자원을 말한다. 사람들이 높게 평가하는 것은 가치를 가진다(Graeber 2001). 하지만 경제학에서 가치라는 말은 보통 화폐라는 일반적 등가물로 측량 가능한 모든 것의 총합을 가리키는 것으로 되어 있다. 따라서 자본의 본질은 곧 그것이 스스로의 가치를 증대시킬 능력을 지닌 부(대개 일정한 형태를 띤 화폐)라는 데에 있다. '자본'이라는 말의 뜻은 과학적 용법에서나 통속적 용법에서나 '자재'(stock, 생산수단이나 설비, 특히 기계)라는 물질적·기계적 측면에 방점을 찍기도 하고 또 현대 경제를 지배하는 특정 화폐와 동일한 것으로 여겨지기도 하는 두 극단 사이를 불편하게 오고간다.

　자본의 증가라는 관념이 가축의 자연스러운 재생산에 대한 비유에서 나왔다는 점은 가축 떼를 뜻하는 영어 단어 '캐틀'(cattle)이라는 어원에서 나타나고 있는바, 고대에는 이 두 용어가 연결되어 있었음을 암시한다(Hart and Sperling 1987). 라틴어 형용사 '카피탈리스'(capitalis, 글자 그대로의 의미는 '머리의')는 '중요한,' '으뜸', '첫째가는'이라는 뜻을 갖고 있다. 이 형용사의 중성 형태인 '카피탈레'(capitale)는 가축 떼나 동산(動産) 같은 중요한 물질적 소유를 의미한다. 이렇게 넓은 뜻에서 볼 때 자본은 인간의 머리와 마찬가지로 목숨을 유지하는 데 결정적인 존재이다. 하지만 근대 용어인 '자본'의 좀 더 구체적인 기원은 중세의 은행업 용어이다. 그 의미는 '원금'(principal)이라는 개념과 비슷하여 이자의 축적으로 불어나는 화폐의 양을 뜻하는 것이었다. 이렇게 자본주의라는 말을 바라보는 두 가지 상반되는 진영이 있다. 하나는 자본주의를 식물을 재배하고 동물을 사육하는 것에 기초한 폭넓은 자연적인 범주로 소화하려는 진영이며, 다른 하나는 자본주의를 화폐로 화폐를 벌어들이는 데에 몰두하는 좀 더 최근에 생긴 사회적 제도이며 아마도 영원하지 않을 것이라고 보는 진영이다.

　우리 문명을 이해하는 핵심어로서 자본은 그것을 표상하기 위해 나타난 이 두 가지 대조되는 이데올로기 모두를 반영하고 있다. 대부분의 경제학자들은 자본을 생산에 사용되는 재화의 축적으로서 그 자체도 생산의 산물이라고 보는 반면, 마르크스주의자들은 자본의 정의를 철저하게 화폐 형태의 자본으로만 국한하고 있다. 마르크스는 사업가들의 부 축적은 착취라는 사회적 관계에서 생겨나는 것이라고 보았다. 그런데 자본을 공장이라는 물질과 동일시하고 또 이윤을 마치 그 소유자의 합당한 소득인 것처럼 보는 킨겸 덫에 이러한 사실이 은폐되고 신비화된다고 주장했다(Marx 1867).

마르크스는 존 로크와 마찬가지로(Locke 1690), 인간의 노동이야말로 모든 부의 근원이며, 기계를 추가로 투입하는 것은 인간의 노동을 그저 더 생산적으로 만드는 것뿐이라고 보았다. 하지만 경제학자들은 자본가들이 직접 소비할 수 있는 재화의 소비를 보류한다는 사실, 그리고 노동 이외에 자본가가 투자한 생산요소 덕분에 생산성이 향상된다는 사실을 강조하는 경향이 있다. 그 생산성 향상의 결과로 나타나는 자본의 증가분은 따라서 바로 자본가들의 그런 희생에 대한 보상이라는 것이다. 산업경제에서는 기계화된 생산에 투자된 화폐의 흐름을 예측하기가 쉽기 때문에 이러한 주장도 성립할 수가 있다. 하지만 자본축적 가운데에는 그 정도만큼 물질적 생산 설비가 들어가지 않는 형태도 많다(예를 들면 은행업과 무역). 게다가 이렇게 개념을 넓게 쓰다 보면 자본 속에 들어 있는 여러 사회적 관계를 신비화시키고 그것을 단순한 하나의 사물로 (즉 자본을 하나의 실재로) 표상하게 되고, 화폐와 기계가 마치 동일한 것인 것처럼 혼동되는 경향도 나타난다. 경제학자들이 사용하는 자본의 정의에서 문제가 되는 것은, 그것으로는 생산과 화폐 순환 사이의 관계에서 나타나는 역사적 변화를 마르크스의 변증법처럼 다루어 낼 수가 없다는 점에 있다. 앞으로 살펴보겠지만, 자본에 대한 이러한 정의로는 우리 시대에 나타난 금융 위기를 제대로 이해할 수 없음이 분명하다.

자본주의란 시장경제의 한 형태로서, 막대한 화폐를 소유한 자들이 이미 가지고 있는 화폐를 증가시키려는 목적에서 가장 중요한 생산 부문들을 지휘하는 형태이다. 돈으로 돈을 버는 가장 믿을 만한 방법은 기계에 투자함으로써 노동의 생산성을 올리는 것이다. 이렇게 된 지는 꽤 오래되었고 오늘날까지도 변함없는 사실이라는 것이 마르크스주의의 입장이다. 마르크스에 따르면, 근대 자본주의란 돈으로 돈을 버는 방법 가운데에서도 특히 자유로운 자본이 자유로운 임금노동과 교환되는 형태라는 것이다. 따라서 사람들의 일하는 능력이 봉건제 농업의 법적 장애물들로부터 해방되는 과정과 많은 자금이 새로운 여러 형태의 생산에 투자될 수 있도록 풀려 나오는 두 과정을 해명하지 않을 수 없다. 그는 이러한 과정을 《자본론》 1권 말미에서 '원시적 축적'이라는 용어로 논의하고 있다. 애덤 스미스는 노동자들의 효율성을 증대시켜서 비용을 절감하는 폭이 이윤의 수준에 영향을 준다고 보았다(Smith 1776). 스미스가 이를 달성하기 위한 최상의 방법이라고 밝힌 것은 노동 분업과 전문화였다. 마르크스의 위대한 발견은, 이러한 스미스의 논리를 따르다 보면 결국 더 뛰어난 기계를 더 많이 생산과정에 도입하게 될 수밖에 없다는 사실을 밝힌 것이었다. 그는 또한 자본주의 아래에서의 임금 노예제가 봉건 농노제와 근본적으로 비슷하다는 점을 입증했다. 따라서 산업자본주의의 가장 원시적인 유형은 봉건제의 방식이 그대로 임금노동이라는 산업 시스템으로 이전된 유형이다. 종종 이를 일컬어 '스웹숍'(sweatshop) 자본주의라고 한다.

막스 베버도 마르크스의 설명에 이견을 달지 않았지만, 마르크스주의자들이 확신한 만큼 소유관계(생산수단의 소유권)이 중요하다고 보지는 않았다(Weber 1922a). 베버가 보기에는 자본주의로 전환하는 과정을 설명하는 마르크스주의자들의 논리가 충분한 연구를 거친 것이 아니었다. 옛날의 사회는 농업 사회 안에 고립된 도시들이 드문드문 흩어져 있는 형태였던바, 이러한 사회는 경제를 조직할 적에 언제나 여러 확실한 전통이라는 것에 의존했다고 한다. 즉 옛날의 사외에서 경제활동은 과거에 하던 관행을 그대로 되풀이하는 경향이 있었다는 얘기이다. 따라서 인류사에서 농업 단계에는 사회와 기술이 비교적 정체될 수밖에 없었다. 그런데 사람들은 어떻게 해서 자신들의 경제적 삶을 불확실한 미래의 이윤에만 맞추려 드는 자본가들의 손에 넘겨주게 되었을까? 베버는 사람들을 이렇게 하도록 설득하려면 엄청난 규모의 문화혁명이 꼭 필요하다고 보았다. 그렇다면 자본주의는 협소하게 경제적인 것으로만 볼 것이 아니라 정치적인 차원, 심지어 종교적 차원까지 함께 보아 개념화해야 마땅하다는 결론이 나온다. 베버가 보기에 자본주의란 합리적 영리 사업에 기초한 경제 시스템이었다. 이 두 단어 하나하나가 모두 베버에 의해 세심하게 선택된 것들이다.

먼저, '영리 사업'이란 미래의 이윤을 목적으로 착수되는 그 무엇이다. 그렇다면 영리 사업에는 온갖 불확실성이 따라오게 마련인 데, 사회 전체가 스스로의 생존에 필요한 것들을 여기에 내맡기는 일이 어떻게 가능했던 것일까? 영리 사업은 보통 두 가지 형태를 띤다. 첫 번째는 투기적인 영리 사업으로서, 자기들이 한몫 잡을 것 같다는 느낌만으로 도박판을 벌이는 사람들이 그 주인공이다. 케인스는 이러한 '못 먹어도 고 정신'(animal spirits)이 자본주의 시장의 역동성에서 중심적 위치를 차지하며, 투자자들이 떼거리로 몰려다니며 이윤을 거저 따먹을 새로운 기회를 쫓아다니다 보면 거품과 거품 붕괴라는 주기가 나타나게 된다고 보았다(Keynes 1936). 그런데 베버가 관심을 두었던 것은 두 번째 형태의 영리 사업인데, 불확실한 장래에 사업을 내맡기면서 생겨나는 여러 리스크를 제거하려는 충동으로 추동되는 형태의 영리 사업이었다. 합리성이란 명시적으로 목적을 내걸고 선택된 수단들을 통해 계산적으로 그 목적을 추구하려는 태도이다. 베버에 따르면, 합리적 영리 사업이란 무엇보다도 사업가가 결과를 계산해 낼 수 있는 능력에 달려 있다.

자본주의가 뿌리를 내리기 위해서는 불확실성이 사라지고 그 자리에 비록 확실한 지식까지는 아니더라도 어느 정도 믿을 만한 확률의 계산이 자리 잡아야만 한다. 이를 통해 우리가 알게 되는 패러독스가 있다. 자본가들이 한편으로 자신들을 찬양하는 이데올로기를 구사할 때는 경쟁에 따르는 여러 리스크를 치켜세우면서도 다른 한편으로 실제 사업에 들어가면 리스크를 회피하기 위해 갖은 노력을 다하게 마련이다. 베버는 갓 태어난 자본주의 경제가 더 믿을 수 있는 계산 수단들을 제도화하면서 진보해 온 과정을 보여 주었다. 이는 곧 부기(簿記), 노동 관행, 기술 따위를 개선하는 것을 뜻한다. 무엇보다도 국가가 영리 사업체들에게 필요한 것이 무엇인지에 늘 깨어 있어야 하며, 그들의 재산과 이윤을 법으로 보장하고 시장경제의 여러 조건들을 안정시켜야만 한다.

베버는 식민지 건설만으로는 중상주의 시절에 유럽 자본주의를 건설한 자금이 어떻게 축적되었는지를 충분히 설명할 수 없다고 보았다. 그와 비슷한 식민지 시스템을 오랫동안 발전시킨 상업 제국이 있긴 했지만(그중 하나는 페니키아인들이다), 거기에서 근대적 산업자본주의가 태어난 것은 아니었기 때문이다. 대신 그가 자본주의의 고유한 본성의 원천이라고 믿었던 것은 종교 영역에서 발전해 나왔다. 《프로테스탄트 윤리와 자본주의 정신》(1904~1905)에서 베버는 개신교와 합리적 영리 사업 사이의 그러한 '선별적 친화성' 문제를 다루었다. 자본축적을 기계 및 임

노동 시스템과 성공적으로 연결시켰던 인물이 마르크스였다면, 화폐와 시장 시스템의 발전을 하나의 문화혁명으로 볼 수 있도록 해 준 이는 합리성과 종교를 강조했던 베버였다. 두 접근법 모두 경제인류학에 근본적인 영향력을 행사해 왔다.

자본주의는 그것이 성장하는 특정 조건에 따라 늘 모습을 바꾼다. 이탈리아 자본주의는 일본 자본주의가 아니며, 브라질 자본주의도 또 다르다. 민족지를 통해 밝혀지는 특정 사회의 현실들은 우리 세계에서 경제가 조직되는 일반적 원리를 탐구하는 데 많은 것을 알려 줄 수 있고 또 그래야만 한다. 공통된 형태에 대해서도 설명해야 하지만, 그 무한히 다양한 변종들 또한 설명해야 하기 때문이다. 인류학자들은 역사 속에서 결정적인 한 순간, 곧 서구 바깥의 민족들이 새로운 착취 시스템으로 끌려 들어온 순간, 중국에는 스스로의 조건을 내걸고 세계경제에 참여하기 시작하는 순간을 기록해 왔다. 동아프리카에 관한 지역 연구 하나는 마르크스와 베버를 모두 연상시키는 방식으로 이러한 일반적 사실을 보여 주고 있다.

데이비드 파킨은 케냐 동쪽 해안에 살고 있는 기리아마족을 연구했다(Parkin 1972). 이들은 한때 가축을 길렀으며 식민지 시설에는 이주 노동자로 일할 때도 많았다. 이 기간 동안 코프라(copra, 코코넛)의 수출 시장이 생겨났으며 새로운 사업가 계급도 여기에 이끌렸다. 그전에는 야자나무가 주로 술을 만드는 데에 쓰였고, 그렇게 만든 술은 이런저런 사회적 행사, 특히 결혼식과 장례식에서 사용되었다. 사람들은 상호성과 필요에 기초하여 서로를 위해 일해 주었고 그들 사이에 친족 유대가 잘 유지되도록 깊은 주의를 기울였다. 코프라를 따기 위해서는 우선 코코넛 나무를 소유 재산으로 획득하고 충분한 노동 공급을 관리할 수 있어야 한다. 첫 번째 과제를 위해서 사업가들은 마을 원로들로 하여금 토지 거래의 증인이 되어 주고 지지도 얻어야만 했다. 전통적 권위를 가진 이들이 이제 막 시작되려는 이 자본축적 과정을 지지해야만 하는 것이다. 노동 또한 중요한 과제이다. 노동이 친족 관계 속에서 벌어질 경우에는 거기에서 발생한 이윤을 소유자에게 넘겨주는 과정이 보통 포함되어 있지 않았다. 그 이윤은 공동체 전체의 행사에 쓰일 것으로 공동체가 기대하기 때문이다. 말할 것도 없이 다함께 야자 술에 흠뻑 취할 수 있는 기회였을 것이다.

여기까지는 화폐를 토지 및 노동과 교환하는 데 초점을 둔 마르크스의 이야기와 통하는 듯싶다. 하지만 여기에는 베버적 요소도 있다. 일부 사업가들은 전통적인 제도가 복잡하게 얽히는 데에서 자유로워지려고 애쓰다가 새로운 종교로 개종하기도 한다. 꿈 해몽을 위해 점쟁이를 찾아갔더니 무슬림으로 개종하라는 계시라고 해몽이 나오는 경우가 많은데, 이슬람교에서는 결혼식이나 장례식 때 음주가 금지되어 있었다. 물론 이러한 분석이 베버가 제시한 프로테스탄트 윤리 명제만큼 힘을 갖는 것은 아닐 수도 있다. 하지만 이런 식으로 갖가지 공동체적 속박으로부터 해방되는 것은 자본가적 이윤 계산의 신뢰성을 올리는 것과 잘 맞아떨어지는 것은 분명하다. 파킨이 기리아마의 민족지를 서술한 시기는 케냐가 스스로 아프리카의 선진 자본주의 경제로 확립하고자 노력하던 기간이었다. 부와 권력을 일부 아프리카인들에게 재분배한 일이 한동안은 상업적 번영의 분위기를 가져오기도 했다. 1960년대와 1970년대 초까지 세계경제 또한 우호적인 환경이었다. 하지만 이러한 분위기는 오래가지 못했고, 그로부터 불과 몇 십 년 되지 않은 오늘날 케냐의 경제 상황은 대단히 악화되어 있다. 기리아마족의 상황을 보아도, 막 생겨나고 있었던 자본주의의 힘이 아직도 농촌의 자급자족이라는 전통적 규범들을 완전히 몰아냈다고 할 수가 없는 상태이다.

피에르필리프 레(5장에서도 나온 학자)는 서아프리카의 식민지가 경험한 자본주의와 영국에서 자본주의가 처음 나타나던 경우를 단일한 이론의 범위 안에서 해명하고자 했다. 자본주의가 발전할 때는 항상 새로 나타난 계급이 옛날의 재산 소유 계급과 이런저런 타협을 할 수밖에 없고, 그 결과 그 사회에 뭔가 고유한 혼종이 나오게 되어 있다는 게 그의 주장이다(Rey 1973). 그래서 영국의 산업자본가들은 공장 시스템으로 봉건적 농업을 대체하기 위해서 토지 소유 귀족들과 동맹을 맺을 수밖에 없었다. 마찬가지로 서아프리카에서도 토착 혈통을 가진 원로들이 식민지 당국과 동맹을 맺어 젊은이들을 활용하여 플랜테이션 농장과 광산에 노동력을 공급했다는 것이다. 이러한 종류의 계급 동맹은 자본주의로 이행하는 과정에서 나타난 우리를 우울하게 만들 정도로 너무나 익숙한 풍경이다. 이는 좀 더 추상적인 경제 이론들이 무시해 버리는 경향이 있는 사회학적·제도적 복잡성의 한 예라 할 것이다.

산업 노동

도시의 산업 환경을 묘사한 인류학의 선구적 저작은 공업도시 맨체스터 대한 프리드리히 엥겔스의 연구이다(Engels 1845: 6장을 보라). 찰스 디킨스와 에밀 졸라 같은 소설가들도 훗날의 학술 연구에 사용될 풍부한 자료를 내놓고 있다. 저널리스트 헨리 메이휴의 두툼한 연구서 《런던의 노동자들과 런던의 빈민들》도 마찬가지다(Mayhew 1861-

1862). 어떤 환경에서의 노동에 대한 연구이든 인류학자들이 연구를 시작하는 데에는 오랜 시간이 걸렸다. 부족사회의 맥락에서 말리노프스키와 리처즈가 선구적인 연구를 내놓은 뒤로, 뷔허와 차야노프가 수립한 전통 위에서 농민 가정경제의 노동과정에 대한 검토가 나왔다. 하지만 농업 부문에서 노동을 대부분 임금노동이 수행하는 나라에서도 인류학자들은 자본주의적 영리 농업을 연구하는 것이 자신들의 임무라고 생각하지 않았다.

1950년대 이후 영국에서는 농촌과 도시 지역에서 상당한 양의 민족지 작업이 이루어졌던바, 그중 다수는 맥스 글러크먼이 이끄는 맨체스터대학 사회인류학과에서 이루어진 것이다. 이 연구 프로그램은 최초에는 켈트 주변부에 초점을 두었지만, 나중에 요크셔 광산촌에 대한 풍부한 묘사와 분석을 담은 유명한 학제적 연구가 나오게 되었다(Dennis et al. 1956). 연구자들은 소규모 '공동체'의 눈을 통해 전후 영국 사회의 좀 더 큰 경향들을 포착하고자 했으며, 특히 후기 산업화와 젠더 역할 변화의 여러 결과에 주의를 기울였다(Frankenberg 1966).

이러한 초기의 성과물들을 제외하면, 산업 노동과 실업에 대한 비판적 경제인류학은 인류학이 아닌 다른 원천에 기댈 수밖에 없는 실정이었다. 사회학자들이 가장 많은 작업을 했지만, 심리학자 마리 야호다는 오스트리아의 한 공업 공동체에서 대공황의 충격이 나타난 과정을 연구한 초기의 학제적 연구를 이끈 바 있다(Jahoda et al. 2002). 마리엔펠트에서 진행된 이 연구는 가정의 생계를 책임지는 남성들이 일자리를 잃게 되면 정상적인 일상생활을 빼앗기게 되고 삶의 방향 감각까지 상실하게 된다는 사실을 발견했다. 여성들도 부담이 훨씬 더 늘어나지만 남성보다 훨씬 더 잘 이겨내는 것으로 나타났다. 50여 년이 지난 뒤 아일랜드 벨파스트의 실업자들을 연구한 인류학자 레오 하우 또한 비슷한 패턴을 보고했다(Howe 1990). 남성들이나 여성들이나 노동시장에서 실패를 보고 나면 대안적인 형태의 노동을 하게 되는데, 대개 가정경제 안에서 자급자족과 자체 제작(DIY) 활동을 강화할 때가 많다. 이것이 켄트 주의 비공식 경제를 연구한 사회학자 레이 팔이 기록한 바이다(Pahl 1984).

마르크스주의에서 출발한 사회학자 해리 브레이버먼(Braverman 1974)과 마이클 부라보이는(Burawoy 1979) 자본주의 노동과정에 대한 우리의 지식을 크게 넓혀 주었다. 브레이버먼은 우리에게 '탈숙련'이라는 개념을 안겨주었으니, 이는 숙련공들의 전통적 기술이 전혀 필요 없는 기계들이 등장하면서 숙련공들이 그런 기계를 돌보는 존재로 전락하는 과정이다. 부라보이는 전 세계에 걸친 제조업 공장에 관해 일련의 민족지 연구를 내놓아 여러 근본적인 개념들에 도전했다. 특히 작업 현장에서 불평등에 대한 '동의'가 어떻게 달성되는지에 관해 다루었다. 휴베이넌도 마찬가지로 소외 문제에 관한 마르크스주의적 관심에서 영향을 받은 인물인데, 포드 자동차 공장에서 진행한 현지조사에 기초하여 뛰어난 연구 성과를 영국에서 내놓았다(Beynon 1973). 포드 자동차 노동자들은 분명히 탈숙련화 과정의 희생자였는데, 그렇다고 해서 수동적이고 고분고분한 노동력이 된다는 것을 의미하지는 않았다. 광부들이 갱도로 들어가는 것을 일상으로 받아들이는 것과는 달리 오히려 자신의 일을 혐오했다. 하지만 일자리가 있다는 것은 감사한 일로 여겼고 심지어 일자리를 탐내기까지 했다. 임금을 받으면 일과 시간 후에 자본주의적 소비 활동이라는 마법에 빠져들 수가 있기 때문이었다. 포드 자동차에서 이루어지는 노동은 부족사회나 농민 사회에서의 규범과는 달리 가정 내 집단과는 완전히 동떨어진 것이었지만, 그럼에도 젠더 역할과 가족생활의 변화에 대해 직접적인 함의점을 가지고 있었다.

포스트포드주의는 훨씬 더 많은 다양성을 가져왔다. 《메이드 인 셰필드》라는 책에서 인류학자 마시밀리아노 몰로나는 철강을 생산하는 잉글랜드 북부 도시 셰필드의 경제사를 여러 단계로 쪼개어 버리면, 18세기 이래 여러 다른 유형의 자본주의 조직이 공존해 왔다는 사실을 놓치게 된다는 점을 보여 주었다. 그러한 공존 덕분에 탄력적이고도 지혜로운 갖가지 노동 전략이 가능했으며, 또한 그런 전략은 개별 가정경제를 비공식 경제에 긴밀하게 통합시켰고 나아가 더 폭넓은 공동체와 연결해 주었다는 것이다(Mollona 2009). 몰로나는 이에 '커뮤니티 유니언'으로 전환하는 것에 비판적인 분석을 내놓으면서, 노동을 통해 형성된 경제적 관계가 집단 저항을 위해서는 여전히 가장 효과적인 토대라고 주장한다. 볼리비아의 주석 광산(Nash 1979)이나 말레이시아의 공장들(Ong 1987)에 관한 연구로 인류학자들은 그러한 형태의 저항이 현지인들의 우주관에 따라 어떻게 근본적으로 형성되는지를 보여 주었다.

조너선 패리는 또 다른 철강 도시인 인도의 빌라이에서 오랜 기간 현지조사를 벌였다(Parry 2008, 2009). 이곳에는 독립 이후의 새로운 근대정신에 따라 코즈모폴리턴 공업 공동체가 형성되었다. 소련 사람들이 세운 공장에 일자리를 얻기 위해 인도 전역에서 모여들었지만, 이들에게 자리를 내주기 위해 현지의 사람들은 쫓겨나야만 했다. 계급 분열의 복잡한 패턴이 나타났다. 부패한 노동조합이 떠받드는 자기만족에 빠진 노동귀족과 조직되지 못했지만 공장이 돌아가려면 똑같이 필요한 비공식 일시 고용 노동자들은 이해관계가 근본적으로 대립되었다. 이러한 위계적 패턴의 공업화는 벵골 지방을 연구한 마크 홀름스트롬의 결론을 다시 확인해 주고 있다(Holmstrom 1976). 홀름스트롬은 처음에는 완전히 이분법적인 노동과정 모델을 제시했지만, 나중에는 노동귀족들이 차지한 '성채'와 무수한 일시 고용 노동자들 및 노동시장에 들어오려고 아우성치는 이민자들 사이에 복잡한 여러 연결 고리가 있다는 사실을 인정했다(Holmstrom 1984). 그리고 신자유주의 시대 몇 십 년 동안 이러한 그림은 '하청'(아웃소싱) 확장되고 노동 보호 입법이 잘 집행되지 않아 경계선이 더 흐려지게 된다.

잠비아 구리 광산 지대의 공업 노동은 1930년대 이후로 여러 인류학자들이 연구해 왔다. 1930년대에 이미 오드리 리처즈는 남성 노동력이 농장에서 빠져나가자 농촌 지역에 큰 곤경을 빠지는 과정을 잘 보여 준 바 있다(Richards 1939). 1950년대 로즈-리빙스턴연구소에서 맥스 글러크먼이 조직한 여러 민족지 저술 활동은, 아프리카인들을 자기네 고향 농촌에 묶어 놓고서 '백인' 도시 지역에는 그저 일시적인 거주만을 허락한 인종분리 식민 정책에 대항한 반작용이었다. 이 민족지들은 아프리카 노동자들이 광부, 공장 노동자, 철도원 같은 근대적인 직업을 얻게 되면 자연스럽게 도시의 성원이 되며, 노동조합과 정당("도시인은 도시인이며, 광부는 광부이다") 등으로 응당 표출되어야 할 노동계급으로서의 정체성 또한 획득하게 된다고 강하게 주장했다. 동시에 그 가운데 일부는 도시와 농촌 지역의 관계를 좀 더 낙관적으로 그리면서, 노동자의 이주는 이제 좀 더 번영하는 농촌의 특징으로서 적극적으로 통합되었다고 주장하기도 했다. 이 노동자들은 도시 생활로 전환하는 가운데 진보는 되돌릴 수가 없다는 생각을 당연한 것으로 받아들였다는 얘기이다. 글러크먼이 이끄는 맨체스터학파가 전반적으로 이러한 그림을 지지했다. 하지만 1970년대에 구리 가격이 폭락하자 근대적 삶을 위한 물질적 기초가 파괴되었다. 수많은 노동자들은 다시 농촌으로 돌아가서 다시 식량을 생산하는 방법을 배울 수밖에 없었다(Ferguson 1999). 그런데 세계 광물 가격이 오늘날 또 한 번 상승세로 선회하고 있고, 구리 또한 마찬가지이다. 잠비아의 광부들은 셰필드의 철강 노동자들이 보여준 탄력적인 생존 기술을 모방했다. 이러한 연구는 민족지를 좀 더 장기적인 역사적 시각과 결합시키는 방법이 어떤 가치를 가지는지를 잘 보여 준다. 비록 포드주의 모델에서는 공적 영역과 사적(가정) 영역의 상호의존 관계가 일시적으로 은폐되었지만, 공식적인 작업장을 연구할 때 가정경제와 가족생활, 비공식 경제와 공동체라는 지역의 맥락, 나아가 도시와 농촌의 관계라는 더 큰 틀 안에 놓고 파악해야만 할 것이다.

소비

산업 생산이 노동력이 더 싼 나라로 이동하고 중국과 인도, 브라질의 경우에서처럼 상업이 갈수록 세련되게 조직되게 된 것은 최근 몇 십 년 동안 일관되게 나타난 특징이다. 신자유주의의 본고장 나라들에서는 외주화, 구조조정, 노동력의 비정규직화 물결로 노동조합의 정치적 힘이 약해졌다. 이런 현상은 서방세계의 대중들이 자본주의에 참여하는 가장 큰 정체성이 더 이상 생산자가 아니라 소비자라는 관점을 지지하는 듯했다. 인류학자들은 사회학자와 역사가들의 뒤를 따라 소비를 연구하는 흐름으로 집결했다. 이 영역에서 도전한 과제는 현대 경제의 대중들이 물질적 생필품이라는 관점에서 보면 전혀 무의미한 물건들을 소비하기 위해 그토록 공을 들이는 까닭이 무엇이며, 심지어는 심각한 희생까지 치르는 방식으로 행동하는가를 설명하는 것이다. 이 대목에서 사회학자들, 특히 소스타인 베블런이 먼저 연구를 내놓았다(Veblen 1899).

일부 인류학자들은 물질문화에 관한 자신들의 전통적인 전문성에 기대면서도 경세인류학의 수요 논쟁과는 거리를 유지하는 방식으로 독특한 관점을 발전시키기도 했다. 이렇게 물질문화에 초점을 둘 경우, 관심사는 어떤 문화에서 주체-객체 관계에 맞추어지게 된다. 즉 우리가 사물들을 통해 타인들이나 세계와 관계를 매개하는 방식이 무엇인가에 관심을 두는 것이다. 이러한 매개는 어디에서나 실용적 차원, 사회적 차원, 상징적 차원을 모두 가지게 된다. 물질문화에 대한 초기의 연구는 좁게 제한된 지역의 농민 사회(이곳의 공산품은 대부분 수공예품이다)의 실내 장식물들을 묘사하는 정도였다. 이러한 접근법을 오늘날 도시 지역의 실내 장식물들에 적용하기는 쉽지 않다. 오늘날 도시의 실내에 있는 대부분의 공산품들은 약간의 형태 차이만 있을 뿐 용도는 서로 비슷하기 때문이다. 이러한 상황은 1970~1980년대에 포스트마르크스주의와 포스트구조주의 관점을 적용한 프랑스 사회학자들에 의해 처음으로 연구되었다. 이들은 소비자들이 대량생산된 상품들을 통해 자신의 독특한 정체성을 표출하기란 어려운 일이라고 주장했다. 이렇게 대량생산된 상품은 소비사회가 사람들에게 강제로 씌운 모종의 문법(개인들에게는 외부적인 것일 수밖에 없다)을 사용하여 개인의 사회적 지위를 표현하는 기능일 뿐이라는 것이다. 이러한 시스템 안에서 그 물건들이 전달할 수 있는 의미는 오로지 사회적 인정의 기호들일 뿐 인격적 개성의 기호가 될 수 없다는 것이다.

장 보드리야르는 의미론에서 영감을 얻어 소비를 기호들의 조작이라고 보았다(Baudrillard 1975). 똑같은 기능을 수행하는 물건들 사이의 형식적 차이점은 그것을 소유한 자들이 사회 시스템 안에서 차지하는 상대적 지위를 참조할 때 비로소 이해할 수 있게 된다고 주장했다. 소비자들의 행동 규범은 차별성과 순응성 모두와 관련되어 있으니, 이들은 자신이 속한 사회집단의 행태에 순응하고자 하는 동시에 다른 집단과 자신을 차별화하려고 한다는 얘기이다. 소비의 모델들은 이러한 방식으로 사회적·문화적 정체성을 형성해 낸다는 것이다. 프랑스 사회에 관하여 좀 더 사회학적인 접근을 개발한 인물이 피에르 부르디외이다. 이 과정에서 그는 객관성과 주관성을 화해시키고자 했다(Bourdieu 1984). 그는 소비자의 행태는 '아비투스'(habitus, 브루디외의 핵심 개념)의 표현으로 볼 수 있으며, 사람들이 소유하고 있는 물건들은 어느 것 할 것 없이 객관화된 사회적 관계를 체현하고 있는 것이라고 주장했다. 우리가 가진 재물들에 나타나는 갖가지 차이점은 곧 하나의 사회적 언어가 된다. 차이점이 '구별 짓기'가 되는 것은 오직 개인들이 자신들이 세계를 습관적으로 표상하는 방식에다가 이러한 외양적 면모의 구조와 그 안에 담겨 있는 여러 관행과 사물들의 위계질서를 통합시키는 경우에만 벌어지는 일이라고 한다.

영국에서는 메리 더글러스도 마찬가지로 《재화의 세계》에서 소비에 관해 과잉 사회화된 관점을 제시했다(Douglas with Isherwood, 1979). 그녀가 표적으로 삼은 것은 경제학자들이었다. 경제학자들이 정말로 소비자의 선택을 자본주의 경제의 엔진이라고 본다면, 현대의 영국 같은 나라에서 나타난 '소비 계급' 문제를 이해하기 위해 마땅히 인류학자들을 찾아와야만 한다는 게 그녀의 생각이었다. 실제로 기업에서 일하는 마케팅 전문가들은 이미 이러한 인류학적 연구를 시작한 바 있다. 차세대 영어권 인류학자들은 대량생산 제품의 소비자들에게 자기들 행동에 대해 더 많은 발언권을 갖도록 하는 데에 큰 관심을 가졌다. 이들은 사물들이 하나의 시스템을 이룬다는 생각을 받아들였지만, 동시에 행위자들이 그 사물들을 통해 사회 속에서 차지하는 위치에만 관심을 갖는 것은 아니라 그 너머에 있는 개인적 상상의 의미를 띠는 사적인 우주를 구축한다는 점을 보여 주었다. 이러한 정체성 형성 과정을 이해하기 위한 중심적 용어는 바로 철학자 헤겔이 말하는 '전유'(appropriation) 개념이라는 것이다(Miller 1987). 본질적으로 이 용어를 통해서 하고자 하는 바는, 대량생산된 상품들을 자신의 특정한 생활 방식에 귀속시켜 개인적인 것으로 만들어 버림으로써 집안 환경을 구축해 가는 과정을 포착하는 것이다. 비록 그 사람이 가게에서 사 온 물건들 다수는 대량생산된 똑같은 것들이지만, 그 사람은 자신의 독특한 개인적 우주 안에 그것들을 배치함으로써 양도 불가능한 자기 소유로 만들어 버리는 것이다. 그런 의미에서 그 사람의 집안은 그런 물건들을 가져다가 자기만의 공간을 만들어 가는 일종의 건설 현장이라고 할 수 있다. 사람들은 이러한 물건들을 통해서 개인은 물론 집단의 정체성도 표현한다. 이들은 물건들의 세계가 자기들의 영향에 저항하는 데에 굴하지 않고서 자기들의 물질적 환경을 개인적인 것으로 바꾸어 나간다는 것이다.

대니얼 밀러가 몇몇 책을 출간했는데 그중에서도 주목할 만한 것이 《쇼핑 이론》이다(Miller 1998). 이 책은 소비 이론을 런던의 청바지에서 인도의 사리에 이르기까지 의류 같은 전통적 영역뿐 아니라 인터넷과 휴대전화에까지 적용하고 있다. 밀러한테서 영향을 받은 소피 슈발리에는, 가정이 스스로의 발전과 재생산을 확보하는 가운데 집안으로 들어오거나 유통되는 물건들이 공적 영역과 사적 영역의 상호작용을 이어 준다고 주장한다(Chevalier 2010). 사회적 구조와 조직은 집안 꾸미기를 통해 사적인 영역에서 그 모습을 드러낸다. 이러한 내면화 과정은 단순히 거울에 비친 모습이라기보다는 재구성이나 재해석 과정에 더 가깝다. 집단도 개개인과 동떨어져서 존재하는 것이 아니지만 사적인 생활 또한 집단적 생활을 단순히 표출하기만 하는 것은 아니다. 사람들은 공적인 것과 사적인 것, 집단적인 것과 개인적인 것을 결합해 주는 소비 관행을 통하여 공공 영역을 창출하고 또 재구성하는 것이다. 소비 인류학으로부터 얻게 되는 이러한 결론은 우리가 산업 노동에 관한 연구를 통해 발견한 것을 다시 한 번 확인해 준다. 인류학자들이 인간의 경제를 구성하는 한 축만 보고 나머지를 배제할 것이 아니라, 그 많은 요소들이 어떻게 함께 짝을 맞추어 전체를 구성하는지를 연구해야 한다는 마르셀 모스의 가르침이 다시 한 번 확인된다.

기업 자본주의

자본주의의 기본 제도는 바로 기업이다. 가족 구성원들의 노동에 의지하는 소규모 사업이 여전히 아주 중요할 때가 많으며, 친족 관계의 역할 때문에 영리기업의 합리적 경영이 촉진될 때도 좌절될 때도 있다는 사실은 아직 제대로 연구되지 않았다(Stewart 2010). 하지만 경제적으로나 정치적으로나 가족 기업들은 글로벌 차원에서 움직이는 조직들에게 밀려난 지 오래다. 지구상에서 가장 덩치가 큰 100대 경제 단위를 뒤져 보면 기업의 수가 국가의 수를 2대 1로 상회하고 있다. 이들 기업 조직은 지극히 탄력적일 뿐 아니라 정부 기구와 중첩되기도 한다. 올리버 윌리엄슨은 한 기업이 생산 투입물을 다른 생산자들로부터 구매하기 위해 정보를 모으고 계약을 맺는 등 거래 비용을 지출할 것이냐, 아니면 스스로 그 투입물들을 생산할 것이냐를 놓고 어떻게 결정하는지를 해명함으로써 노벨상을 수상하기도 했다. 기업이 자체적으로 생산할 경우 여러 비용들이 들이가게 될 것이니 그중에는 경영적 통제와 부패 같은 문제도 뒤따를 가능성이 높다. 왕조 같은 가문들이 아직도 중요한 역할을 맡는 대기업도 일부 존재하지만, 현실에서는 이사진, 변호사, 회계사 등으로 구성된 새로운 계급으로 통제력이 넘어가 버린 상태이다 (Marcus with Hall 1992).

특히 논쟁적인 이슈 가운데 하나는 기업의 주주와 경영자 사이에 부를 어떻게 분배할 것인가 하는 문제이다. 이미 북부 잉글랜드의 다국적 기업들에 관해 모델이 될 만한 민족지 연구(Ouroussoff 1993)를 내놓은 바 있는 알렉산드라 우루소프는, 2000년대에 들어와 런던과 파리, 뉴욕의 경제계 고위층 인사들과 리스크의 문제를 놓고 일련의 인터뷰를 수행한 바 있다(Ouroussoff 2010). 그녀의 문체가 상당히 공격적인 경우도 간혹 보이지만, 방법으로 보자면 민족지적 방법을 따르고 있다. 1980년대 이후 세계경제는 무디스를 비롯한 신용평가 기관의 손아귀에 있었고, 이들은 주주들이 투자 리스크라고 믿는 것들을 살피고 감독한다. 이 신용평가 기관들은 자신들이 미래의 여러 손실을 계산하고 최소화할 능력이 있다고 생각한다. 그런데 우루소프가 발견한바, 대기업의 중역들은 그 반대의 경제 철학을 가지고 있어서 이윤과 손실은 도저히 예측할 수 없는 미래 상황에 달려 있다고 믿는다. 하지만 이들은 투자할 자본이 필요하기 때문에 이 신용평가 기관들에 대해 대놓고 비판하기 어려울 테고, 그 결과 이들이 제출하는 기업 활동 보고서는 거짓으로 가득 차게 된다. 그 결과로 나타나는 형태의 자본주의 체제는 기업가 정신에 입각한 성장을 질식시킬 뿐 아니라 경제 시스템 자체의 붕괴에도 한몫하게 된다고 우루소프는 주장한다. 하지만 학자나 정치가, 저널리스트들은 모두 금융 위기를 제도적 차원의 모순 때문에 나타난 것이 아니라 개인적·도덕적 문제 때문에 나타난 것이라고 고집하고 있다는 것이다.

어떤 사업체가 보유한 자산의 가치보다 더 많은 부채를 가지고 있을 때, 최초의 투자자들이 그 부채에 대해서 개인적으로까지 책임을 지던 시절이 있었다. 1580년 엘리자베스 1세는 해적 프랜시스 드레이크 경이 소유한 해적선 골든하인드 호에 대해 '채무로부터 제한적 자유'를 부여한다. 이 배의 최대 주주는 바로 여왕 자신이었다. 곧 이 배의 해적 사업이 큰 빚을 지는 한이 있다고 해도 그 투자자들은 자신이 최초에 투자한 액수만큼으로 책임이 제한되며, 나머지는 채권자들이 감내해야 할 몫이라는 것을 뜻했다. 그리고 이렇게 리스크가 낮은 투자를 통해 돌아온 수익은 무려 5,000퍼센트였으며 여왕도 대단히 만족스러워했다. 근대 주식회사의 비즈니스 모델이라는 것 또한 본질적으로 작동 방식이 이와 동일하다.

토머스 제퍼슨은 민주주의의 3대 위협으로 지배 엘리트, 조직된 종교, 상업적 독점체(그는 '사이비 귀족들'이라고 불렀다)를 꼽았다. 제퍼슨은 권리장전에 독점으로부터의 자유가 포함되도록 애를 쓰기도 했지만, 그 조항은 미국 헌법의 틈새로 빠져 무기력해졌다. 그때 이후로 법인 기업은 강력한 법적 인격체로서 교회나 정당처럼 자연인 시민들이 갖는 헌법적 권리를 자기네 영리 사업에서도 얻어내려고 기를 썼다. 남북전쟁이 끝난 후 '제14조 수정 조항'은 노예에서 해방된 이들에게 법적으로 동일한 보호를 보장하기 위해 공공 서비스의 차별적인 조달을 불법화했다. 철도 회사들은 주정부와 지방 당국이 자기들을 특별히 통제하기 위해 고안된 규제들을 법령화했으며 이런 처사가 '다른 계급의 인격체들'을 창출했다는 이유로 법정에 고소했다. 이 법인 기업들은 자기들이 이길 때까지 계속 법정에다가 사건을 묶어 둘 만큼 재정적 여력이 있었다. 마침내 1886년에 그들이 승리를 거두게 된다. 오늘날 어떤 도시에서 영세 상인을 보호하려고 월마트에게 동네 슈퍼마켓을 열지 못하게 한다면 이는 월마트의 권리를 침해한 셈이 된다. 그래서 그 법인 기업의 법적 권리를 지키기 위한 대단히 값비싼 고소에 걸려들 위험성이 높다. 비록 의견이 갈리기는 했으나, 미국 대법원은 법인 기업이 자기들의 방대한 자원을 이용하여 자기네 노선과 일치하는 선거 후보자를 지지하는 행위에 대해 자유 연설의 권리에 해당하므로 허용되어야 한다고 확정했다(New York Times 2010). 이렇게 법인 기업이 자연인 시민들과 같은 법적 권리들을 부여받게 되었으니, 대부분의 보통 시민들은 시장에서는 말할 것도 없고 법률이나 정치에서도 그 거대한 주식회사들과 맞장을 떠야 하는 지경에 이르고 만 것이다. 법인 기업들은 자기들 스스로가 만들어 놓은 글로벌 경제의 엘리트 시민이 되어 있으며, 나머지 우리들은 대부분 그저 수동적인 방관자들일 뿐이다.

우리는 여전히 사적 소유는 살아 있는 개인에게 귀속되는 것이라고 생각하고 있으며, 그러한 생각의 기초 위에서 사적 영역과 공적 영역을 대립시키고 있다. 하지만 정부라든가 법인 기업 같은 추상적인 실체들 또한 어떤 문제가 생겼을 때 자신들의 배타적 권리를 관철시킬 수가 있다. 게다가 법인 기업들은 악성 부채에 대한 제한적 책임 같은 특수한 법적 특권까지 보유하고 있다. 우리는 지엠(GM)이 살아 있는 모든 인격체들과 똑같이 온갖 권리를 향유할 수 있지만, 동시에 우리 모두에게 강제되는 갖가지 책임으로부터 면제된다는 사실에 당연히 혼란을 느낄 수밖에 없다. 이는 경제민주주의를 실행하는 데에도 주요한 장해물이 되지만, 특히 대부분의 지식인들까지도 이러한 혼동을 무비판적으로 그대로 재생산해 놓고 있는 판이니 경제민주주의를 생각해 보는 데에도 크나큰 장해물이 되고 있다.

사적 소유권이 개인의 소유권에서 법인 기업 소유의 형태로 진화해 갔을 뿐 아니라, 소유권의 초점 또한 '실물' 소유권에서 '지적' 소유권으로, 즉 물질적 대상에서 생각으로까지 이동해 갔다. 그 부분적인 이유는, 디지털 혁명으로 정보 서비스가 경제적으로 큰 중요성을 띠게 되었지만 정보의 이송과 재생산에 아무런 비용이 들지 않을 때가 많다는 데에 기인한다. 기계를 통한 정보 이전의 비용이 엄청나게 줄어들면서 영리 사업에도 새로운 역동성이 주입되었다. 현대의 법인 기업들은 직접 판매를 통해 얻는 이윤에 의존하는 것과 똑같이 소유한 재산으로부터 지대를 뽑아내는 데에도 의존한다. 그런데 "정보에 자유를!" (Information wants to be free!)이라는 구호에서 볼 수 있듯이 정보에 바탕을 둔 재화와 서비스의 가격을 끌어내리리라는 압력이 꾸준히 제기되고 있다. 이렇듯 시간이 지날수록 생산과 재생산이 공짜가 되어 가는 세계에서 높은 가격을 유지하려면 기업들은 사회적으로 더 많은 노력을 기울이지 않을 수 없다. 이 대목이 오늘날의 자본주의에서 중심적인 갈등이 된다.

법인 기업이 하나의 인격체라는 명제처럼, 여기에서도 알쏭달쏭한 속임수가 동원된다. 내가 당신의 젖소를 훔쳐 간다면 당신의 손해는 아주 실질적이다. 우리 가운데 그 젖소의 우유를 마실 수 있는 사람은 한 명뿐이기 때문이다. 하지만 내가 어떤 CD나 DVD를 복사했다고 해서 다른 사람이 그 원본을 못 보거나 듣지 못하게 되는 것은 아니다. 본질적으로 이런 '공공재'는 그것을 사용한다고 해서 공급이 줄어들거나 하는 것이 아니다. 하지만 법인 기업의 로비스트들은 이 그릇된 비유를 사용하여 법원과 의회로 하여금 자기들 '재산'의 복사는 '절도 행위'이며 심지어 '해적질'로 취급하도록 영향력을 행사했다. 그렇게 되면 이 세계는 문화적 공유 재산을 사유화하려고 기를 쓰는 법인 기업들의 충동과 그에 맞서서 저항하는 광대한 세력으로 두 쪽이 나는 것이 필연적이다. 이런 갈등에는 긴 역사가 있지만, 이를 오늘날의 전대미문의 수준으로까지 격화시킨 것은 디지털 혁명이 낳은 여러 조건들이다(Johns 2009). 20세기 중반까지만 해도 자본주의의 이미지를 형성했던 것이 자동차 공장이었다는 사실과 비교해 보면, 이러한 상황에 맞닥뜨린 오늘날 실로 격세지감을 느끼지 않을 수 없다.

경제인류학자들이 자기들 연구의 게임을 이러한 수준으로까지 끌어올리고자 한다면 판돈으로 걸어야 할 것들이 많다. 예를 들어 법인 기업들이 사적 이윤을 추구하는 것이 공공의 복지와 명백히 갈등을 일으킬 때는 정치적 입장도 분명히 취해야 한다. 거대 담배 회사와 국제 광산 기업들은 오늘날 자기들의 생산물과 부산물들 때문에 피해를 입고 있는 이들 사이에 '체념의 정치'를 대단히 성공적으로 확산시키고 있다(Benson and Kirsch 2010). 신자유주의 거버넌스에서 새로운 주체들과 새로운 감수성을 생산해 내는 기업의 역할은 국가의 역할만큼이나 중요하다. 만약 어떤 비판적 경제인류학자가 기업 자본주의의 문제를 효과적으로 파악하고자 한다면, 자신의 연구에서 얻은 여러 혜안을 세계사와도 연결시켜야 할 것이며, 나아가 우루소프가 수행했던 법인 기업 내부에서 이루어지는 민족지 작업과도 연결시켜야 할 것이다.

화폐와 금융 위기

사람들에게 소비에 돈을 쓰도록 만드는 과정(판매 과학 또는 판매 기술) 또한 급속하게 팽창하고 있는 영역이다. 기업 마케팅은 공유된 전문적 지식을 갖춘 전문가 시스템이자 지구적 수준에서 작동하는 '뽑아내기 메커니즘'이다(Lien 1997). 마케팅은 18세기에 영국에서 태어난 순간부터 20세기 미국에서 정점에 도달할 때까지 언제나 도덕적 비판을 받아 왔지만 곧 그 비판을 흡수하여 종교에 버금가는 고유한 시스템을 만들어 냈다(Applbaum 2003). 옛날 세대의 민족지 학자들은 자본주의 발전이 지역 문화에 가져오는 파괴적 결과를 부각시켰으나, 캘먼 애플바움은 문화 접촉 모델을 오늘날의 글로벌 상황에 더 걸맞은 것으로 변화시켰다. 그는 경제적 행동에서 모든 사람들이 공유하는 의미와 목적이 출현했음을 강조하고(양쪽의 의사 표명이 합의적인 것으로 보일 때가 많은 이유이다), 그 원인을 기업이 자기들이 판매하는 상품의 사회적 삶의 모든 측면을 다 성공적으로 통제하기 때문이라고 보았다. 물론 전 세계적으로 광고 회사들이 보편적인 주제를 놓고 현지 실정과 정서에 맞게 설명하거나 색채를 가미하는 것은 사실이다(뭄바이의 경우에 관해서는 Mazzarella 2003 참조). 동아시아에 있는 맥도널드 매장에서 이루어지는 소비자의 경험과 북아메리카나 유럽의 맥도널드에서 이루어지는 경험은 크게 차이가 난다(Watson 1997). 하지만 애플바움이 미국에서 생겨난 마케팅 패러다임이 빠른 속도로 전 세계적인 것이 되고 있다고 주장한 것은 틀린 말이 아니다.

최근 10년여 년 동안 걸쳐 금융 인류학을 다룬 저작물들이 쏟아져 나왔다. 이 분야의 선구자인 빌 마우러는 이슬람과 여타 종류의 현대 금융을 연구했을 뿐 아니라(Maurer 2005a), 역외 은행업에 대한 연구, 나아가 동아프리카 등지에서 빈민들이 은행 업무를 보기 위해 휴대전화를 사용하는 모습도 연구했다. 마우러는 화폐에 대해 비판적이고 실용적인 접근을 권하고 있으며, 사람들에게 화폐가 '의미하는' 것보다는 사람들이 화폐를 가지고 무엇을 할 수 있는가에 더 관심을 둔다. 제인 가이어와 마찬가지로(5장을 보라), 마우러 또한 화폐가 지불 수단이 아니라 교환의 매개 수단이라는 자유주의 경제학자들의 생각에 인류학자들이 너무 쉽게 넘어가 버렸다고 믿는다.

이제는 인류학자들이 금융 한가운데로 들어가 작업하는 일이 거의 다반사가 되어 버렸다. 엘런 허츠는 이미 오래 전에 상하이 주식시장에서 현장조사를 수행했으니 선견지명이 있다고 할 것이다(Hertz 1998). 케이틀린 젤룸은 금융 거래자들이 어떻게 새로운 정보 기술에 적응해 가는가에 초점을 두고 살펴보았다(Zaloom 2006). 하지만 이 금융 거래자들의 사업이 어떤 수준에서는 지구적 성격을 띠고 있음에도 불구하고 이 두 연구 모두 그들의 지역적 관행과 관점에 관심을 둔다는 점에서 전통적이라 할 것이다. 카렌 호는 한 걸음 더 나아가 자신의 민족지를 좀 더 폭넓은 정치경제학 분석과 연결시켰다(Ho 2009). 그녀가 펴낸 《청산: 월스트리트의 민족지》는 골드먼삭스, 모건스탠리를 비롯한 거대 금융 기업의 직원들과 가진 인터뷰에 기초하여, 은행 간부들에 대한 거액의 상여금 지급 시스템에 관한 문제 같은 좀 더 거시적 차원의 분배 문제를 명시적으로 다루고 있다. 그녀는 이 책에서 상여금이 장기적인 기업 생산성이나 주주 가치와 연계되어야 한다고 주장하면서 투자은행과 상업 은행업을 분리했던 '글래스-스티걸 법' 같은 것의 부활을 옹호했다.

2008년 9월에 뉴욕 투자은행 리먼브러더스가 파산하면서 금융 붕괴가 촉발되었고, 그 여파는 아직도 사라지지 않고 있다. 그 결과로 나타난 글로벌 경제 위기가 어떤 결과를 가져올 지에 대한 예측은 무척 다양하다. 이제 그 이전까지의 경제성장이라는 것은 특히 미국에서 싼 이자율의 소비자 신용 체제로 지탱되어 온 것으로 볼 수 있게 되었다. 많은 금융 기업들이 특히 새로 생겨난 신용 파생상품 시장에서 도저히 받아들일 수 없을 만큼 리스크에 스스로를 노출시켰다. 이는 '독성 자산'이 되었고 은행 시스템 전체를 보존하기 위해 국민의 혈세로 이런 자산을 매입하는 엄청난 대가를 치렀다. 중국, 독일, 일본을 비롯한 주요 공산품 수출국은 생산품에 대한 수요가 엄청나게 축소되어 고통을 받아야 했다.

인간에게 영원토록 성장을 가져다주는 착한 장치라고 이해되던 경제가 졸지에 역사의 진흙탕으로 내동댕이쳐진 꼴이 된 것이다. 시장이라는 것도 이제 살아남기 위해서는 엄청난 규모의 국가 개입이 필요한 것으로 여겨지게 되었다. 아마도 이러한 사건들이 서구에서 아시아의 주요 채권국들로 경제 권력의 지구적 이동이 벌어지는 과정을 가속화시켰던 것으로 보인다. 전혀 투명하지 않은 상황이지만, 상황이 가장 좋았을 때에도 항상 목전의 모습은 이러하다. 어떤 논평가들은 이것이 공산주의 국가에서 벌어진 중앙계획 기구의 남용과 비슷하다고 평가하기도 한다. 금융시장에서 나타난 거품이 엄청난 규모의 '가상 경제'(virtual economy)를 만들어 낸 것이 얼마 전까지 중앙아시아에 있었던 사회주의 국가들에서 면화 생산의 숫자가 항상 그릇되게 보고되었던 것과 비슷하다는 것이다(Visser and Kalb 2010). 하지만 신자유주의 아래에서 국가가 은행을 공적 자금으로 구제해 준 것은 소득 분배에서 정반대의 결과를 가져왔고, 온갖 불평등은 완화되기는커녕 더욱 강화되었을 뿐이다.

결론

이런 파국적 사건들이 궁극적으로 경제사에서 어떤 위치를 차지하게 될 지는 아직 모르겠지만, 이번 위기를 통해 확실하게 치명타를 입은 쪽은 자유시장을 신봉하는 경제학이다. 시장을 정치적 속박에서 풀어놓기만 한다면 모든 경제가 번성할 것이라는 주장은 이제 더 이상 설 자리가 없다. 정치인이나 저널리스트들이 경제학자들을 공격하는 모습은 이제 일상적인 현상이 되었다. 심지어 영국 여왕까지 나서서, 어째서 이렇게 위기가 다가오는 것을 내다본 경제학자가 한 명도 없었느냐고 공식적으로 질문을 던지는 판이다. 특히 1980년대 이래로 이념적 헤게모니를 휘둘러 오던 주류 경제학은 이제 구멍 난 배처럼 물 아래로 침몰해 버렸다. 경제학자들이 마치 무언가 예측할 능력이 있는 과학자입네 행세하는 모습을 놓고 저널리스트나 학자들이 공격하는 글은 이제 다반사가 되었다. 그렇다고 해서 신자유주의가 패배했다는 것은 아니지만, 경제를 둘러싼 대안적인 접근법을 통해 신자유주의에 반대할 수 있는 상황이 그 어느 때보다도 좋아졌다는 사실은 분명하다.

《파이낸셜타임스》의 저널리스트이자 사회인류학 박사 칠리언 테트는 그 덕분에 대부분의 저널리스트 동료들보다 경제 현장을 좀 더 총체적이고 비판적으로 검토할 능력을 갖게 되었다고 말한다. 그녀는 금융 위기가 터진 직후 신용 파생상품 시장을 다룬 베스트셀러를 출간했는데

(Tett 2009), 금융 위기가 발생하기 오래전부터 연구해 온 주제이기도 하다. 테트를 비롯한 여러 비평가들과 마찬가지로, 우리 시대야말로 인류학과 역사, 경제학을 새로이 종합하는 작업이 무르익은 때라고 우리는 결론을 내리고자 한다. '경제학'이라는 프로젝트를 경제학자들의 손에서 구출해 내야만 한다. 경제인류학은 다른 인접 학문들, 나아가 좀 더 유연성을 갖춘 경제학자들과 대화해 나가면서 이러한 지적인 재구성 과정에 일익을 담당할 수 있다. 이제 마지막 장에서 이러한 가능성을 좀 더 논의해 볼까 한다.

| 더 읽어 볼 자료 |

1980년대에 문화로의 전환에서 핵심 텍스트들의 공저자 조지 마커스는 '여러 장소 민족지'(muti-sited ethnography)를 옹호한 학자로 유명하다. Marcus, G., *Ethnography through Thick and Thin*(1998). 그는 자본주의에 대해서도 여러 독창적 연구들을 내놓았으며, 그중에는 헌트 가문이 세계 은 시장을 독점하기 위해 벌인 일들에 대한 연구도 있다. Marcus, G. with Hall, P., *Lives in Trust: The Fortunes of Dynastic Families in Late Twentieth-Century America*(1992). 에릭슨은 '지구화'가 제기한 여러 문제에 관해 포괄적인 개괄을 내놓고 있으며, 경제 문제들에 대해 좀 더 관심을 강화한 개괄도 있다. Eriksen, T., *Globalization: The Key Concepts*(2007); Eriksen, T., "Globalization." In K. Hart, J.-L. Laville and A. Cattani (eds.) *The Human Economy: A Citizen's Guide*: 21-31(2010). 포드주의와 포스트포드주의를 '이후학'(afterologies)이라는 좀 더 넓은 맥락에서 다룬 연구로는 Kumar,

K., *From Post-Industrialism to Post-Modern Society*(1995)가 있다. Mollona, M., *Made in Sheffield: An Ethnography of Industrial Work and Politics*(2009)는 산업 노동에 대해서 사회학자들 및 역사가들이 내놓은 고전적 연구들과 현대 인 규학자들의 작업을 실합시키고 있다. 소비 분야의 개괄로는 Miller, D. (ed.) *Acknowledging Consumption: A Review of New Studies*(1996)가 적절하다. 전 세 계에 걸친 지적 문화적 재산권의 문제는 Verdery, K. and Humphrey, C. (eds.) *Property in Question: Value Transformation in the Global Economy*(2004) 와 Strang, V. and Busse, M. (eds.) *Ownership and Appropriation*(2011)에 서 다루고 있다. Maurer, B., "Finance." In J. Carrier (ed.) *Handbook of Economic Anthropology*: 176-93; Maurer, B., "Anthropology of Money." *Annual Review of Anthropology* 35: 15-36(2006)는 막 생겨나고 있는 화폐 관 련 문헌들에 대해 개괄을 제공한다. Hart, K. and Ortiz, H., "Anthropology in the financial crisis." *Anthropology Today* 24 (6): 1-3(2008), Gudeman, S., "Creative destruction: efficiency, equity or collapse?" *Anthropology Today* 26 (1): 3-7(2010), Visser, O. and Kalb, D., "Neoliberalism, Soviet style." *European Journal of Sociology* 51 (2): 171-94(2010)에는 2008년에 터진 금융 위기에 대한 인류학의 혜안이 담겨 있다.

9장

이제 어디로 갈 것인가

지금까지 펼쳐 보인 논지를 정리하고 한데 모아 경제인류학이 어떤 길을 걸어왔으며, 이제 어떤 방향으로 가게 될지 평가해 보아야 할 때가 왔다. 초창기의 민족지 학자들은 자기들이 발견한 것들을 가지고 경제학자들과 상대해 보기를 희망했지만, 그들은 경제학의 목표와 방법을 이해하지 못했다. 그래서 결국은 호모 이코노미쿠스라는 것이 보편적인가 아닌가 하는 질문에 대해 논평하는 정도로 그쳐야 했는데, 그나마도 잘못된 정보에 기초할 때가 있었다.

경제라는 것을 어떻게 정의할 것인가, 인류학자가 경제를 연구하기 위해 사용해야 할 방법과 이론은 어떤 것인가에 대해서는 아직 기본적인 문제들조차 전혀 해결되지 않은 상태이다. 형식론자들과 실체론자들 사이에 벌어진 논쟁에서 이 문제들이 다른 인류학자들의 관심을 강하게 끌어당긴 적이 있었지만 그것으로 끝이었다. 경제학자들은 이 논쟁이 있는지조차 모르고 지나쳤으며, 이 논쟁 뒤에는 아예 지적 공동체로서 경제인류학이라는 것이 해체되고 말았다. 그 이후 신제도학과 인류학자들과 문화인류학자들이 각각 취했던 입장들 속에서 형식론과 실체론의 목소리가 나왔지만(5장을 보라), 최근의 저작들은 이런 선배들에게 별 관심도 없고 또 서로 대화나 논쟁을 주고받지도 않는다. 따라서 경제학자, 정책 입안자, 미디어 등이 경제인류학자들이 경제에 대해 무슨 말을 할 수 있는지를 대개 무시하고 지나가는 것은 어찌 보면 당연한 일이다. 우리는 이제 경제인류학을 새로운 수준으로 끌어올림으로써 이러한 상태에 변화를 불러일으킬 때가 되었다는 확신에서 이 책을 쓰게 되었다.

지난 몇 십 년 동안 신자유주의적 지구화가 널리 조장했던 '자율' 시장은 공박이 불가능하며 심지어 영원히 계속될 것처럼 보이기까지 했다. 하지만 2008년의 금융 위기를 통해 세계경제가 실제로 얼마나 깨지기 쉬운 것이었는지가 모두의 눈에 명확하게 드러났다. 이 사건이 계기가 되어 모종의 비판 의지를 갖춘 경제인류학이 생겨날 새로운 공간이 열리게 되었다.

우리는 이 짧은 경제인류학의 역사를 살펴본 결론으로서 다음과 같이 주장하고자 한다. 경제인류학은 스스로의 고유한 목적과 이론, 방법을 갖추고서 정치인류학과 발전인류학 같은 형제자매들은 물론 사촌쯤 되는 경제사회학, 제도학과 경제학, 경제사, 정치경제학, 경제지리학, 고고학, 비판적인 철학 등 인접 학문 사이에서도 자기 자리를 굳건히 할 수 있는, 진정한 의미에서 고유의 훈련을 요하는 학문 분야가 될 잠재력을 갖고 있다. 인류학은 인간을 다루는 여러 학문의 전 범위에 걸쳐 열려 있다는 점에서 독특한 학문이다. 따라서 그 여러 학문을 조각조각 나누고 있는 장벽들을 잠식해 들어가야지 강화시켜서는 안 된다. 궁극적으로 우리가 관심을 두는 것은 이런저런 명칭이나 경계선 따위가 아니라 더불어 살아가고 있는 우리 지구의 곤경을 해결하기 위한 새로운 전략들을 개발하는 일이니까 말이다.

역사, 민족지, 비판

이 책의 주된 메시지는, 경제인류학을 선조들의 유산을 스스로 의식하는 지성사의 맥락에 놓고 그 역사로부터 미래의 교훈을 끌어낼 필요가 있다는 것이었다. 이러한 지성사는 물론 분명한 초점이 있어야 하겠지만 너무 협소해져서도 안 된다. 그래서 우리의 이야기 전체에 걸쳐 경제인류학의 이야기를 좀 더 큰 이야기, 곧 인류학의 역사, 경제학의 역사, 이 둘을 다 포괄하는 서양 사회철학의 역사, 그리고 무엇보다 '세계사' 속에 안착시켜 보려고 했다. 특히 세계사야말로 19세기에 인류학이 처음으로 제도적 형태를 얻게 되었을 당시의 으뜸가는 관심사였음을 기억해야 한다. 그 시대의 인류학자들(그리고 경제학자들)은 역사유물론을 신봉하는 이들도 그렇지 않은 이들도 있었지만, 어느 쪽이든 산업혁명이 우리 인류의 진화에 새로운 단계를 열었다는 명제를 당연한 진리로 여겼다. 하지만 100여 년 정도 지난 오늘날, 인류학자들은 현장조사에 바탕을 둔 민족지에만 골몰하다가 협소한 공간과 현재라는 시간에만 초점을 두게 되었고, 그 결과 지난날의 의제는 거의 시야에서 놓쳐 버리고 말았다.

우리는 20세기 민족지 학자들의 성과물들을 결코 과소평가할 수 없다. 브로니슬라프 말리노프스키, 레이먼드 퍼스, 그들을 따르는 이들은 사람들이 살고 있는 곳으로 직접 가서 생활을 함께함으로써 그들이 오늘날 보여 주고 있는 행태의 복잡성을 풍부하게 다룰 수 있었다. 그래서 '근거 없이 짐작하는 역사'를 거부했다. 이들이 오세아니아를 비롯한 여러 지역에서 부족의 경제를 다룬 민족지들은 오늘날에도 고전으로 남아 있다. 하지만 우리는 이 책에서 의도적으로 더 넓은 지역적 관점, 나아가 지구적 관점을 강조해 왔다. 초기 역사에 대한 역사 기록이 너무 모자랄 경우에는 역사가를 비롯한 전문가들의 도움으로 공백을 메꿀 수가 있다. 경제인류학자라면 자신의 지식을 좀 더 넓은 역사적 전망 속에 놓는 것이 꼭 필요하다. 민족지학자, 고고학자, 역사가들이 한 팀을 이루어 칼 폴라니의 비전에 따라 인도된 1950년대의 컬럼비아대학 프로젝트는 그러한 전략이 얼마나 큰 성과를 가져올 수 있는지 잘 보여 주는 증거이다(4장을 보라).

오늘날 대학에서 제도화되어 있는 학과 편제는 그러한 접근법을 좋아하지 않는 게 사실이다. 사회인류학이나 문화인류학과 박사과정 학생들은 현지에 가서 적어도 1년 이상을 보낼 뿐 아니라 현지의 언어를 배우는 것이 필수로 되어 있다. 그리고 박사학위를 받은 뒤에도 기존에 투자한 것들을 놓기 힘들게 마련이어서 결국 새로운 분야로 가지를 뻗을 엄두를 내지 못하기도 한다. 하지만 이러한 상황은 조금씩이나마 바뀌고 있다. 갈수록 더 많은 인류학자들이 자신의 전공 분야 바깥에서 보조 지식을 얻고 있으며, 아예 협동 연구과정을 통해 작업할 기회도 많아지고 있다. 오히려 더 큰 장해물은, 역사적인 안목이라는 것이 경험을 통해서 익힐 수 있는 것임에도 젊은 학자들이 출발 단계부터 자신만의 전문 영역이라고 내세울 수 있는 무언가를 갖도록 요구된다는 점이다. 대학 사회에서도 시장 질서가 갈수록 횡포를 부리게 되면서, 학문적 성과를 빨리 발표해야 한다는 압력이 더욱 커져 가고 있다.

대부분의 인류학자들은 자기 학문의 근원을 19세기까지 거슬러 올라가는 것으로 여기고 있다. 심지어 그 시대의 연구 내용과 방법을 거부한다고 해도 그러하다. 다가오는 새로운 노선과 대면하려면 보편적인 인간 해방에 대한 욕망과 연결되던 18세기의 프로젝트를 대표하는 루소와 칸트 같은 선조들로부터 기꺼이 배워야 한다고 우리는 주장했다. 이러한 목적에서 우리는 '인간의 경제'(human economy)라는 개념을 내놓았다. 인류 전체의 이해관계와 관련되는 개념이지만, 인간의 경제란 사람들이 하루하루 일상에서 끊임없이 다시 만들어 내는 것이라고 생각한다. 소수만을 위해서가 아니라 만인을 위해서 작동하는 세계경제를 제대로 이해하려면 지구화 흐름과 비판적으로 대결해야만 한다. 이렇게 본다면, 낯선 타국 사람들의 삶을 다룬 민족지 연구에서 발견된 여러 사실을 협소한 공리주의의 교리와 맞추어 보려고 했던 20세기의 노력은 어쩌면 실패할 수밖에 없는 것이었다. 우리 모두의 인간적 목적에 비추어 보면 인류학이나 경제학이나 부족하기는 매한가지다. 경제인류학자들은 여전히 그런 공리주의의 갑옷을 벗어 던지려고 몸부림치고 있다.

대안적인 접근법을 찾아보려고 한다면, 가장 좋은 방법은 마르셀 모스의 저작이나 칼 폴라니의 저작과 새롭게 맞붙어 씨름해 보는 것이다. 이 두 사람은 여러 면에서 서로를 보완해 주고 있다. 뒤르켐의 유산에 대해 모스는 여러 수정을 가했던바, 그 핵심 가운데 하나는 사회를 인류의 역사적 프로젝트로 보아 그 한계가 더 포용적이 되도록 끝없이 확장된다고 생각한 점이다. 《증여론》의 핵심은, 사회를 이미 존재하고 있는 형식이라고 당연히 받아들여서는 안 된다는 발상이다. 사회는 만들어지고 또 다시 만들어져야만 한다. 어떤 경우는 아주 밑바닥부터 다시 만들어야만 할 때도 있다. 숭고한 선물 교환은 사회의 한계선을 바깥으로 밀고 나가기 위해 고안된 것이다. 이 행위는 '자유시장'에서와 마찬가지로 '자유로운' 행위이다. 그 교환을 추동하는 것은 바로 관대함이다. 틀림없이 자신의 이익을 담고 있는 행위이지만 결코 호모 이코노미쿠스와 관련된 그런 방식은 아니다. 논란의 여지는 있지만, 모스의 논의가 비롯된 뿌리는 '쿨라' 교역에 대한 말리노프스키의 설명이다. "종족 간의 쿨라 전체는 좀 더 일반적인 시스템의 극단적인 경우일 뿐이다. 이는 그 종족을 물리적 장소라는 협소한 경계선, 심지어 여러 이해관계와 권리들로부터 통째로 떼어 낸다"(Mauss 1990: 36). 그 어떤 사회도 경제적으로 자급자족을 달성한 적이 없으며, 멜라네시아 섬 주민들은 더더욱 그러하다. 그렇기 때문에 사회적 행동의 지역적 한계를 분명히 할 필요도 있지만, 여기에다가 항상 어떤 공동체의 외연을 바깥으로 확장할 수단도 추가해야만 한다. 이것이 바로 시장과 특정 형태의 화폐가 보편성을 띠는 이유이며, 그것들을 철폐하려는 시도가 반드시 재앙으로 끝나게 되는 이유이기도 하다.

폴라니는 경제 제도들이 다종 다기한 분배 메커니즘을 조직하는 방식뿐 아니라 그 반대로 그러한 메커니즘들에 의해 경제 제도가 조직되는 방식에 주의를 기울였다. 근대 세계로 들어오면 수백만 명이 넘는 수많은 사람들이 이 다양한 메커니즘에 참여하게 되지만, 그에 대한 통제력은 전혀 주어지지 않은 상태여서 일방적으로 삶이 휘둘리게 된다. 이 때문에 폴라니는 이러한 경제 제도들이 국가와 시장이라는 두 기둥, 그리고 사회의 대내적 관계와 대외적 관계라는 두 기둥 사이에서 흔들리는 가운데에 만들어 내는 불평등을 강조하게 되었다. 2008년의 금융 위기에서 보여 준 직접적 대응은 이런저런 정부 기관들에 의존하는 것이었다. 국가와 시장이 함께 힘을 합쳐 그전보다 덜 일방적인 방식으로 작동하도록 만든 것이 아니라 그야말로 동전을 반대로 뒤집듯이 시장일변도에서 그 반대 극단으로 이동했던 것이다. 이렇게 덜 일방적인 작동 방식을 창출한다는 목적에서 보자면, 폴라니가 외쳤던 사회적 연대, 특히 여러 결사체들의 자발적 상호성에 기초한 사회적 연대의 중요성을 절감하게 된다. 이는 또한 인간의 경제를 쇄신하기 위해서 보통 사람들도 힘을 모으도록 동원할 필요가 있다는 점을 일깨워 준다. 비인격적인 국가와 시장에만 의존하는 것으로는 충분하지 않다.

정치경제학에 대한 폴라니와 모스의 이해는 다소 추상적이지만 구체적인 개인들의 일상생활에 확실하게 근거를 둔 것이었다. 그렇기 때문에 현장조사 작업에서도 두 사람의 보편적 이론이 큰 힘이 될 수 있다. 우리는 8장에서 자본주의에 관한 인류학적 연구가 산업 노동에서 '신경제'(new economy) 에 이르기까지 크게 확대되고 있음을 보았다. 인류학자들은 '자유' 노동이 항상 작업장 바깥의 다종 다기한 정체성 속에 묻어들어 있다는 것을 보여 주었고, 또 가장 비인격적인 금융시장조차도 사실은 특정한 인간 집단에 의해 매개되는 것임을 보여 주었다. 이 사람들 가운데 일부는 물론 탐욕적이지만 꼭 다른 사람들보다 더 탐욕적이라고 말할 수도 없을 뿐 아니라 얼마든지 변할 수가 있다. 이를테면, 피도 눈물도 없는 헤지펀드 매니저 조지 소로스 같은 사람도 자선사업가가 되고 자본주의의 비판자가 될 수 있다. 따라서 중요한 문제는 사람이 부를 추구하는 존재인가가 아니다. 문제는 인류학자들이 화폐의 불평등한 분배가 불러오는 폭넓은 사회적 결과들, 그리고 전 세계 곳곳에서 벌어지는 가난한 이들과 부자들 사이의 계급 갈등 같은 문제를 다른 학문 분과, 특히 이런저런 정치적 색깔을 띤 경제학자들에게 떠넘겨 왔다는 데에 있다.

온 세계와 우리의 일상생활 사이에는 크나큰 간극이 있으며 그것을 잇는 고리들 중에는 빠져 있는 것들이 많다. 우리는 모스와 폴라니의 저작에서 그 빠진 고리를 찾을 수가 있었다. 지구적 수준에서 작은 지역 수준에 이르기까지 분배의 문제에 일관된 초점을 집중하다 보면, 정치경제학이 사회에 미치는 여러 결과들은 물론 분배를 행하는 자들이 이를 이해하는 방식 또한 모두 동일한 사회적 과정의 부분들이라는 점이 또렷하게 드러난다. 현재의 위기는 이러한 혜안을 특히 명시적으로 보여 주고 있다. 이 위기로 오늘날의 금융 시스템을 지탱하는 여러 사고 방식이 도전을 받게 되었으며, 온 세계는 이 위기가 분배에 어떤 결과를 가져올지를 두려워하고 또 고통스럽게 겪어 내고 있기 때문이다. 우리가 지금 목도하고 있는 권력투쟁은 뜻밖에 아주 멋진 결과를 가져올 수도 있다. 최근의 경제적 참사에 대한 정치적 대응이 나올 때마다 유혈이 낭자했던 1930년대의 대공황과 같은 사태가 재현될지 모른다는 공포가 유령처럼 떠돌게 된다.

사회적 삶의 비인격적 여러 조건들은 그 사회적 삶을 행동으로 옮길 수밖에 없는 개인들과 긴장을 일으키게 되어 있다. 이런 관계에 대한 우리의 이해는 역사상 그 어느 때보다도 한심한 수준으로 떨어져 버렸으며, 그 결과 국가 경제를 능가하는 규모로 영업을 펼치는 기업들과 개별 시민들 사이의 차이가 무엇인지조차 애매해지고 말았다. 개념은 비인격적인 것이지만 인간의 삶은 그렇지가 않다. 그래서 어찌 보면 가장 중요한 문제는 개념과 인간의 삶 가운데 어느 쪽에 우선순위를 둘 것이냐이다. 우리가 오늘날 공유하고 있는 집단적 문화의 한복판에는 사람, 사물, 개념에 대한 이루 말할 수 없는 혼란과 혼동이 도사리고 있다. 개인적인 것이 정치적인 것이라는 페미니스트들의 주장은 옳다. 그리고 똑같은 이유에서 정치적인 것은 개인적인 것일 때가 많다. 하지만 우리가 인격적인 개인들의 관계에만 의존하여 사회를 만들려고 한다면 결국 봉건주의로 되돌아가든가 아니면 그 현대판이라고 할 범죄 조직으로 퇴행하고 말 것이다. 여러 가지 비인격적 제도가 반드시 있어야만 하며, 이 제도들은 최소한 이론적으로나마 만인을 위하여(그들이 누구이건 또 누구의 친구이건 무관하게) 작동하는 것이어야만 한다. 우리가 살고 있는 이 비인간화된 사회적 틀 안에서 개개인들이 가지고 있는 인간성은 도대체 어디에 담아내야 할 것인가? '흙 수저'를 물고 태어난 젊은이들이 세계경제 한복판에서 헤쳐 나갈 가능성을 높이려면 어떻게 해야 할까? 이것이 인간의 경제 중심에 놓여 있는 수수께끼이다. 여기에 효과적인 해결책을 내는 데에 주된 장해물이 되는 것은 바로 부, 규모, 장수의 능력 따위에 기대어 권력을 휘두르면서도 한편으로는 자신을 일반 시민처럼 대접하고 모든 권리를 달라고 주장하는 법인 기업이다.

20세기는 보편적인 사회적 실험에 기초를 두고 세워졌다. 사회란 국제적 노동 분업, 국가 관료, 전문가들만이 이해할 수 있는 과학적 법칙들로 정의되는 비인격적 메커니즘이라고 여겨졌다. 그러니 이러한 사회 앞에서 초라할 수밖에 없는 대부분의 사람들은 자신이 무지하고 무능력하다고 느꼈던 게 사실이다. 하지만 오늘날 우리는 인류 역사상 그 어느 때보다도 스스로가 분명히 현실에 영향을 끼칠 수 있는 이 세상의 하나뿐인 소중한 인격체라는 의식을 분명하게 가지게 되었다. 따라서 비인격적인 사회와 인격적인 사회를 분리하려 드는 엄청난 문화적 노력에도 불구하고 그 두 가지를 동시에 경험하고 있는 것이다. 우리는 지금까지 '시장'과 '가정경제' 사이의 깊은 대립 관계를 여러 지점에서 지적했다. 시장은 경계선도 없고 알 수도 없는 것인 반면, 집안 생활의 경계선은 너무나 분명하게 알려져 있다. 이러한 이분법이 바로 자본주의 경제의 윤리적·실용적 기초이다(5장을 보라). 그런데 근대의 법인 기업이 오늘날과 같이 경제를 지배하는 지위로까지 올라서게 되자 그러한 기초는 상당한 모순에 처하게 되었다.

경제인류학의 임무

인류학은 경제학과 같은 차원에서 독립적인 학문 분과로서 지위를 누린 적이 한 번도 없다. 미셸 푸코는 '인문과학의 고고학'에서 '민족학'(ethnology)은 인문과학의 모든 범위에 걸쳐 있으므로 "무수한 경험과 개념의 보물 창고가 되었고, 무엇보다도 확고한 진리로 보이던 것들에 결코 만족하지 않고 영원히 의문을 던진다고 하는 원리를 형성"했기 때문에 인문과학 안에서 특권적 위치를 차지해 왔다고 결론을 내렸다(Foucault 1973: 373). 그래서 인류학을 '반과학'(counter-science)이라고 불렀다. 인류학이 덜 합리적이어서가 아니라, 경제학 같은 인문과학들이 고집스럽게 만들어 내려고 하는 인간상을 늘 '해체'(unmake)하려고 노력하는 반대 방향으로 흘러가기 때문이라는 것이다.

민족지 연구는 이러한 '반과학'의 정수이다. 인류학자 맥스 글러크먼은 정말로 인간성이라는 것 전체와 씨름하려고 열망하는 민족지학자들이라면 사회적 현실의 복잡성 전부에 대해 개방되어 있을 수밖에 없다고 주장했다(Gluckman 1964). 현지조사란 중요하다고 보이는 것은 무엇이든 있는 그대로 추적한다는 것을 뜻한다. 물론 일정한 단계에 이르면 민족지를 기술하는 사람은 이렇게 제한 없이 풀어 놓았던 탐구의 여러 발견 사항에서 단순한 패턴을 도출하기 위해 분석적인 매듭을 지으려고 노력해야만 한다. 그리고 이렇게 해서 나온 수상쩍 명제들은 다른 학문 분과의 관점에서 보자면 너무 유치하고 천진난만해 보일 수도 있다. 하지만 이런 상황은 아마도 세계사를 연구할 때도 마찬가지일 것이다. 우리가 내린 판단은 어떤 분야 전문가들이 보면 늘 실수투성이로 보일 수 있는 법이다. 인류학자들은 오랫동안 어느 정도 지적 자유를 누려 왔으며, 푸코가 말하듯 그런 자유는 좀 더 전통적인 인문과학들에도 큰 자극제가 될 수 있다. 하지만 우리는 열려 있다는 것과 매듭을 짓는다는 것의 변증법이 어떻게 벌어지는지에 관해 좀 더 또렷하게 밝힐 필요가 있다. 이러한 의미에서, 경제인류학은 더 폭넓은 '학문 나누기 반대 운동'(anti-discipline) 진영에서 상대적으로 학문의 꼴을 갖춘 한 분과가 되는 쪽이 훨씬 더 이득일지도 모른다.

2장에서 우리는 경제라는 개념의 역사를 추적하면서 그 역사가 아직도 완성되지 않았다고 지적했다. 이 개념은 가정의 기능 가운데 하나를 지칭하는 말로 시작되었지만 오늘날에는 여러 다양한 종류의 세계시장을 가리키는 말이 되어 있다. 이 말에 대해 완전히 만족스런 단일한 정의가 있을 수는 없지만, 그래도 우리는 경제를 처음에는 '가정'에 기초한 지역의 정치적 질서였다가 이것이 '시장'을 통하여 세계로 확장되어 간 것이라고 볼 수 있을 것이라는 생각을 제시했다. 폴라니는 화폐를 하나의 '증표'이자 동시에 하나의 '상품'으로 개념화함으로써 경제의 대내적 차원과 대외적 차원을 서로 연결시켰으며, 우리는 오늘날의 세계경제를 이해할 때 이런 폴라니의 생각이 좋은 결실을 가져온 사례를 살펴보았다(4장과 5장).

세계시장 또한 인간의 경제 가운데 하나이다. 어째서 '인간적'이라는 것인가? 우리의 초점이 실제로 생각하고 행동하는 사람들에게 모여 있기 때문이다. 경제적 행동이란 전체 개인들과 공동체들의 안녕을 지향하는 것이지 결코 기계적이거나 일방적인 개인주의가 아니다. 우리는 경제 제도들이 지역마다 다양한 변종의 모습을 띤다는 사실을 강조한 바있다. 우리가 바라보는 지평선은 이 지구 위에서 생명의 보존이라는 과업을 성취해야 한다는 인류의 역사적 프로젝트이다. 궁극적으로 여러시장이 만들어 낸 단일의 세계에서 모든 사람들이 다 '집안과 같은 평안함'을 느낄 수 있어야 한다. 시장경제라는 것 하나만을 기초로 해서는인류가 결코 살아남을 수 없다.

신자유주의 시대가 문화적 방향으로 전환하면서 경제라는 것이 아예 시야에서 사라지는 경향도 있었으며, 오로지 소비 또는 유통이라는현상으로만 모습을 드러내는 것이 허용되기도 한다. 하지만 포스트포드주의의 시대이건 포스트모던의 시대이건 대부분의 사람들은 여전히 일을 해서 생활비를 벌어야 한다. 새로운 '지식 경제'에서 노동과정은 농민들의 가정경제나 대규모 공장에서 이루어지는 노동과정과 명백하게 다르지만, 소외를 극복하고 경제적인 연대와 단결을 이루어야 한다는 점은 어디에서나 공통적이다. 페미니스트들 덕분에 우리는 생산이란 집밖에서 벌어지는 것들에만 국한되지 않는다는 점을 인식하게 되었으며, 이는 마르크스가 생산과 소비는 단일한 경제적 총체성 안에서 불가분 연결되어 있다고 주장한 것과 동일하다(Marx 1859). 지배 이데올로기 탓에 이러한 인간의 경제는 늘 우리의 시야에서 가려져 왔지만, 인류학적 접근은 사람들이 집안 경제에서 또 비공식 경제에서 여러 경제 전략을 구사한다는 사실의 중요성을 끊임없이 부각시킨다. 이는 만인에게 적용되는 바이지만, 금융시장을 매개하는 집단과 여러 네트워크, 개개인들에게도 똑같이 적용되는 바이다.

5장에서 시석한 바 있듯이, 자본주의 사회에서 화폐는 소외, 거리감, 비인격적 사회 등을 상징하며 그 뿌리는 우리의 통제를 멀리 벗어난 것(시장)에 있다. 화폐가 없는 것을 특징으로 하는 여러 관계들이야말로 개인들의 인격적인 통합과 자유로운 결합 즉 우리가 익숙한 것(가정)이라고 여기는 모델이다. 이러한 제도적 이분법 때문에 개개인들은 집 밖에서의 생산과 집 안에서의 소비 사이에 스스로를 둘로 쪼개도록 강요받게 된다. 우리에게 너무 지나친 것을 요구하는 게 아닌가! 사람들은 분열된 자아를 통합하기를 원하며, 스스로의 주관성과 하나의 객체인 사회 사이에 의미 있는 연관을 구축하고자 한다. 화폐는 이러한 공적 생활과 가정생활을 분리하는 도구이지만, 한편으로는 항상 그 둘을 연결해 주는 교량이기도 했다는 사실이 큰 도움이 된다.

우리는 모스와 폴라니에서 시작하여 오늘날까지 화폐를 다루는 경제인류학 저작의 전통이 존재해 왔다는 점을 지적했고, 오늘날에는 자본주의의 작동을 그 제도적 핵심이라 할 화폐와 금융의 영역에서 포착하려고 애쓰는 민족지 연구 작업이 홍수를 이루고 있다는 점도 지적했다. 하지만 서구 자본주의를 대상으로 한 이 최근의 작업들 그 어떤 것도 제인 가이어의 여러 발견에 견줄 수는 없다(Guyer 2004). 그녀는 300년에 걸친 아프리카의 역사를 끈질기게 파고들었을 뿐 아니라 수십 년에 걸쳐 틈틈이 현지조사를 펼쳐 땅속에 묻혀 있던 토착 상업 문명의 한 모델을 발굴해 냈다. 이 연구 성과는 세계 모든 곳의 화폐에 대해 우리의 고정관념을 바꾸어 놓았다. 이제 자본주의가 그 심장부에서 작동하는 바에 좀 더 익숙해졌으니 경제인류학자들은 앞으로도 우리 지식의 지리적 범위가 총체적인 성격을 유지하도록 애쓰는 것을 지상명령으로 삼아야 한다. 어떤 인류학자들은 전문화된 중개상이나 광고 회사들이 활동하는 차원에서 상업에 초점을 두었지만, 또 어떤 인류학자들은 법인 기업들이 연구 개발에서부터 생산, 규제, 분배, 마케팅을 거쳐 가정에서 이루어지는 소비까지 경제 과정의 모든 단계를 통제하려 들다가 그렇게 기능에 따라 전문화된 영역 분리를 이미 오래 전에 넘어섰다는 사실을 보여 주기도 했다. 단지 주식 중개상과 거래자들에 대한 민족지적 연구로만 경제인류학이 스스로 영역을 제한한다면, 우리 모두가 처해 있는 경제 위기의 상황을 총체적인 수준으로 파악하는 일은 전혀 불가능할 것이다.

마르크스가 보여 준 바 있듯이(Marx 1859), 자유주의 경제학은 사회 전체가 생산한 것에서 누가 얼마만큼을 가져가는가 하는 '분배'의 문제를 현장에서 벌어지는 시장 계약인 '교환'이라는 것과 동일한 것으로 합쳐 버렸다. 그 결과 분배의 문제는 완전히 무시되어 버렸다. 경제학자들은 개개인의 배타적인 사적 소유라는 오로지 한 가지 소유 형태에만 초점을 두는 바람에 보통 사람들이 경제생활을 자기 것으로 만들어 가는 여러 구체적 방식들은 물론이고 정부와 법인 기업이 맡고 있는 경제적 역할 또한 보이지 않게 만들어 버렸다. 경제인류학은 따라서 소유, 그리고 소유가 분배에 끼치는 여러 결과의 문제를 아주 진지하게 받아들여야 한다. 경제인류학이라는 학문의 역사 자체가 그러한 프로그램을 위한 자료를 풍부하게 제공하고 있다. 20세기에 존재했던 여러 사회주의 사회들은 소유관계의 진화에 대한 기계적 독해를 이데올로기로 강제하다가 값비싼 대가를 치러야만 했다. 우리는 오롯이 사적 소유에만 기초하거나 아니면 평등한 공산주의에만 기초하여 사회를 세우려는 노력은 실패할 운명에 처한다고 주장한 바 있다. 인간이란 본디 개인 차원에서 스스로에 의지하게 되어 있으며, 또 동시에 사회 안의 다른 성원들 서로서로에게 귀속되기도 하는 존재일 수밖에 없기 때문이다. 부족사회를 연구한 민족지 학자들은 이 점을 여러 차례 되풀이해서 보여 준 바 있지만, 이들은 해당 지역에 국한된 복잡성에만 너무 관심을 쏟는 바람에 세계사 차원의 좀 더 큰 질문에 대해서는 잘 못 보는 근시안 문제를 낳기도 했다.

잭 구디는 이 대목에서 아주 특출한 예외이다. 그는 북부 가나의 소유관계에 관한 치밀한 민족지 분석에서 출발하여 이를 아프리카와 유라시아, 나아가 중국에는 서양과 동양이라는 세계사적인 비교로까지 확장한 바 있다(Goody 2010). 자본주의와 사회주의의 상호작용이라는 드라마는 오늘날 특히 동아시아에서 역동적으로 펼쳐지고 있으며, 이는 소유라는 주제를 더욱 탐구해 들어갈 만한 풍요한 토양을 제공하고 있다. 동시에 세계 사회 전체가 제기하고 있는 분배에 관한 여러 문제에 대해서도 경제인류학자들은 결코 무관심할 수가 없다.

잘 가시라, 호모 이코노미쿠스여!

결론으로서 이제 지배적인 경제학 모델이 채용하고 있는 방법론적 개인주의로 되돌아가 보자. 호모 이코노미쿠스란 순전히 개인의 자기 이익만을 동기로 삼아 활동을 벌이는 존재로서, 현실에 존재할 가능성이 없는 동물이다. 하지만 이 호모 이코노미쿠스라는 것을 땅속에 파묻는

데 이렇게 오랜 시간이 걸릴 줄은 아무도 몰랐던 것 같다. 여러 인류학자들은 오랫동안 공리주의 전통을 거부해 왔다. 개인들의 경제적 행위를 결정하는 '선호'라는 것 자체가 사회 속에서 형성되는 것일 뿐 아니라 합리적 이기주의를 수정하기 위해 고안된 여러 규범에 필연적으로 규제받게 되어 있다는 사실을 공리주의 전통이 제대로 파악하지 못했기 때문이다. 동시에 민족지 기록은 모든 사회가 소외로부터 자유로운 순수한 공산주의 사회였다거나, 또는 그렇게 될 수 있다는 생각(이는 마르크스의 저작보다는 윌리엄 모리스의 유토피아 저작에서 좀 더 풍부하게 개진되는 생각이다)도 전혀 지지하지 않는다.

최근 행동 경제학의 저작들이나 '문화를 가로지르는'(cross-cultural) 여러 차례의 실험은 이 문제를 좀 더 깊게 파고 들어간 바 있다. 어떤 연구자는 이미 질문에 대한 해결책을 발견했다고 믿는다. 게임이론의 기초를 익히고 두뇌 스캐너를 쓸 수 있는 인류학자들이 다시 한 번 경제학 학술지에서 지면을 얻고서 경제에서도 '문화가 중요하다'라는 명제에 대한 간명한 증명을 내놓고 있다. 우리는 이러한 접근법을 거부하며, 민족지와 역사 연구의 문서 뭉치를 놓고서 작업하는 쪽을 선호한다. 통제된 실험이라는 방법으로는 인간의 경제를 움직이는 여러 가치와 동기를 제대로 드러낼 수 없으며, 이를 연구하는 최상의 방법은 살아 있는 사회를 그 상태 그대로 통째로 연구하는 것이기 때문이다.

경제적 행동이란 개인의 이익을 계산적으로 추구하는 것이라는 정의가 '절대명령'처럼 되어 있다. 따라서 그 밖의 행동은 모두 '경제'로부터 배제된다. 이러한 정의에 따르면 협동적·이타적 행동도 좀 더 심층적인 수준에서 보자면 자기 이익에 근거한 것이라는 재해석을 고집하게 되지만, 심지어 경제학과 진화생물학 내부에서조차 이러한 재해석은 점차 백해무익하다고 여겨지고 있다. 바깥에 있는 우리가 보기에는 한마디로 어처구니없는 몰상식이라고밖에 보이지 않는다. '합리적 선택 이론'의 오랜 옹호자들도 자기 이익의 계산이라는 개념으로부터 거리를 둔 합리성 개념으로 옮겨간 것을 보면 사실상 이 점을 인정한 셈이다. 하지만 우리가 익명으로 자선 기관에 기부를 하거나 자식들에게 재산을 물려주는 것도 하여튼 '합리적'이라고 주장해 봐야 얻어지는 것은 아무 것도 없다. 모스가 이미 거의 100년 전에 주장한 바 있듯이, 우리는 모두 개인적이면서 동시에 사회적이다! 경제적 행동은 항상 어느 정도는 자기 이익에 바탕을 둔 것인 동시에 어느 정도는 자기 이익에서 초연한 것이며, 그 비율은 경우에 따라 다양하게 다르게 마련이다. 인간적이고자 하는 열망을 완전히 잃은 것이 아니라면, 이러한 변증법의 한 축을 희생하고 다른 축만 고집하는 것으로는 아무런 도움이 되지 않을 것이다.

경제라는 개념은 2천 년도 더 된 저 옛날 농촌의 가정경제를 관리하는 그리스인들의 원리에서 시작되었다. 유라시아 대륙을 농업 문명이 지배하는 동안에는 이러한 경제 개념이 으뜸가는 준거 틀의 지위를 유지했다. 그런데 산업혁명이 시작된 지난 약 200년 동안 영어권에서는 자유주의적인 경제 개념을 발명하여 오래된 경제 개념을 대체하게 된다. 이 새로운 경제 개념은 급속하게 도시화되는 세계를 점점 더 긴밀한 결사체로 묶어 내는 시장을 합리화하는 것을 그 목표로 삼았다. 이 책에서 우리는 주로 유럽 대륙에서 온 지적 원천에 바탕을 두고 이 전통을 확장하고자 했다. 하지만 우리는 인간의 경제를 위한 전망이 꼭 서양에만 달려 있다고는 생각지 않는다. 사실상 세계 사회의 초점은 인구가 가장 많은 아시아로 가차 없이 되돌아가고 있다.

인류는 이 지구를 돌봐야 하는 역할을 맡고 있으며, 경제인류학은 그 임무에서 압도적인 중요성을 띤 여러 문제에 대해 지적 훈련과 안목, 방법론을 제공할 만한 잠재력을 가지고 있다. 비록 경제인류학의 기원은 서양에 있지만, 경제인류학이 그 지구적 임무를 완수하고 인류의 미래를 더 포용할 수 있는 것으로 만드는 데 이바지하려면 다른 지적 전통들과 뒤섞여야 할 것이다. 그리 되면 서로를 풍부하게 만들어 나가게 될 것이다.

| 더 읽어 볼 자료 |

Robotham, D., *Culture, Economy and Society: Bringing Production Back In*(2005)은 '문화로의 전환'의 유산을 재평가하고 생산의 개념 쪽으로 선회할 필요가 있다는 강력한 논지를 펼치고 있다. Hart, K., *The Hit Man's Dilemma: Or Business, Personal and Impersonal*(2005)는 우리 인간들이 어떻게 하면 인격적 개인들로 남아 있으면서도 또 동시에 갈수록 비인격적이 되어 가는 사회적 존재의 조건들을 다룰 수 있는가라는 중심적 도전을 좀 더 상세하게 다루고 있다.

옮긴이 후기

여기에 번역해 놓은 책, Chris Hann and Keith Hart, *Economic Anthropology: History, Ethnography, Critique*(Cambridge: Polity Press, 2011)이 출간된 맥락을 이해하기 위해 언급해야 할 책이 두 권이 있다. 첫째는 두 저자가 편집해서 2009년에 출간된 논문집《시장과 사회: 오늘날의 '거대한 전환'》*과 저자 가운데 한 사람인 키스 하트가 엮은이로 참여하여 2010년에 출간된《인간의 경제: 시민 가이드북》**이다. 저자들이 서문에서 밝히고 있는 것처럼, 이 책은 본래 그 논문집《시장과 사회》의 밑바탕이 된 학술회의에서 두 사람이 칼 폴라니의 역사적·사상사적 위치를 해명하려는 취지로 발표하려던 글이었다. 그리고 이 책에

---

* Chris Hann and Keith Hart, *Market and Society: The Great Transformation Today*(Cambridge: Cambridge University Press, 2009).
** Keith Hart, Jean-Louis Laville, and Antonio David Cattani, *The Human Economy: A Citizen's Guide*(Cambridge: Polity, 2010).

서 이들이 경제인류학의 재구성과 발전에 대해 제시하는 방향은 이 《인간의 경제》에 참여하고 기고한 전 지구에 걸쳐 수십 명이 참여한 연구자 집단의 프로젝트와 일치한다. 이 글에서 나는 독자들이 이러한 저자들의 논의 의도와 맥락을 이해하는 데에 도움이 될 수 있도록 소략한 설명을 붙이고자 한다.

1

얼마 전 페이스북에서 어느 경제학과 대학원생과 우연찮게 긴 대화에 엮인 적이 있다. 그가 '현대 경제학'(이게 정확히 무얼 의미하는지는 그 자신도 끝까지 정의하지 못했다)에 대해 갖고 있는 신념은 놀랄 만큼 강한 것이었다. 자신에 대해 비판적 입장을 취하는 이들에 대해서는 제대로 공부도 하지 않고서 떠들어 대는 사기꾼들이라는 가혹한 비판이 쏟아냈다. 그 대학원생은 2007년과 2008년의 서브프라임 위기와 세계 금융 공황이 발생하는 데에 잘못된 금융 공학과 그것을 학문적으로 뒷받침했던 '현대 경제학'이 큰 책임이 있다는 주장(내가 알기로는 표준적인 설명이다)에 거의 알레르기에 가까운 반감을 보였으며, 잘못은 경제학이나 경제학자들이 아니라 잘못된 정책 판단을 한 정부에 있었다고 단언했다. 나아가 블랙-숄츠 모델이 수립된 이후 금융 공학이 인류에게 가져다준 '후생 증대'는 어마어마하게 크다는 것이었으며(이를 어떻게 측정할 것인지는 실로 궁금하다), 이를 부인하거나 의심하는 것이야말로 경제학을 전혀 이해하지 못하는 무지의 소치라는 것이었다.

이어지는 그의 '현대 경제학'에 대한 신앙 간증은 점입가경이었다. 그는 현재의 세계 각국과 국제기구의 통화 당국자들이 경제 운영을 상당히 성공적으로 통제하고 있는 상태라고 믿고 있었으며, 경제가 "이만큼이라도 제대로" 돌아가는 것은 모두 그들의 덕분이라고 주장하였다. 아마도 집을 차압당하거나 장기 실업에 처해 있거나 노후 불안에 시달리는 최소한 80퍼센트는 경제가 "이만큼이라도 제대로" 돌아가고 있다는 진단에 동의하지 않을 듯하다고 지적히자, 느닷없이 "폴라니, 마르크스, 몬드라곤" 등이 (이 세 고유명사가 무슨 관계가 있으며 무슨 맥락으로 언급되었는지는 나도 궁금하다) 한 게 무어가 있느냐는 날선 반응이 튀어 나왔다. 대화도 거기에서 멈추게 되었다.

물론 주류 경제학을 신봉하는 이들과 이런 종류의 불통 대화를 경험한 것이 처음은 아니었지만, 그날 나는 다시 한 번 두 가지를 절감하였다. 첫째, 내가 경제학자가 아니라서 너무나 감사하다는 것. 둘째, 현실 세계의 경제를 경제학자들에게만 내맡겨 두었다가는 정말 큰일 나겠다는 것.

2

앞에서 언급한《인간의 경제》라는 책 집필에 참여한 이들의 기획은 바로 이러한 인식을 공유하고 있다. 유럽과 남북 아메리카 대륙에 포진한 경제학, 경제사회학, 경제인류학, 정치경세학에 걸친 다양한 학과 소속의 연구자들은 이 책에서 한 목소리로 더 이상 현실의 경제에 대한 이해를 경제학자들에게만 맡겨 둘 수 없다고 주장하고 있다. 경제학 교과서 속의 경제는 인위적인 개념들과 그것의 조합으로 생겨나는 수식과 그래프가 가득하지만, 실제의 현실에서 삶을 살아가는 우리들의 경제활동은 그런 것이 아니다. 이 영역은 개인의 극대화 행동과 돈 계산만 있는 것이 아니라 이웃과 사회, 윤리와 도덕, 선물과 증여, 의무와 책임 등이 모두 함께 어우러지는 실제 세상의 경제이다. 이러한 현실의 경제를 그들은 우리가 살아가면서 실제로 경험하는 삶의 경제라는 의미에서 '인간의 경제'(human economy)라고 부르고 있다. 그런데 이러한 '인간의 경제'에서 우리가 부닥치고 경험하는 무수히 다양한 측면들을 그 알량한 호모 이코노미쿠스 개념과 거기에서 도출되는 논리로 설명한다는 것은 어불성설이다. 특히 2008년 사태 이후 경제학자들의 추상 속에서만 존재하는 그 '시장'이라는 논리로는 더 이상 사람들이 살아가는 실제 세계의 경제를 제대로 설명할 수 없을 뿐 아니라 그것을 만족스럽게 조직하는 것에는 더욱 배타적인 지배권을 주장할 수 없게 되었다는 것이다.

따라서 이들은 이러한 '인간의 경제'를 제대로 설명하고 또 더 많은 이들에게 더 나은 삶을 보장할 수 있는 효과적인 정책과 개입을 위해서는 경제학자들 이외의 다양한 배경의 학자들이 다양한 각도에서 조사 관찰과 연구를 결합하여 종합적이면서도 대안적인 연구 방법을 만들 필요가 있다는 생각을 공유한다. 이 책에 실려 있는 여러 편의 글들은 바로 그러한 관점에서 볼 때 오늘날 지구촌에 살아가는 우리들의 '인간의 경제'에는 아주 큰 적실성이 있지만 경제학에서 거의 완벽하게 외면 당해 온 개념과 범주들을 하나하나 설명하고 있다.

이러한 프로젝트에 참여하고 있는 이들이 거의 공통적으로 하나의 준거점으로 삼고 있는 고전이 있다면, 바로 마르셀 모스와 칼 폴라니의 저작들이다. 여기에서 바로 경제인류학이 이러한 '인간의 경제'를 제대로 다루는 새로운 지적 노력에서 얼마나 중심적인 위치를 차지하고 있는지 짐작할 수 있다. 논문집《시장과 사회》는 그중에서도 칼 폴라니의 대표 저서라 할《거대한 전환》둘러싼 여러 쟁점들에 대해 마찬가지로 사회학자, 인류학자, 정치경제학자들이 저마다 집필한 논문들을 모으고 있다. 요컨대, 방금 언급한 두 권의 책이 모두 기존의 협소하고 배타적인 경제학의 손아귀에서 이러한 '인간의 경제'를 해명할 수 있는 종합적이고도 대안적인 경제 연구의 틀을 내 오고자 하는 노력 속에서 나온 책들이다.

3

그런데 오늘날 문제가 되고 있는 사회과학이 경제학만이 아니라는 점도 기억할 필요가 있다. 제2차 세계대전 이후 미국을 필두로 하여 대학의 사회과학 연구를 휩쓴 지나친 학과 장벽의 강화(compartmentalization) 때문에 경제학 이외에도 정치학, 사회학, 인류학 등의 영역 모두에서 일정한 불모화(sterilization)가 벌어졌다는 것을 기억할 필요가 있다. 따라서 방금 말한 의미에서 '인간의 경제'에 대한 연구를 경제학의 손아귀에서 되찾아오는 프로젝트를 제대로 수행하기 위해서는 여타 사회과학들 또한 기존의 행태와 관행을 근본적으로 반성하면서 새로운 모습으로 거듭날 필요가 있다. 이 책은 경제인류학의 역사와 범위를 폭넓게 일별하면서 바로 그러한 의미와 방향의 갱생을 촉구하는 것을 목표로 삼고 있다.

책속에서 두 저자가 풍부하게 논의하고 있으니 여기에서 천학비재인 내가 다시 운운할 필요는 없겠지만, 여기서 저자들이 지적하고 있는 기존 (경제)인류학의 한계로 몇 가지를 들 수 있다. 먼저 미시적인 민족지 연구에 너무 몰두하다가 초기 인류학이 가지고 있었던 세계사적 보편사적 시야와 전망을 잃게 되었고, 섣부른 규범주의와 가치 개입을 경계하고 과학적 방법을 고수하다가 칸트와 루소 같은 계몽주의 선구자들이 품고 있었던 비판적 의식과 인류를 위한 삶의 개선 열망이 망각되었다는 점, 형식론자들과 실체론자들의 논쟁이 한계를 보이기 시작한 이후 마르크스주의나 페미니즘이 그 간극을 메우는 데 실패하면서 이른바 '문화로의 전환'이 과도하게 벌어지면서 독립적인 분과로서 경제인류학 자체가 아예 해체되기에 이르렀다는 점들을 들 수 있다. 저자들은 경제인류학이 지난 150년간 이루어 놓은 성과를 역사적으로 또 주제별로 폭넓게 개관하면서 이러한 문제점들을 극복하고 다시 현재의 글로벌 자본주의라는 현실에 효과적으로 힘 있게 개입할 수 있는 학문으로 거듭날 것을 촉구하면서 그 방향도 제시하고 있다. 폴라니와 모스의 예를 따라, 민족지적 연구 방법을 포기하지 않으면서도 이를 과감하고도 총체적인 이론적 시각과 결합하여 '인간의 경제'에서의 우리의 생활을 포괄적으로 해명해 줄 학문으로 경제인류학의 미래를 그려내고 있다.

4

내가 경제인류학이야말로 현실의 경제를 가장 과학적이고 분석적으로 포착할 수 있는 틀이 될 수 있을 것이라는 생각을 했던 것은, 좀 엉뚱하게도 소스타인 베블런의 저작을 보면서였다. 게다가 내게 그러한 영감을 주었던 저작은 흔히 이럴 때 이야기되는 저작인 《유한계급론》(1899)이 아니라 《영리기업의 이론》(The Theory of Business Enterprise, 1904)이었다.

베블런은 경제사상사를 분석한 일련의 논문에서 아담 스미스 이후의 경제학이 18세기의 자연법사상에서 파생된 법칙과 개념 범주들에 따라 경제 현상을 묘사하고 분류하는 일종의 분류학으로 머물고 있으며, 끊임없이 변화하고 진화하는 현실의 현상으로서 다루는 진화론적 과학이 되지 못하고 있다고 비판했다. 따라서 그가 보기에 경제학에서 쓰고 있는 일련의 개념과 범주들은 현실에서 나온 것이라기보다는 그러한 경제학자들 특유의 '자연적 질서'에 대한 형이상학에서 파생된 것들이기 때문에 이에 따라 현실을 연구하는 것은 결코 과학성을 담보할 수 있는 것이 아니었다. 그가 대안적으로 선택했던 방법은, 적어도 내가 보기에는 그야말로 인류학적이라고 밖에 할 수 없는 방법이었다.

원시사회의 부족들이 어떤 신념과 신앙을 가지고 있으며, 그에 근거하여 어떤 의례와 제도를 가지게 되는지, 이것이 그들의 기술과 물질생활과 어떻게 조응하거나 갈등하는지, 그 결과 나타나는 이들의 생활 패턴은 어떠한 논리와 구조를 가지고 있는지, 이것이 장기적으로 어떠한 변화의 방향을 보이고 있으며 또 집단생활의 다른 측면들에 어떠한 영향을 미치게 되는지 등을 포괄적으로 관찰하고 기술하는 것을 인류학의 방법이라고 한다면, 바로 이것이야말로 베블런이 20세기 초 자본 시장과 '부재 소유자들'(absentee owners)에 장악당한 미국 자본주의가 작동하는 방식을 연구하고 분석하여 기술한 방법이라고 할 것이다. 《영리기업의 이론》은 수요 공급이라든가 합리적 행동 같은 추상적 범주에서 기업과 자본시장의 일반 이론을 추상적으로 연역하는 것이 아니다. 영리기업과 자본시장을 둘러싼 전반적인 기술적·제도적 환경이 역사적으로 어떻게 발전해 왔는지, 그리고 오늘날 미국 자본주의에서 통용되고 있는 신앙과 의례가 어떤 것들인지, 이 때문에 주식회사와 자본 시장에서는 어떠한 관행과 행태가 나타나게 되었는지, 이것이 금융 시스템 전체의 안정성 나아가 전체 산업 경제에 어떤 영향을 미치게 되는지 등을 담담하게 기술하고 있다. 이 책을 읽은 이들은 베블런이 당대의 미국 자본주의와 그 자본가들을 마치 북아메리카 원주민들의 종교 제도 그리고 머리에 깃털을 꽂은 추장들을 보듯이 다루고 있다는 느낌을 받을 것이다. 그 결과로 우리가 얻게 된 것은 20세기 미국 금융자본주의에 대한 가장 날카롭고도 사실적인 분석의 하나였다.

5

감히 바라건대, 이 책이 인류학도들, 나아가 사회학이나 정치학 연구자들 또한 용기를 내어 다시 경제 문제에 관한 연구를 자신들의 영토로서 재탈환하도록 나서게 만드는 계기가 되었으면 좋겠다. "경제는 경제학자들에게 맡겨 놓기에는 너무나 중요한" 문제이며, 2008년 경제 위기 이후 금방 회복이 찾아올 것이라는 경제학자들의 장밋빛 약속을 비웃기라도 하듯 계속 가라앉고 있는 세계경제의 상황에서 더욱 절실한 문제이다. 이 간절한 바람이 경제인류학의 문외한인 내가 감히 이 책을 번역하고자 나선 까닭이다. 이 책에서 번역자의 무지와 공부 부족이 빚어낸 실수가 발견된다면 얼마든지 비판하더라도 그 뜻만큼은 받아 주기를 빈다.

2016년 2월
홍기빈

참고문헌

Acheson, J. (ed.) (1994) *Anthropology and Institutional Economics*. Lanham, MD: University Press of America.

Althusser, L. and Balibar, E. (1970 [1965]) *Reading Capital*. London: New Left Books.

Appadurai, A. (ed.) (1986) *The Social Life of Things: Commodities in Cultural Perspective*. Cambridge: Cambridge University Press.

Applbaum, K. (2003) *The Marketing Era: From Professional Practice to Global Provisioning*. New York: Routledge.

Apthorpe, R. (ed.) (1970) People, *Planning and Development Studies: Some Reflections on Social Planning*. Brighton: Frank Cass.

Arrighi, G. (2007) *Adam Smith in Beijing: Lineages of the Twenty-first Century*. London: Verso.

Backhaus, J. (ed.) (2000) *Karl Bucher: Theory, History, Anthropology, Non-market Economies*. Marburg: Metropolis.

Barth, F. (1966) Models of social organization. *Royal Anthropological Institute Occasional Papers*, No. 23, London.

Baudrillard, J. (1975) *The Mirror of Production*. New York: Telos.

Beller-Hann, I. and Hann, C. (2000) *Turkish Region: State, Market and Social Identities on the East Black Sea Coast*. Oxford: James Currey.

Benson, P. and Kirsch, S. (2010) Capitalism and the politics of resignation. *Current Anthropology*, 51 (4): 459-86.

Berdahl, D. (1999) *(N)Ostalgie* for the present: memory, longing, and East German things. *Ethnos* 64 (2): 192-211.

Bettelheim, C. (1975 [1963]) *Economic Calculation and the Forms of Property.* New York: Monthly Review Press.

Beynon, H. (1973) *Working for Ford.* London: Penguin.

Bird-David, N. (1992) Beyond the hunting and gathering mode of subsistence: observations on the Nayaka and other modern hunter-gatherers. *Man* 27 (1): 22-44.

Bloch, M. (1975a) Property and the end of affinity. In M. Bloch (ed.), *Marxist Analyses and Social Anthropology.* London: Malaby Press: 203-28.

Bloch, M. (ed.) (1975b) *Marxist Analyses and Social Anthropology.* London: Malaby Press.

Bloch, M. (1983) *Marxism and Anthropology: The History of a Relationship.* Oxford: Oxford University Press.

Bohannan, L. and Bohannan, P. (1968) *Tiv Economy. Evanston*, IL: Northwestern University Press.

Bohannan, P. (1955) Some principles of exchange and investment among the Tiv of Central Nigeria. *American Anthropologist* 57: 60-70.

Bohannan, P. (1959) The impact of money on an African subsistence economy. *Journal of Economic History* 19: 491-503.

Bohannan, P. and Dalton, G. (eds.) (1962) *Markets in Africa.* Evanston, IL: Northwestern University Press.

Bourdieu, P. (1984) *Distinction: A Social Critique of the Judgment of Taste.* London: Routledge.

Braverman, H. (1974) *Labor and Monopoly Capital: The Degradation of Work in the Twentieth Century.* New York: Monthly Review Press.

Breidenbach, J. and Nyiri, P. (2009) *Seeing Culture Everywhere: From Genocide to Consumer Habits.* Seattle: University of Washington Press.

Bücher, K. (1896) *Arbeit und Rhythmus.* Leipzig: Reinicke.

Bücher, K. (1912 [1901]) *Industrial Evolution.* New York: Holt and Company.

Burawoy, M. (1979) *Manufacturing Consent: Changes in the Labor Process under Monopoly Capitalism.* Chicago: University of Chicago Press.

Burling, R. (1962) Maximization theories and the study of economic anthropology. *American Anthropologist* 64: 802-21.

Callon, M. (ed.) (1998) *The Laws of the Markets*. Oxford: Blackwell.

Cancian, F. (1965) *Economics and Prestige in a Maya Community: The Religious Cargo System in Zinacantan*. Stanford: Stanford University Press.

Cancian, F. (1972) *Change and Uncertainty in a Peasant Economy*. Stanford: Stanford University Press.

Carrier, J. (ed.) (2005) *A Handbook of Economic Anthropology*. Cheltenham: Edward Elgar.

Carrier, J. and Miller, D. (eds.) (1998) *Virtualism: A New Political Economy*. Oxford: Berg.

Castells, M. (1996) *The Rise of the Network Society: The Information Age. Economy—Society and Culture*. Oxford: Blackwell.

Chambers, R. (1995 [1983]) *Rural Development: Putting the Last First*. New York: Prentice Hall.

Chari, S. and Verdery, K. (2009) Thinking between the posts: postcolonialism, postsocialism and ethnography after the Cold War. *Comparative Studies in Society and History* 51 (1): 6–34.

Chayanov, A. (1966 [1925]) *The Theory of Peasant Economy*. Homewood, IL: Irwin.

Chevalier, S. (2010) Material cultures of home. In R. Dowling (ed.), *The International Encyclopedia of Housing and Home*. Amsterdam: Elsevier: ch. 365.

Childe, G. (1981 [1936]) *Man Makes Himself*. London: Moonraker.

Clammer, J. (ed.) (1979) *The New Economic Anthropology*. Basingstoke: Palgrave Macmillan.

Commons, J. (1934) *Institutional Economics: Its Place in Political Economy*. New York: Macmillan.

Cook, S. (1968) The obsolete 'anti-market' mentality: a critique of the substantive approach to economic anthropology. *American Anthropologist* 68: 323–45.

Cook, S. (1982) *Zapotec Stoneworkers: The Dynamics of Rural Simple Commodity Production in Modern Mexican Capitalism*. Lanham, MD: University Press of America.

Cook, S. (2004) *Understanding Commodity Cultures: Explorations in Economic Anthropology with Case Studies from Mexico*. Lanham, MD: Rowman and Littlefield.

Creed, G.W. (1998) *Domesticating Revolution: From Socialist Reform to Ambivalent Transition in a Bulgarian Village*. University Park, PA: The Pennsylvania State University

Press.

Creed, G.W. (2010) *Masquerade and Postsocialism: Ritual and Cultural Dispossession in Bulgaria*. Bloomington, IN: Indiana University Press.

Dale, G. (2010) *Karl Polanyi: The Limits of the Market*. Cambridge: Polity.

Davis, M. (2006) *Planet of Slums*. New York: Verso.

Day, S. (2007) *On the Game: Women and Sex Work*. London: Sage.

Demsetz, H. (1967) Toward a theory of property rights. *American Economic Review* 67 (2): 347-59.

Dennis, N., Henriques, F. and Slaughter, C. (1956) *Coal Is Our Life: An Analysis of a Yorkshire Mining Community*. London: Routledge.

Donham, D. (1990) *History, Power, Ideology: Central Issues in Marxism and Anthropology*. Cambridge: Cambridge University Press.

Donham, D. (1999) *Marxist Modern: An Ethnographic History of the Ethiopian Revolution*. Berkeley: University of California Press.

Douglas, M. (1962) Lele economy as compared with the Bushong. In P. Bohannan and G. Dalton (eds.), *Markets in Africa*. Evanston, IL: Northwestern University Press: 211-33.

Douglas, M. and Isherwood, B. (1979) *The World of Goods: Towards an Anthropology of Consumption*. London: Routledge.

Dumont, L. (1977) *From Mandeville to Marx: The Genesis and Triumph of Economic Ideology*. Chicago: University of Chicago Press.

Dunn, E. (2004) *Privatizing Poland: Baby Food, Big Business, and the Remaking of Labor*. Ithaca, NY: Cornell University Press.

Durkheim, E. (1960 [1893]) *The Division of Labour in Society*. Glencoe, IL: Free Press.

Durkheim, E. (1965 [1912]) *The Elementary Forms of the Religious Life*. Glencoe, IL: Free Press.

Durrenberger, E. P. (ed.) (1984) *Chayanov, Peasants and Economic Anthropology*. New York: Academic Press.

Edgeworth, F.Y. (2009 [1881]) *Mathematical Psychics: An Essay on the Application of Mathematics to the Moral Sciences*. Charleston, NC: BiblioBazaar.

Engels, F. (1972 [1884]). *The Origin of the Family, Private Property, and the State*. New York:

Pathfinder Press.

Engels, F. (2008 [1845]) *The Condition of the Working-Class in England in 1844*. New York: Cosimo.

Ensminger, J. (1992) *Making a Market*. Cambridge: Cambridge University Press.

Eriksen, T. (2007) *Globalization: The Key Concepts*. Oxford: Berg.

Eriksen, T. (2010) Globalization. In K. Hart, J.-L. Laville and A. Cattani (eds.), *The Human Economy: A Citizen's Guide*. Cambridge: Polity Press: 21-31.

Escobar, A. (1996) *Encountering Development: The Making and Unmaking of the Third World*. Princeton, NJ: Princeton University Press.

Fei, H.-T. (1939) *Peasant Life in China: A Field Study of Country Life in the Yangtze Valley*. London: Routledge & Kegan Paul.

Ferguson, J. (1990) *The Anti-Politics Machine: 'Development,' Depoliticization and Bureaucratic Power in Lesotho*. Cambridge: Cambridge University Press.

Ferguson, J. (1999) *Expectations of Modernity: Myths and Meanings of Urban Life on the Zambian Copperbelt*. Berkeley: University of California Press.

Ferguson, J. (2006) *Global Shadows: Africa in the Neoliberal World Order*. Durham, NC: Duke University Press.

Firth, R. (1929) *Primitive Economics of the New Zealand Maori*. London: Routledge.

Firth, R. (1939) *Primitive Polynesian Economy*. London: Routledge.

Firth, R. (ed.) (1967) *Themes in Economic Anthropology*. London: Tavistock.

Fleischer, F. (2010) *Housing China's Emerging Classes: Conflicting Interests in a Beijing Suburb*. Minneapolis, MN: Minnesota University Press.

Foster, G. (1942) *A Primitive Mexican Economy*. New York: J. J. Agustin.

Foster, G. (1948) *Empire's Children: The People of Tzintzuntzan*. Washington, DC: Smithsonian Institution.

Foster, G. (1965) Peasant society and the image of limited good. *American Anthropologist* 67: 293-315.

Foucault, M. (1973 [1966]) *The Order of Things: An Archaeology of the Human Sciences*. New York: Vintage.

Fournier, M. (2006 [1994]) *Marcel Mauss: A Biography*. Princeton, NJ: Princeton University Press.

Frank, A. G. (1998) *Re-Orient: Global Economy in the Asian Age*. Berkeley: University of

California Press.

Frankenberg, R. (1966) *Communities in Britain: Social Life in Town and Country.* Harmondsworth: Penguin.

Frazer, J. G. (1909) *Psyche's Task, a Discourse Concerning the Infl uence of Superstition on the Growth of Institutions.* London: Macmillan.

Frazer, J. G. (1984 [1890]) *The Golden Bough: A Study in Magic and Religion.* Oxford: Oxford University Press.

Friedland, R. and Robertson, A. F. (eds.) (1990) *Beyond the Marketplace: Rethinking Economy and Society.* New York: Aldine de Gruyter.

Friedman, J. (1975) Tribes, states and transformations. In M. Bloch (ed.), *Marxist Analyses and Social Anthropology.* London: Malaby Press: 161-202.

Friedman, J. (1994) *Cultural Identity and Global Process.* London: Sage.

Fukuyama, F. (1992) *The End of History and the Last Man.* New York: Free Press.

Fustel de Coulanges, N. (1980 [1864]) *The Ancient City: A Study on the Religion, Laws, and Institutions of Greece and Rome.* Baltimore, MD: Johns Hopkins University Press.

Gamble, C. (2007) *Origins and Revolutions: Human Identity in Earliest Prehistory.* Cambridge: Cambridge University Press.

Gardner, K. and Lewis, D. (1996) *Anthropology, Development and the Post-Modern Challenge.* London: Pluto.

Geertz, C. (1963) *Peddlers and Princes: Social Development and Economic Change in Two Indonesian Towns.* Chicago: University of Chicago Press.

Geertz, C. (1979) *Suq*: the bazaar economy in Sefrou. In C. Geertz, H. Geertz and L. Rosen, *Order and Meaning in Moroccan Society: Three Essays in Cultural Analysis.* Cambridge: Cambridge University Press: 159-268.

Gellner, E. (1988) *State and Society in Soviet Thought.* Oxford: Blackwell.

Ghazanfar, M. and Islahi, A. (1997) *Economic Thought of Al-Ghazali.* Jeddah: King Abdulaziz University.

Gluckman, M. (1965) *The Ideas in Barotse Jurisprudence.* New Haven, CT: Yale University Press.

Gluckman, M. (ed.) (1964) *Closed Systems and Open Minds.* Chicago: Aldine.

Godelier, M. (1972 [1966]) *Rationality and Irrationality in Economics.* London: New Left Books.

Godelier, M. (1999) *The Enigma of the Gift*. Cambridge: Polity.

Goody, J. (1976) *Production and Reproduction: A Comparative Study of the Domestic Domain*. Cambridge: Cambridge University Press.

Goody, J. (2010) *The Eurasian Miracle*. Cambridge: Polity.

Goody, J. and Tambiah, S. (1973) *Bridewealth and Dowry*. Cambridge: Cambridge University Press.

Graeber, D. (2001) *Toward an Anthropological Theory of Value: The False Coin of Our Own Dreams*. New York: Palgrave.

Graeber, D. (2011) *Debt: The First 5,000 Years*. New York: Melville House.

Green, S. (1997) *Urban Amazons: Lesbian Feminism and Beyond in the Gender, Sexuality and Identity Battles of London*. Basingstoke: Palgrave Macmillan.

Gregory, C. (1982) *Gifts and Commodities*. New York: Academic Press.

Gregory, C. (1997) *Savage Money: The Anthropology and Politics of Commodity Exchange*. Amsterdam: Harwood.

Gregory, C. (2009) Whatever happened to householding? In C. Hann and K. Hart (eds.), *Market and Society: The Great Transformation Today*. Cambridge: Cambridge University Press: 133–59.

Gudeman, S. (1978) *The Demise of a Rural Economy*. London: Routledge.

Gudeman, S. (1986) *Economics as Culture: Models and Metaphors of Livelihood*. London: Routledge & Kegan Paul.

Gudeman, S. (2001) *The Anthropology of Economy: Community, Market, and Culture*. Malden, MA: Blackwell.

Gudeman, S. (2008) *Economy's Tension: The Dialectics of Community and Market*. Oxford: Berghahn.

Gudeman, S. (2010) Creative destruction: efficiency, equity or collapse? *Anthropology Today* 26 (1): 3–7.

Gudeman, S. and Rivera, A. (1990) *Conversations in Colombia*. Cambridge: Cambridge University Press.

Guha-Khasnobis, B., Kanbur, R. and Ostrom, E. (eds.) (2006) *Linking the Formal and Informal Economy: Concepts and Policies*. Oxford: Oxford University Press.

Guyer, J. (2004) *Marginal Gains: Monetary Transactions in Atlantic Africa*. Chicago: Chicago University Press.

Hann, C. (1980) *Tazlar: A Village in Hungary.* Cambridge: Cambridge University Press.

Hann, C. (ed.) (1991) *Socialism: Ideals, Ideologies, Practices.* London: Routledge.

Hann, C. (1993) From production to property: decollectivization and the family-land relationship in contemporary Hungary. *Man* 28 (3): 299-320.

Hann, C. (ed.) (1998) *Property Relations: Renewing the Anthropological Tradition.* Cambridge: Cambridge University Press.

Hann, C. (ed.) (2002) *Postsocialism: Ideals, Ideologies, Local Practices.* London: Routledge.

Hann, C. (2009) Embedded socialism? Land, labour and money in eastern Xinjiang. In C. Hann and K. Hart (eds.), *Market and Society: The Great Transformation Today.* Cambridge: Cambridge University Press: 256-71.

Hann, C. and Hart, K. (eds.) (2009) *Market and Society: The Great Transformation Today.* Cambridge: Cambridge University Press.

Hann, C. and the 'Property Relations' Group (2003) *The Postsocialist Agrarian Question: Property Relations and the Rural Condition.* Münster: LIT.

Haraszti, M. (1977) *A Worker in a Worker's State.* London: Pelican.

Hardin, G. (1968) The tragedy of the commons. *Science* 162: 1243-8.

Harriss, J. (ed.) (1982) *Rural Development: Theories of Peasant Economy and Agrarian Change.* London: Hutchinson.

Harriss, J. (2001) *Depoliticizing Development: The World Bank and Social Capital.* London: Anthem.

Hart, K. (1973) Informal income opportunities and urban employment in Ghana. *Journal of Modern African Studies* 11 (1): 61-89.

Hart, K. (1982) *The Political Economy of West African Agriculture.* Cambridge: Cambridge University Press.

Hart, K. (1983) The contribution of Marxism to economic anthropology. In S. Ortiz (ed.), *Economic Anthropology: Topics and Theories.* Lanham, MD: University Press of America: 105-44.

Hart, K. (1986) Heads or tails? Two sides of the coin. *Man* 21 (3): 637-56.

Hart, K. (2000) *The Memory Bank: Money in an Unequal World.* London: Profile; republished in 2001 as *Money in an Unequal World.* New York: Texere.

Hart, K. (2002) World society as an old regime. In C. Shore and S. Nugent (eds.), *Elite Cultures: Anthropological Perspectives.* London: Routledge: 22-36.

Hart, K. (2005) *The Hit Man's Dilemma: Or Business, Personal and Impersonal*. Chicago: Prickly Paradigm Press.

Hart, K. (2006) Agrarian civilization and world society. In D. Olson and M. Cole (eds.), *Technology, Literacy and the Evolution of Society: Implications of the Work of Jack Goody*. Mahwah, NJ: Lawrence Erlbaum. 29–48.

Hart, K. (2007) Marcel Mauss: in pursuit of the whole — a review essay. *Comparative Studies in Society and History* 49 (2): 473–85.

Hart, K. and Ortiz, H. (2008) Anthropology in the fi nancial crisis. *Anthropology Today* 24 (6): 1–3.

Hart, K. and Sperling, L. (1987) Cattle as capital. *Ethnos* 52: 324–38.

Hart, K., Laville, J. and Cattani, A. D. (eds.) (2010) *The Human Economy: A Citizen's Guide*. Cambridge: Polity.

Harvey, D. (2005) *A Brief History of Neoliberalism*. Oxford: Oxford University Press.

Hegel, G. (1952 [1821]) *The Philosophy of Right*. London: Oxford University Press.

Henrich, J. (ed.) (2004) *Foundations of Human Sociality: Economic Experiments and Ethnographic Evidence from Fifteen Small-scale Societies*. Oxford: Oxford University Press.

Herskovits, M. (1952 [1940]). *Economic Anthropology: The Economic Life of Primitive Peoples*. New York: Norton.

Hertz, E. (1998) *The Trading Crowd: An Ethnography of the Shanghai Stock Market*. Cambridge: Cambridge University Press.

Hill, P. (1963) *Migrant Cocoa-Farmers of Southern Ghana*. Cambridge: Cambridge University Press.

Hill, P. (1972) *Rural Hausa: A Village and a Setting*. Cambridge: Cambridge University Press.

Hill, P. (1986) *Development Economics on Trial*. Cambridge: Cambridge University Press.

Ho, K. (2009) *Liquidated: An Ethnography of Wall Street*. Durham, NC: Duke University Press.

Hobsbawm, E. (1994) *Age of Extremes: The Short Twentieth Century, 1914–1991*. London: Michael Joseph.

Holmstrom, M. (1976) *South Indian Factory Workers*. Cambridge: Cambridge University Press.

Holmstrom, M. (1984) *Industry and Inequality*. Cambridge: Cambridge University Press.

Howe, L. (1990) *Being Unemployed in Northern Ireland: An Ethnographic Study*. Cambridge: Cambridge University Press.

Humphrey, C. (1983) *Karl Marx Collective: Economy, Society and Religion in a Siberian Collective Farm*. Cambridge: Cambridge University Press.

Humphrey, C. (2002) *The Unmaking of the Soviet Economy: Everyday Economies after Socialism*. Ithaca, NY: Cornell University Press.

Hunt, R. and Gilman, A. (eds.) (1998) *Property in Economic Context*. Lanham, MD: University Press of America.

Hutchinson, T. (1978) *On Revolutions and Progress in Economic Knowledge*. Cambridge: Cambridge University Press.

International Labour Office (1972) *Employment, Incomes and Inequality in Kenya*. Geneva: ILO.

Jahoda, M., Lazarsfeld, P. F. and Zeisel, H. (2002) *Marienthal: The Sociography of an Unemployed Community*. New Brunswick, NJ: Transaction Publishers.

Jasarevic, L. (2009) Grave economy, good life: notes from the Bosnian market. Paper presented at the conference 'Beyond the Wall: twenty years of Europeanisation as seen from the former Yugoslavia,' Belgrade, 13-16 December.

Johns, A. (2009) *Piracy: The Intellectual Property Wars from Gutenberg to Gates*. Chicago: University of Chicago Press.

Johnson, A. (1980) The limits of formalism in agricultural decision research. In P. Barlett (ed.), *Agricultural Decision Making*. New York: Academic Press: 19-43.

Josephides, L. (1985) *The Production of Inequality: Gender and Exchange among the Kewa*. London: Tavistock.

Kahn, J. (1990) Towards a history of the critique of economism: the nineteenth-century German origins of the ethnographer's dilemma. *Man* 25 (2): 230-49.

Kalb, D. and Halmai, G. (eds.) (forthcoming) *Headlines of Nation, Subtext of Class: Anthropologies of Neopopulism in Neoliberal Europe*. Oxford: Berghahn.

Keynes, J. M. (1936) *The General Theory of Employment, Interest and Money*. London:

Macmillan.

Khaldun, Ibn. (1987). *The Muqaddimah: An Inquiry into History*. London: Routledge & Kegan Paul.

Kipnis, A. (2008) *China and Postsocialist Anthropology: Theorizing Power and Society after Communism*, Norfolk CT; Eastbridge.

Knight, F. (1999 [1941]) Anthropology and economics. In *Selected Essays by Frank Knight*, Volume II. Chicago: University of Chicago Press: 107-25.

Knight, F. (2009 [1921]) *Risk, Uncertainty and Profit*. New York: Dover.

Konstantinov, Y. (1997) Patterns of reinterpretation: trader-tourism in the Balkans (Bulgaria) as a picaresque enactment of post-totalitarianism. *American Ethnologist* 23 (4): 762-82.

Kopytoff, I. (1986) The cultural biography of things: commoditization as process. In A. Appadurai (ed.), *The Social Life of Things: Commodities in Cultural Perspective*. Cambridge: Cambridge University Press: 64-91.

Kornai, J. (1980) *Economics of Shortage*. Amsterdam: North Holland.

Kornai, J. (2001) The borderline between the spheres of authority of the citizen and the state: recommendations for the Hungarian health reform. In J. Kornai, S. Haggard and R. B. Kaufman (eds.), *Reforming the State: Fiscal and Welfare Reform in Post-socialist Countries*. Cambridge: Cambridge University Press: 181-209.

Kropotkin, P. (1902) *Mutual Aid: A Factor of Evolution*. London: William Heinemann.

Kumar, K. (1995) *From Post-Industrialism to Post-Modern Society*. Oxford: Blackwell.

Lampland, M. (1995) *The Object of Labor: Commodification in Socialist Hungary*. Chicago: University of Chicago Press.

Landa, J.T. (1994) *Trust, Ethnicity, and Identity*. Ann Arbor, MI: University of Michigan Press.

Leach, E. R. (1961) *Pul Eliya, a Village in Ceylon: A Study of Land Tenure and Kinship*. Cambridge: Cambridge University Press.

Leacock, E. (1978) Women's status in egalitarian society: implications for evolution. *Current Anthropology* 19 (2): 247-75.

Leclair, E. and Schneider, H. (eds.) (1968) *Economic Anthropology: Readings in Theory and Analysis*. New York: Holt Rinehart Winston.

Lee, R. B. (1979) *The !Kung San: Men, Women and Work in a Foraging Society*. Cambridge:

Cambridge University Press.

Lenin, V. I. (2004 [1899]) *The Development of Capitalism in Russia.* Honolulu: University Press of the Pacific.

Leontief, W. (1977) *Essays in Economics: Theories, Facts and Policies.* New York: M. E. Sharp.

Lewis, W. A. (1978) *The Evolution of the International Economic Order.* Princeton, NJ: Princeton University Press.

Lien, M. (1997) *Marketing and Modernity.* Oxford: Berg.

Lipton, D. and Sachs, J. (1990) Creating a market economy in Eastern Europe : the case of Poland. *Brookings Papers on Economic Activity* 1: 75-147.

Locke, J. (1960 [1690]) *Two Treatises of Government.* Cambridge: Cambridge University Press.

Löfving, S. (ed.) (2005) *Peopled Economies: Conversations with Stephen Gudeman.* Uppsala: Interface.

Lubasz, H. (1992) Adam Smith and the invisible hand—of the market? In R. Dilley (ed.), *Contesting Markets: Analyses of Ideology, Discourse and Practice.* Edinburgh: Edinburgh University Press: 37-56. Malinowski, B. (1921) The primitive economics of the Trobriand Islanders. *Economic Journal* 31: 1-16.

Malinowski, B. (1922) *Argonauts of the Western Pacific: An Account of Native Enterprise and Adventure in the Archipelagos of Melanesian New Guinea.* London: Routledge & Kegan Paul.

Malinowski, B. (1926) *Crime and Custom in Savage Society.* London: Routledge & Kegan Paul.

Malinowski, B. (1935) *Coral Gardens and Their Magic: A Study of the Methods of Tilling the Soil and of Agricultural Rites in the Trobriand Islands* (2 vols.). London: Allen & Unwin.

Malinowski, B. and de la Fuente, J. (1982) *Malinowski in Mexico: Economics of a Mexican Market System,* ed. S. Drucker-Brown. London: Routledge.

Mandel, E. (1974) *An Introduction to Marxist Economic Theory.* London: Pathfinder.

Marcus, G. (1998) *Ethnography through Thick and Thin.* Princeton, NJ: Princeton University Press.

Marcus, G. with Hall, P. (1992) *Lives in Trust: The Fortunes of Dynastic Families in Late Twentieth-Century America.* Boulder, CO: Westview.

Marshall, A. (1890) *Principles of Economics*. London: Macmillan.

Marx, K. (1970 [1867]) *Capital*, Volume I. London: Lawrence and Wishart.

Marx, K. (1973 [1859]) *Grundrisse*. New York: Vintage.

Marx, K. & Engels, F. (1998 [1848]) *Manifesto of the Communist Party*. New York: Penguin.

Maurer, B. (2005a) *Mutual Life, Limited: Islamic Banking, Alternative Currencies, Lateral Reason*. Princeton, NJ: Princeton University Press.

Maurer, B. (2005b) Finance. In J. Carrier (ed.), *Handbook of Economic Anthropology*. Cheltenham: Edward Elgar: 176-93.

Maurer, B. (2006) Anthropology of Money. *Annual Review of Anthropology* 35: 15-36.

Mauss, M. (1990 [1925]) *The Gift: The Form and Reason for Exchange in Archaic Societies*. London: Routledge.

Mauss, M. (1997) *Écrits politiques*, ed. M. Fournier. Paris: Fayard.

Mayhew, H. (1968 [1861.2]) *London Labour and the London Poor* (4 vols.). London: Dover.

Mazzarella, W. (2003) *Shoveling Smoke: Advertising and Globalization in Contemporary India*. Durham, NC: Duke University Press.

Meadows, Donella, Meadows, Dennis, Rander, J. and Behrens, W. (2004 [1972)] *The Limits to Growth*. London: Earthscan.

Meillassoux, C. (1964) *L'anthropologie économique des Gouro de Côte d'Ivoire*. Paris: Mouton.

Meillassoux, C. (1981) *Maidens, Meal and Money: Capitalism and the Domestic Community*. Cambridge: Cambridge University Press.

Mill, J. S. (1999 [1848]) *Principles of Political Economy: With Some of Their Applications to Social Philosophy*. Oxford: Oxford University Press.

Miller, D. (1987) *Material Culture and Mass Consumption*. Oxford: Blackwell.

Miller, D. (ed.) (1996) *Acknowledging Consumption: A Review of New Studies*. London: Routledge.

Miller, D. (1998) *A Theory of Shopping*. Ithaca, NY: Cornell University Press.

Miller, D. (2010) *Stuff*. Cambridge: Polity.

Mintz, S. (1961) *Worker in the Cane: A Puerto Rican Life History*. New Haven, CT: Yale University Press.

Mintz, S. (1986) *Sweetness and Power: The Place of Sugar in Modern History*. New York:

Viking.

Mirowski, P. (2002) *Machine Dreams: Economics Becomes a Cyborg Science*. Cambridge: Cambridge University Press.

Mollona, M. (2009) *Made in Sheffield: An Ethnography of Industrial Work and Politics*. Oxford: Berghahn.

Mollona, M., De Neve, G. and Parry, J. (eds.) (2009) *Industrial Work and Life: An Anthropological Reader*. Oxford: Berg.

Montesquieu, C.-L. (1989 [1748]) *The Spirit of the Laws*. Chicago: Encyclopaedia Britannica.

Moore, H. (1988) *Feminism and Anthropology*. Cambridge: Polity.

Morgan, L.H. (1877) *Ancient Society, or Researches in the Lines of Human Progress from Savagery through Barbarism to Civilisation*. Chicago: C. H. Kerr.

Mosse, D. (2004) *Cultivating Development: An Ethnography of Aid Policy and Practice*. London: Pluto.

Muller, B. (2007) *Disenchantment with Market Economies: Eastern Germans and Western Capitalism*. Oxford: Berghahn.

Narotsky, S. (1997) *New Directions in Economic Anthropology*. London: Pluto.

Nash, J. (1993 [1979]) *We Eat the Mines and the Mines Eat Us: Dependency and Exploitation in Bolivian Tin Mines*. New York: Columbia University Press.

Nash, M. (1961) The social context of economic choice in a small society. *Man* 61: 186-91.

New York Times (2010) Justices, 5.4, reject corporate spending limit, www.nytimes.com/2010/01/22/us/politics/22scotus.html.

Ong, A. (1987) *Spirits of Resistance and Capitalist Discipline: Factory Women in Malaysia*. Albany, NY: State University of New York Press.

Ostrom, E. (1990) *Governing the Commons: The Evolution of Institutions for Collective Action*. Cambridge: Cambridge University Press.

Ouroussoff, A. (1993) Illusions of rationality: false premises of the liberal tradition. Man 28: 281-98.

Ouroussoff, A. (2010) *Wall Street at War*. Cambridge: Polity.

Padayachee, V. (ed.) (2010) *The Political Economy of Africa*. London: Routledge.

Pahl, R. (1984) *Divisions of Labour*. Oxford: Blackwell.

Parish, W. L. and Whyte, M. K. (1978) *Village and Family in Contemporary China*. Chicago: University of Chicago Press.

Parkin, D. (1972) *Palms, Wine and Witnesses. Public Spirit and Private Gain in an African Farming Community*. New York: Chandler.

Parry, J. (1986) The gift, the Indian gift, and the 'Indian gift,' *Man* 21 (3): 453-73.

Parry, J. (2008) Cosmopolitan values in a Central Indian steel town. In P. Werbner (ed.), *Anthropology and the New Cosmopolitanism*. Oxford: Berg: 325-43.

Parry, J. (2009) 'Sociological Marxism' in Central India: Polanyi, Gramsci and the case of the unions. In C. Hann and K. Hart (eds.), *Market and Society: The Great Transformation Today*. Cambridge: Cambridge University Press: 175-202.

Parry, J. and Bloch, M. (eds.) (1989) *Money and the Morality of Exchange*. Cambridge: Cambridge University Press.

Patterson, T. C. (2009) *Karl Marx, Anthropologist*. Oxford: Berg.

Pearson, Harry (1957) The secular debate on economic primitivism. In K. Polanyi, C. Arensberg and Harry Pearson (eds.), *Trade and Market in the Early Empires: Economies in History and Theory*. Glencoe, IL: Free Press: 3-11.

Pearson, Heath (2000) Homo economicus goes native, 1859-1945. The rise and fall of primitive economics. *History of Political Economy* 32 (4): 932-89.

Pelkmans, M. (ed.) (2009) *Conversion after Socialism: Disruptions, Modernisms and Technologies of Faith in the Former Soviet Union*. Oxford: Berghahn.

Petty, W. (2006 [1690]) *Political Arithmetick, or a Discourse Concerning the Extent and Values of Lands, People, Buildings*. New Delhi: Pranava Books.

Polanyi, K. (1957a) Aristotle discovers the economy. In K. Polanyi, C. Arensberg and Harry Pearson. (eds.), *Trade and Market in the Early Empires: Economies in History and Theory*. Glencoe, IL: Free Press: 64-94.

Polanyi, K. (1957b) The economy as instituted process. In K. Polanyi, C. Arensberg and Harry Pearson. (eds.), *Trade and Market in the Early Empires: Economies in History and Theory*. Glencoe, IL: Free Press: 243-69.

Polanyi, K. (1966) *Dahomey and the Slave Trade: An Analysis of an Archaic Economy*. Seattle: University of Washington Press.

Polanyi, K. (1977) *The Livelihood of Man*. New York: Academic Press.

Polanyi, K. (2001 [1944]) *The Great Transformation: The Political and Economic Origins of Our Times*. Boston, MA: Beacon.

Polanyi, K., Arensberg, C. and Pearson, Harry (eds.) (1957) *Trade and Market in the Early Empires: Economies in History and Theory*. Glencoe, IL: Free Press.

Popkin, S. (1979) *The Rational Peasant*. Berkeley: University of California Press.

Radcliffe-Brown, A. (1952) *Structure and Function in Primitive Society*. London: Cohen and West.

Rahnema, M. and Bawtree, V. (1997) *The Post-Development Reader*. London: Zed.

Redfield, R. (1930) *Tepoztlan, a Mexican Village: A Study in Folk Life*. Chicago: University of Chicago Press.

Redfield, R. (1948) *Folk Cultures of the Yucatan*. Chicago: University of Chicago Press.

Redfield, R. (1956) *Peasant Society and Culture*. Chicago: University of Chicago Press.

Rey, P.-P. (1971) *Colonialisme, neo-colonialisme et transition au capitalisme*. Paris: Maspero.

Rey, P.-P. (1973) *Les alliances des classes*. Paris: Maspero.

Ricardo, D. (1971 [1817]) *Principles of Political Economy and Taxation*. Harmondsworth: Penguin.

Richards, A. (1939) *Land, Labour and Diet in Northern Rhodesia: An Economic Study of the Bemba Tribe*. London: Oxford University Press.

Richards, P. (1985) *Indigenous Agricultural Revolution: Ecology and Food Crops in West Africa*. Boulder, CO: Westview.

Robbins, L. (1932) *An Essay on the Nature and Significance of Economic Science*. London: Macmillan.

Robertson, A. F. (1984) *People and the State: An Anthropology of Planned Development*. Cambridge: Cambridge University Press.

Robertson, A. F. (1987) *The Dynamics of Productive Relationships: African Share Contracts in Comparative Perspective*. Cambridge: Cambridge University Press.

Robotham, D. (2005) *Culture, Economy and Society: Bringing Production Back In*. London: Sage.

Rofel, L. (1999) *Other Modernities: Gendered Yearnings in China after Socialism*. Berkeley: University of California Press.

Rousseau, J.-J. (1984 [1754]) *A Discourse on Inequality*. Harmondsworth: Penguin.

Ruggie, J.G. (1982) International regimes, transactions, and change: embedded liberalism in the postwar economic order. *International Organization* 36: 379-415.

Sahlins, M. (1958) *Social Stratification in Polynesia*. Seattle: University of Washington Press.

Sahlins, M. (1974 [1972]) *Stone Age Economics*. Chicago: Aldine.

Sahlins, M. (1976) La pensée bourgeoise. In *Culture and Practical Reason*. Chicago: University of Chicago Press: 166-99.

Sahlins, M. (1996) The sadness of sweetness: the native anthropology of western cosmology. *Current Anthropology* 37: 395-415.

Sahlins, M. (2002) *Waiting For Foucault*. Chicago: Prickly Paradigm.

Salisbury, R. (1962) *From Stone to Steel: Economic Consequences of a Technological Change in New Guinea*. Melbourne: Melbourne University Press.

Schapera, I. (1947) *Migration and Tribal Life*. London: Oxford University Press.

Schneider, H. (1970) *The Wahi Wanyaturu: Economics in an African Society*. Chicago: Aldine Atherton.

Schneider, H. (1974) *Economic Man: The Anthropology of Economics*. New York: Free Press.

Schumpeter, J. (1944) *Capitalism, Socialism and Democracy*. London: Allen and Unwin.

Schumpeter, J. (1954) *History of Economic Analysis*. Oxford: Oxford University Press.

Scott, J. (1976) *The Moral Economy of the Peasant: Rebellion and Subsistence in Southeast Asia*. New Haven, CT: Yale University Press.

Seddon, D. (ed.) (1978) *Relations of Production: Marxist Approaches to Economic Anthropology*. Brighton: Frank Cass.

Seligmann, L. J. (ed.) (2001) *Women Traders in Cross-Cultural Perspective: Mediating Identities, Marketing Wares*. Stanford, CA: Stanford University Press.

Sherratt, A. (1997) *Economy and Society in Prehistoric Europe: Changing Perspectives*. Edinburgh: Edinburgh University Press.

Sigaud, L. (2002) The vicissitudes of The Gift. *Social Anthropology* 10 (3): 335-58.

Silverman, S. (2004) The United States. In F. Barth, A. Gingrich, R. Parkin and S. Silverman, *One Discipline, Four Ways: British, German, French and American Anthropology*. Chicago: Chicago University Press: 257-347.

Simmel, G. (1978 [1900]) *The Philosophy of Money*. London: Routledge.

Singh Uberoi, J. (1962) *The Politics of the Kula Ring*. Manchester: Manchester

University Press.

Sirman, N. (1990) State, village and gender in western Turkey. In A. Finkel and N. Sirman (eds.), Turkish State, *Turkish Society.* London: Routledge: 21-52.

Smith, A. (1961 [1776]) *An Inquiry into the Nature and Causes of the Wealth of Nations.* London: Methuen.

Sombart, W. (1902,27) *Moderner Kapitalismus* (3 vols.). Munich: Duncker & Humblot.

Spittler, G. (2008) *Founders of the Anthropology of Work: German Social Scientists of the 19th and Early 20th Centuries and the First Ethnographers.* Berlin: Lit Verlag.

Steuart, J. (1767) *Principles of Political Economy* (2 vols.). London: Miller and Cadell.

Stewart, A. (2010) Sources of entrepreneurial discretion in kinship systems. *Entrepreneurship and Family Business* 12: 291-313.

Stirling, P. (ed.) (1993) *Culture and Economy: Changes in Turkish Villages.* Huntingdon: Eothen Press.

Stocking, G. (1996) *After Tylor: British Social Anthropology, 1888-1951.* Madison, WI: University of Wisconsin Press.

Strang, V. and Busse, M. (eds.) (2011) *Ownership and Appropriation.* Oxford: Berg.

Strathern, M. (1988) *The Gender of the Gift: Problems with Women and Problems with Society in Melanesia.* Berkeley: University of California Press.

Strathern, M. (1995 [1972]) *Women In Between: Female Roles in a Male World, Mount Hagen, New Guinea.* Lanham, MD: Rowman and Littlefield.

Terray, E. (1972) *Marxism and 'Primitive' Societies.* New York: Monthly Review Press.

Tett, G. (2009) *Fool's Gold: How the Bold Dream of a Small Tribe at J. P. Morgan Was Corrupted by Wall Street Greed and Unleashed a Catastrophe.* New York: Free Press.

Thompson, E. P. (1991) *Customs in Common.* New York: New Press.

Thurnwald, R. (1932) *Economics in Primitive Communities.* London: Oxford University Press.

Trevisani, T. (2010) *Land and Power in Khorez: Farmers, Communities and the State in Uzbekistan's Decollectvization Process.* Berlin: Lit Verlag.

Tylor, E. B. (1871) *Primitive Culture: Researches into the Development of Mythology, Philosophy, Religion, Art and Custom* (2 vols.). London: Murray.

United Nations Development Program (1998) *Human Development Report.*

Washington, DC: UNDP.

Veblen, T. (1899) *The Theory of the Leisure Class*. New York: A. M Kelley.

Veblen, T. (1904) *The Theory of Business Enterprise*. New York: Charles Scribner's Sons.

Verdery, K. (1996) *What Was Socialism and What Comes Next?* Princeton, NJ: Princeton University Press.

Verdery, K. (2003) *The Vanishing Hectare: Property and Value in Postsocialist Transylvania*. Ithaca, NY: Cornell University Press.

Verdery, K. and Humphrey, C. (eds.) (2004) *Property in Question: Value Transformation in the Global Economy*. Oxford: Berg.

Visser, O. and Kalb, D. (2010) Neoliberalism, Soviet style. *European Journal of Sociology* 51 (2): 171-94.

Wallerstein, I. (1974) *The Modern World System: Capitalist Agriculture and the Origins of the European World Economy in the Sixteenth Century*. New York: Academic Press.

Watson, J. L. (ed.) (1997) *Golden Arches East: McDonalds in East Asia*. Stanford, CA: Stanford University Press.

Weber, M. (1958 [1904.5]). *The Protestant Ethic and the Spirit of Capitalism*. New York: Charles Scribner's Sons.

Weber, M. (1961 [1922a]) *General Economic History*. New York: Collier.

Weber, M. (1978 [1922b]) *Economy and Society: An Outline of Interpretive Sociology* (2 vols.), ed. G. Roth and C. Wittich. Berkeley: University of California Press.

Wedel, J.R. (1999) *Collision and Collusion: The Strange Case of Western Aid to Eastern Europe 1989-1998*. New York: St Martin's.

Weiner, A. (1992) *Inalienable Possessions: The Paradox of Keeping-While-Giving*. Berkeley: University of California Press.

West, H.W. and Raman, P. (eds.) (2009) *Enduring Socialism: Explorations of Revolution and Transformation, Restoration and Continuation*. Oxford: Berghahn.

White, J. B. (1994) *Money Makes Us Relatives: Women's Labor in Urban Turkey*. Austin, TX: University of Texas Press.

Whyte, M. K. and Parish, W. L. (1984) *Urban Life in Contemporary China*. Chicago: University of Chicago Press.

Wiegratz, J. (2010) Fake capitalism? The dynamics of neoliberal moral restructuring and pseudo-development: The case of Uganda. *Review of African Political Economy* 37: 123.37.

Wilk, R. and Cliggett, L. (2007) *Economies and Cultures: Foundations of Economic Anthropology*. Boulder, CO: Westview.

Wolf, E. (1966) *Peasants*. Englewood Cliffs, NJ: Prentice Hall.

Wolf, E. (1969) *Peasant Wars of the Twentieth Century*. New York: Harper and Row.

Wolf, E. (1982) *Europe and the People Without History*. Berkeley: University of California Press.

Woodburn, J. (1982) Egalitarian societies. *Man* 17 (3): 431-51.

Yonay, Y. (1998) *The Struggle over the Soul of Economics: Institutionalist and Neoclassical Economists in America Between the Wars*. Princeton, NJ: Princeton University Press.

Zaloom, C. (2006) *Out of the Pits: Traders and Technology from Chicago to London*. Chicago: University of Chicago Press.

Zaloom, C. (2008) Economy in the brain: gifts and the compromise of medical reason. Paper presented at the conference 'Rethinking economic anthropology: a human centred approach,' SOAS, University of London, January 2008.

Zammito, J. (2002) *Kant, Herder and the Birth of Anthropology*. Chicago: University of Chicago Press.

Zelizer, V. (1994) *The Social Meaning of Money*. New York: Basic Books.

Zhang, L. (2001) *Strangers in the City: Reconfigurations of Space, Power, and Social Networks within China's Floating Population*. Stanford, CA: Stanford University Press.

찾아보기